後來，
我告了報社老闆
EL DIRECTOR

一本直擊新聞製造內幕的前總編輯回憶錄

David
Jiménez
大衛．希門內斯
——著

馬巧音 ——譯

獻給未來的記者們

目次

第一章　總編輯室

警衛眼神瞄了過來，開口問我來訪目的為何。過去的十八年裡，我一直是駐外記者，編輯總部遠在天邊，難怪這警衛認不出我也是報社的記者。他要求出示證件，我手伸進口袋裡才發現證件沒帶在身上。

「真是的！」我驚呼，皮夾被我忘在家裡了。

「沒帶證件您就不能進去。您跟誰有約嗎？」

「聽著，我其實是來……」

說來可笑，花邊新聞版的主編「閒話一哥」，這時不知從哪冒出來，大喇喇誇張地說著：「這不就是新來的總編嗎！是新來的總編！」

眾祕書群裡的其中一位向我們這跑了過來，連忙澄清是場誤會，此時的警衛已羞愧地恨不得鑽進地洞躲起來。那時我心中自問，該不會這就是個徵兆，提醒著這一切將會比我想像中的還更困難重重。畢竟，被他擋在門口的這號人物，可是西班牙史上最令人跌破眼鏡、難以置信的新任報社總編輯。

就報紙發行遍及全國的報社而言，位居總編輯者大多已在政治圈樹立權勢，或是終其一生在陰謀詭計及競爭敵對中爭權奪位後，才可能坐上此位。一直以來僅帶著記事本與老 Nikon 相機的我，不過是個從被世人遺忘卻充斥戰亂的偏遠國度裡發送報導回國的駐外記者，不斷地在不見終點的革命中旅行著。我從沒管理過任何團隊，也從未曾擁有過國內任何一位政治人物或企業家的電話。對於報社編輯總部，我向來不感興趣，認定這輩子可以懷抱著已有的小小成就，不用使喚別人也不用被使喚，好好過日子。

但那時的我，接下的不僅不是一般的主管職，甚至還是編輯總部的總編輯大任。

在這間報社內最貴氣逼人的辦公室裡，近三十年來有許多重大決策及獨家新聞在此談定，足以擊潰政府，摧毀（或挽救）某人政治生涯，揭露國家機密、陰謀策劃等。《世界報》（*El Mundo*）的總編輯室，一直以來都是我國最具影響力的核心權力之一，無論是君王、法官、部長、名人、作者、歌手、地方權貴人士及其追隨者，無一不奉承。儘管近幾年其重要性已漸漸衰退，仍是有權勢者所畏懼的場域之一。

我踏進來時，正是媒體大環境最差的時期。那時我們報社的實體報紙流通量，七年來連續衰退，總跌幅超過六〇％，只好引進更多廣告，變成多達半數版面全是廣告，人人活在經濟危機導致的低氣壓中，甚至出現因為不願意支付記者的計程車費，就乾脆不去報導某些新聞的狀況。

《世界報》為國內數位報紙的先驅之一，但《國家報》（*el País*）已奪走我們在網路世界的領先地位。報社編輯總部士氣低落，多年來減薪又裁員，但受創最重的，其實是已擔任四分之一個世紀任期的時任總編兼報社創辦人貝德羅・何達（Pedro Jota Ramírez）。至於因為遲遲沒能繼承何達的總編輯職位，而總被我們戲稱為「查爾斯王子」的卡希米洛・賈西亞（Casimiro García-Abadillo），縱使終於坐上了等待許久的總編大位，也只撐了十五個月便被迫讓位。國家整體背負著經濟受創的傷痕，又遭遇自轉型民主法治社會以來前所未有的緊張政治局勢，害怕失去特權而緊抓不放的既得利益者，與對既有政權造成威脅的新政黨，以及向掌權者卑躬屈膝的某些媒體，趁我們正脆弱時，聯合重擊媒體新聞自由，程度可謂自佛朗哥獨裁政權結束以來最為嚴重。

究竟是哪個環節出了錯？

◆

與警衛釐清誤會之後，我繼續朝著報社的編輯總部走去，同時一陣熟悉的胃刺痛感跑了上來，成為記者之後，我每每遇到重大事件與抉擇時總是如此。例如，第一次聽到：「希門內斯，卡拉班切區（Carabanchel）有抗議活動，你快去。」而被派出門採訪時；還有為了設立亞洲特派新聞中心，我所搭的班機飛抵香港的那刻；以及，滿懷可能會碰到電影《危險年代》（*The Year of Living Dangerously*）[1]裡曾出現的奇幻境遇，甚至連多重口袋戰略背心都穿好了，首次出

1　一九八二年的澳大利亞電影，由彼得・威爾（Peter Weir）執導，根據克里斯托夫・科奇（Christopher Koch）同名小說改編。描述一九三〇年代一群身處印尼雅加達的外國記者努力報導一起未遂政變經歷的艱困歷程。全書註釋為譯者、編輯所補充。

發準備面對天災與戰爭混亂現場的那個當下。然後我很快就覺悟了，知道自己選擇了一份很特殊的工作，只要稍不注意，人生就可能完全翻轉，至於會翻轉成何種形式，連我自己都無從選擇。已經歷過婆羅洲屠殺事件[2]的我不禁自問：若類似事件再發生，我遇上了還會像上次如此驚恐嗎？曾目睹並身處印度洋大海嘯[3]後滿地屍首的慘況，幾天過後屍臭仍然瀰漫不散，但我卻還能忍受，難道是我對這些需要被報導的災民，已不那麼在乎？從前會來敲門借鹽的鄰居都可能突然被屠殺，我在如此惡劣的環境中待了這麼久，這些暗黑陰影，多少也會跟著我回到家鄉嗎？

然而與我預想的相反。不是阿富汗鄉間、緬甸暴動處或蘇門答臘廢墟，那些我認為記者更該去的地方，讓我留下陰影，而是這個辦公室，讓我看盡權力鬥爭，看清某些人如何對付其他人。難道我也將會為了保護自己的一小片天地，而與那些人同流合汙，合謀背叛他人？我會為了自己的利益，而漠視記者該有的專業及高尚情操嗎？我會變得像那些人一樣嗎？

在報社編輯總部發表就任演說時，我提及稍早要進來報社時遇到了些麻煩，也說道，如果警衛每天都在我進大門前把我擋下來，質問我是誰以及來這裡做什麼，並非是件壞事。因為這能隨時提醒我：自己一直就是個記者，而非經理或什麼政治人物；這總編的大椅若坐得太舒服，我可能就會變得像那些人一樣。我承認，接下總編輯職位為我帶來許多不便，因為我幾乎不認識這裡的同事，我在西班牙也沒有人脈，想當然一定有其他比我更適合這職位的人選；但我承諾會學得很快，放下成見彌補不足。我能夠不欠任何人情就坐上這位子，我也不要任何人欠我人情。

我向大家說：「該我離開這裡的那天，我的背包會與今天帶來的一樣，輕盈沒負擔。」

演說接近尾聲時，我以承諾會與記者及讀者們站在同一陣線上作為結尾，接著非刻意地，轉向一旁聽到我說這些話的董事們，對他們說記者及讀者的一切也在他們之上。「樞機」[4]臉色變了，但很快就又勉強擠出笑容。那天下午，我們在「二樓」他的辦公室裡開了第一場會議，他對我的發言表現出友善且默許的態度，但也如此評價我：「相信我！你說的我完全都理解。我認為那是很聰明的發言，因為現在此時先取得大家的信任非常重要，你也非那麼說不可。」

我回他：「我說的全都是實話。」

「很好，很好，非常好。但很快你就會發覺，真實世界裡並沒那麼容易。我會全力幫你。」

2 指印尼境內婆羅洲島上的種族衝突。中加里曼丹的原生種族達雅族，與十九世紀後半期因人口遷移政策而自馬都拉島移居此地的馬拉族，長期因生存競爭而有衝突；至二〇〇一年引發一連串激烈的種族衝突，達雅族以斬首方式為主，大規模仇殺馬都拉族。

3 二〇〇四年十二月二十六日發生的印度洋大地震及其引發的印度洋海嘯。

4 「樞機」（Cardinal，Cardinal）原指天主教中由教宗親自任命的職位，地位僅次於教宗，形成樞機團，輔佐教宗處理教會事務。大多數樞機或在教會中樞同時擔任要職，或在全球各地身兼主教或總主教職務，部分樞機有時也受教宗委派擔任特使。當教宗職務出缺，唯樞機團有權選舉下一任教宗，傳統上教宗也從眾樞機中選出。因樞機禮服為紅色，故俗稱「紅衣主教」。作者在本書中以「樞機」代稱報社的CEO，有時也稱之為「米蘭大使」，皆意欲強調其位高權重，以及與義大利母集團總部的緊密關係。

「你知道嗎？」我打斷他如此言之過早的結論。「我從沒想過你會這麼有膽。」

「有什麼膽？」

「有膽到敢把我找來坐這位子。為這家報社，如此傳統的媒體進行改革。國內還沒人敢做這種事。」

「樞機」笑了出來，藏不住聽到我如此評論他之後的竊喜。

「那是因為我們倆還不夠熟。我們倆在同一艘船上，你可別忘了。雖說找你來的人是我，掌握了你的前途，但想也知道，其實我的前途才是操之於你，你是我最後一顆子彈。」

「樞機」說的我都懂：若連找我來當總編輯都沒法把報社搞好，義大利財團主可是會要他提頭來見——他自己的而非我的。短短兩年之內，他已接連辭退兩位總編輯，不僅付出巨額賠償金，也使得報社內外動盪不定。若同一件事一直做不好，不可能光歸責第三者。實際上，認識這家報社歷史的人都知道，沒人能倖免於米蘭來的指令。然而「樞機」在每次危機與內鬥中都能優雅脫困，在解僱潮、破產威脅、政治紛擾之中，將與其對立者——無論是真的敵人或是假想敵——都一一除掉。他不費吹灰之力，連西裝也沒被弄皺地就達到目的，髒事幹盡，卻沒任何怨言出現或與人交惡，以他「樞機」的暗黑方式，謹慎地將反對他的人作掉，讓別人在計謀迷宮中走失，自己卻能全身而退。報社編輯總部裡有個玩笑，若因核災世界末日到來的話，隔天日報上就會出現五個專欄全寫著「蟑螂與『樞機』都生還了」。

◈

這十八年來我與「樞機」只見過三次面，第三次他就邀我來《世界報》當總編輯。他飛來美國找我，那時已獲得哈佛大學尼曼獎學金（Nieman fellow）的我正在休假。跟著他來的還有一位剛從加州找來的專員，負責將公司改造得更現代化，還馬上就有人幫他取了綽號叫「矽谷小子」。我們約在紐約東城萬豪酒店，他們跟我談了所有計畫：報社過去遇到的困難及損失，以及必須從根本上作一番全盤變革。他們說，我是報社裡很重要的成員，但正好遠離內部權力鬥爭；這些年我從世界各地發回來的報導，令報社編輯總部人員都對我心生景仰，也使報社在國際化與數位化上能與時俱進。我告訴了他們我的計畫，真做下去未來可能會遇到的困難，以及質問他們是否真的願意，下賭注在一個至少需三年才會見效的改革計畫。做下去可能遭遇強烈抗爭，而且會與過去數十年來習慣的工作方式非常不同。「樞機」聽完，看了「矽谷小子」一眼，說：「就跟你說他是我們要的人！」

「樞機」對我說：「我答應你。公司會支援你，給你足夠的時間及媒體資源讓你執行你想做的計畫。」

我從沒想到他會承諾給我那些資源，但若有我當然欣然接受，因為我想主導的這項計畫，是從我獲得獎學金後一直想做的。有時就是要願意相信承諾，生命中才會出現有趣的事。即便某些人的承諾有可能是假的。

「我們來革命吧！」當我們走在曼哈頓的路上，「樞機」這麼說了。

「我們來革命吧！」「矽谷小子」也覆誦了「樞機」說的。

「就這麼辦！」我這麼回應著。

在紐約的濛濛細雨下，讓一名記者去當一間報社總編輯的事，一個如此魯莽的決定就這樣談定了。

◈

總編輯室的空間相當寬敞，位於大樓的角落且面向大街，以有色玻璃做為隔間。外頭的人看不見內部，但總編輯從裡面可以看到外面的一切，無論是編輯們稍作休息跑出去抽菸，或「樞機」跑去迎接某個部長來開會，全都看得一清二楚。除了花色繽紛的地毯及一幅無趣的畫之外，裡頭不見任何前兩任總編輯留下的蹤跡。不過在我之前的總編輯卡希米洛·賈西亞則是留了一位好同事給我，也就是我的新祕書，亞美莉雅（Amelia）。

自創社以來，亞美莉雅一直都是報社中負責協調並解決報社編輯總部裡麻煩事的祕書群之一。她們要接電話、安排出差行程、分送聖誕節禮品、熟知國內聯絡窗口蹤跡、訂花送去重要人士的喪禮，包含與報社關係不好的重要人士也都要送。即便有新血加入，大部分的祕書都從我還是「菜鳥」時就認識我，在我外派生涯的歲月裡，她們對我來說比較像是「母親」，而非只是祕書。亞美莉雅曾經在我失聯好幾天時，幫我打電話回家報平安；她也幫我在沒人想去的出差地找到地方過夜；她在我快沒錢可用時匯錢給我，而不過問錢是花在賄賂邊境警察了，還是花在酒吧裡跟其他記者廝混；當我沒辦法發新聞回來時，她也曾幫我寫下我的口述新聞內容。看見她就坐在我辦公室前的接待桌時，感覺就如同單獨赴宴卻巧遇親戚般開心。

我告訴她：「能看到你在這，我真的非常高興。」

在澆熄我的熱血前，她回了句：「你終於回來了。」接著說：「你知道的，我很樂意幫你處理所有事，但我只能幫到你安頓好為止。下午的時間我有私事要辦，不能來工作，而你需要一個能全心全力幫你的人。你得另外找個祕書來代替我，她們工作能力都很棒，你是知道的。」

「我知道……。」

亞美莉雅說我們該為辦公室加點裝飾。

「這麼空蕩蕩的太悲傷了，會讓人感覺只是暫時的。而你這次回來，就是為了要留下來久待的，不是嗎？」

「我可以放張與孩子笑得很開心的合照嗎？主管辦公室不是都這樣裝飾的嗎？」

此時，科學版的主編巴布羅·豪勒其（Pablo Jáuregui）出現了。他為我帶來了個歡迎禮：一張貼紙，上頭寫著阿波羅計畫總指揮官吉恩·克蘭茲（Gene Kranz）的格言：只許成功不許失敗。

「只許成功不許失敗，只許成功不許失敗！」我一邊重複念著，一邊把它貼到辦公桌正前方的櫃子上，最顯眼的位置。這下子辦公室裝飾好了！

亞美莉雅拋出一個不認同的眼神，盯著我。

「好啦，好啦！我保證之後有時間，再來想一下怎麼裝點。」

同事們紛紛跑來道賀，最先出現的是我外派前就一起工作過的前輩們。我的就任，對他們來說無非是個制度上的劇變。我成了前上司們的上司，也成了我記者生涯中同期奮鬥友人們的上司，還是一小部分對總編輯之位有雄心、也長年努力工作卻被無情漠視的人的上司。

無論是否成為總編輯，我自認是始終如一，但很快地，我就發覺自己與同事們間出現了鴻溝，只有在「大記者」出現時，那種距離感才會消失。他是報社裡最優秀的專欄作家之一，有天他來辦公室找我，上下左右仔細端詳了一番，好似第一次進到這裡，然後笑著對我說：「哇靠！」

「是阿，哇靠！」我回應他。

我們從彼此都還是菜鳥記者時就是好朋友，每天一大早我們在報社編輯部碰面時，總妄想著要是有哪個資深同事睡過頭就好了，這樣就可以改派我們去採訪西班牙深層黑暗面的某些犯罪事件，或者報導山林大火，或近期的緝毒行動。之後我被派到亞洲，當我深入報導馬尼拉貧民窟時，他則是被派去馬德里邊陲地帶的提歐萊蒙德井貧民區（Pozo del Tío Raimundo）採訪故事。我報導著巴基斯坦的拉瓦平第（Rawalpindi）的傷殘聖戰者時，他也正作著國內海洛因受害者的報導。當我作著中國經濟繁景新聞時，他則作著對西班牙經濟危機感到絕望人士們的故事。每次只要我回到馬德里，就會跟他以及羅馬的特派記者伊蓮娜・赫南德茲（Irene Hernández Velasco）一起約在十九世紀吉拿棒店（Churrería Siglo XIX），大談這些年來，我們投入了多少自己最珍貴的時光在這行裡，卻有好多挫敗。最後一次碰面時，大家臨走前抓了張餐巾紙，在上頭親手寫下了我們理想中的報社該具備的最基本條件：具獨立性且開放。無法被收買。對所有意見想法具包容力。願意報導人們關心的事。願意賭一把報導重要的故事。我們想把它取名為《正直報》（*El Normal*）。

「那張餐巾紙你還留著嗎？」「大記者」問我。

我回他：「我還留著。」

「總編大人，你聽著，」一如當初我們在吉拿棒店時的對話語氣，他說，「我知道我必須要尊敬你，我也的確很尊敬你。但如果你願意聽，我會繼續像以前一樣，直來直往地告訴你我所有的看法。大部分人對你講話會挑好聽的說，我不會那麼做，我的直言對你才有用處。」

我回他：「好，但從今天起，我也會對你出的報導，完全如實地告訴你我的想法。」

「一言為定。」

「若寫得很爛我會毫不留情狠批。」

「你好樣的。」

「別妄想總編輯會給你什麼特權，加薪更不可能。」

「大記者」只想當個說故事的人，對其他職位完全沒興趣，他也知道，我不可能會要求他去做其他事。

「你知道我擔心的是什麼嗎？」他很嚴肅地繼續說，「我知道你的為人，所以我怕你根本不清楚你現在淌了什麼渾水。你駐外太多年了。這裡的事你不懂。要坐好這個位子，你可能還不夠心狠手辣。我的意思也不是說，你非要變成心狠手辣的人不可，懂嗎？」

我回他：「你聽我說，我們一起來做《正直報》。」

「那有什麼問題，總編大人！」他一邊說著，一邊往門口走去。「門要幫你關上，還是開著就好？」

「開著，謝謝。」

第二章　貴族們

技師進來辦公室裡幫我裝電腦及設定電子信箱。公司給了我一台手機、一台平板，以及一張信用卡。我也被告知，若需要去哪裡，有司機等著我指示差遣。

「司機？我有司機？」我反問。

我打了通電話給人事部，詢問能否不要配司機，改換個記者給我。通話時我好像聽到有人在旁邊笑，便決定自行否決掉剛剛的糟糕提議，接著說，「我知道現在大家正處經濟危機，公司政策是要節儉，不請司機對公司比較好，現在也不是能增加人力配置的時候。」

這下我沒了司機，也沒記者。

總編輯室的設備快裝設好時，我趁機第一次在這新的工作環境裡繞上一圈。連廁所都要人指引才找得到。聖路易大道（Avenida de San Luis）上的這個新總部對我來說很陌生，是我派駐香港時公司才搬來的新地點。我的回憶都還留在帕迪佑街（Calle Pradillo）上的舊總部，記得第一次踏進那裡，是我還在大學讀新聞系時。那年代還沒有禁菸，記者跟攝影師們進進出出，牆面裝飾著曾刊登在頭版的大獨家新聞，主管們在「魚缸間」裡熱烈地激論，那是一間玻璃帷幕辦公室，他們都聚在那裡頭討論頭版標題。帕迪佑街上的舊總部，是個就算你閉著眼睛走進去，馬上就能因為周圍聲響認出是報社編輯總部的地方。敲擊著電傳打字機將新聞傳送出去的噠噠聲，一群人圍在影印機旁發出的喧囂聲，此起彼落的搶先截稿競賽聲，編輯桌上的電晶體收音機聲，以及總編輯的高聲咒罵，指責著連字都能拼錯的混蛋同事：「乾脆叫他們改行去寫星座算了！」

那時我僅二十二歲。要磨練菜鳥記者，沒比這更好的地方了吧。

當年的《世界報》是個叛逆的反抗系日報，是我們新聞系學生夾帶在手臂下帶著走時會感到驕傲的日報。是貝德羅．何達在被《十六日報》（*diario 16*）辭退後，帶領一群跟隨著他的記者，於一九八九年共同創立的。這家新媒體很快開創了自己的品牌定位，主要落在新聞調查及揭穿濫權上，經常報導一些其他媒體不敢報的事件。它有著肆無忌憚的自信，源於能作出符合時代需求的現代化報導，以及擁有一群年輕記者，大於三十歲的少之又少。對於新興的都市中產階級，以及生長於六、七〇年代戰後嬰兒潮的年輕讀者來說，他們在《世界報》看上到了不一樣的清新氛圍。那時的《世界報》會同時刊登左派與右派的專欄作家專文，不偏頗任何一方（日後報社問題層出不窮，正是因為文章風向開始偏袒某一方）。它追求立場中立，主張改革派自由主義，打破當時國內主流媒體的意識形態新聞報導方式。不過最主要還是因為，它是由記者主導的日報，由一位總編輯帶著有相同能量、雄心壯志與天分的人一起做事。何達那時比較像是精神領袖，而非老闆：他不做新聞，而是會把整個報社編輯部直接帶去瓜達拉馬

（Guadarrama）山脈追蹤集體自殺案，且自願跟他去的人還很多。他的權威歸功於各種景仰崇拜，以及他的傳奇事蹟所引發的恐懼感。他的選文眼光精準，宣布事情時的連續乾咳聲，足以將聒噪不休的記者吵雜聲淹沒成一片死寂寧靜，有些編輯親自和他本人面對面時甚至還會發抖。他當時的政治影響力，無其他總編輯可比擬，尤其在一九九六年報社的新聞調查結果導致社會勞工黨（PSOE）政府的費利佩．龔薩雷斯（Felipe González）垮台，促成保守派阿茲納（José María Alfredo Aznar）上台之後，更加彰顯。這位新上任的總理，很感恩地在國會裡念著前一天總編輯在電話中建議他的演說內容；而他的內閣們在總編輯室裡像是電影《教父》（*The Godfather*）開頭裡的請願者般，爭相尋求自保。那時我只是個剛進公司的最底階菜鳥記者，曾看到時任副總理的佛朗西斯柯．阿瓦瑞茲（Francisco Álvarez Cascos）不時現身在報社內——他為了一個二十二歲的年輕女學生拋棄了結髮妻，害怕在極保守的政黨中失寵。

「能否麻煩你幫我向總理說說情。」他如此拜託著總編輯。

「我再看看能怎麼處理……。」

九〇年代經濟蓬勃發展，似乎沒有什麼行業不好過，媒體也同樣受惠。我們報社的紙本發行量每天可高達三十三萬份，刊登重大獨家新聞時，甚至可以翻倍。廣告量也不斷成長，欲刊登廣告者更願意付出大把鈔票搶週日的單數頁版面。大家都加薪，年薪能領到多達十六個月，也不斷有人升官，有新人報到。人人都可以提案去西伯利亞報導冰上遊牧民族的報導，用差旅費吃魚子醬或開香檳，也都不會有人質疑。

進報社後我什麼都做，採訪鄰里間的抗爭跟聖誕節樂透大獎，調查殯儀館亡者死因與偏鄉員警收賄事件，甚至偽裝成醫生闖進埃塔恐怖組織（ETA）[5]發動攻擊行動的現場採訪生還者，去巴達霍斯（Badajoz）報導水災新聞時則目睹了我記者生涯的第一具屍體。有次我還被挑上去處理一個「特殊任務」，跟拍疑似以性愛錄影帶恐嚇國王卡洛斯一世（Juan Carlos I）的前任情人芭芭拉雷伊（Bárbara Rey）。不過，那些都只算是無趣日常工作之餘的偶發小探險。我常常是數週都做著與採訪無關的事，編輯特派記者發回來的報導，或寫些令人發睡的臨時新聞或假期塞車新聞。後來的編輯總部成了難熬又競爭白熱化的地方，太過積極主動會被前輩猜忌，要是踩線將付出相當大的代價，但年輕人都熱切希望能被派去參與重大的記者會採訪。公司又嚴格規定上下班時間，內部階級分層，當時的我很難接受那些規定。我很希望公司派我去負責重要的新聞，但主管卻派我去「圓周率女士」那看看有什麼可以挖，新聞分類發送前，由電傳打字機出來的新聞都是由她負責整理；那綽號的由來是她薪水正好為三一四〇〇〇比塞塔[6]，而她又跟某主管曖昧傳緋聞，所以到處被人講閒話。那間辦公室裡的四道牆面，掛著由各地特派記者傳回並登上頭版的新聞，以及一幅巨大的世界地圖。

有一天，我專注著地看著地圖，試圖找出還沒有特派記者的地方。只剩遠東地區還沒有人派駐。瑪莉・卡門（Mari Carmen）是編輯總部的祕書兼菜鳥記者的保母，她鼓勵我邁出步伐，對我說：「大衛，你不該待在編輯總部。快走，越遠越好。」

我去找何達，告訴他我自願去開拓本報的第一片亞洲疆土。

「你曾去過那裡嗎？」總編輯問我。
「沒有。」
「在那設辦公室的收支計畫你做了嗎？」
「沒有。」
「你對那地區懂多少？或知道些什麼？」
「都沒有。」
「去吧。」他回我。還說：「我們可以試六個月看看。」
然後我就待了十八年才回來——而且還是回來接替他的位子。
但我回來時，看到的編輯總部已經不是當初我認識的樣子，不見當年的年輕活力與風采。現在的編輯總部，要是你閉著眼走進去，恐怕分不出來到底是進到一間報社，還是進到保險公司的辦公室裡。主管們說，沒有吵雜聲是因為聖路易大道的這處新編輯總部鋪有地毯，聲音都被吸掉了。但除此之外，還少了些什麼：帕迪佑街舊總部的精神，已在有心人永不滿足的野心、及無解的敵對中消磨殆盡。公司有各種荒謬決策，而某些人莫名升了官。內部權力鬥爭帶來了

5 埃塔組織（Euskadi Ta Askatasuna）成立於一九五九年西班牙和法國交界的巴斯克自治區，最初是反抗西班牙法西斯獨裁政權，而後轉為巴斯克獨立運動組織，但採用炸彈攻擊、暗殺及綁架等武力手段，不惜造成死傷，而被歐美多國視為是恐怖組織。二〇一八年，已宣布徹底解散。
6 西班牙舊制貨幣。

傷害，造成完全忠誠與極度不忠的對立。希望落空，轉而失望幻滅。種種缺失帶來的影響，讓公司在擴張、收支與道德士氣上全盤崩壞。員工們想升職的雄心壯志早已不復見，取而代之的是如何在解僱潮中倖存。每當ERE集體裁員[7]所造成的傷痕漸漸癒合，公司便又展開另一波裁員。同事情誼遭受空前考驗：隔壁同事若被解僱，就表示你生存下來的機會變高了，你能繼續支付家用及小孩的學費。

因為編輯們，有貸款要繳，有小孩要養。

同事們收拾東西走人的痛心畫面，已成日常。公司經常未考量員工對公司的貢獻就逕自解僱他們，主管們可以在會議上因著個人喜好及私交，直接對記者、版面美編或攝影師判定生死。犧牲者通常都是最專業的那群，他們沒時間在辦公室搞小圈圈。自願優退離職方案出來時，往往被最有優勢的人搶走，他們就帶走一大筆錢，去他處尋求新挑戰；這政策只是讓報社人才越來越少。當時的《世界報》還是擁有一些很棒的記者，不停追尋獨家新聞的種子深植在這家報社的基因裡，但這一路以來已被消磨掉許多。每天處在爭吵、嫉妒及敵視對立當中，僅為了在頭版爭個版面或爭取辦公室角落的好位子，將報導的個人歸屬看得比記者應有的榮譽還重。

後來，公司連聖誕節傳統尾牙宴也不舉行了。

各個版面的辦公室我都親自走進去，向老朋友打招呼，也向不認識我的人自我介紹一番；不認識我的已占多數，畢竟我駐外了好多年。會議室與「魚缸間」將整層樓一分為二：一邊是嚴肅艱澀的版面區，包括西班牙國內新聞版、國際版、經濟版、社會版、科學版、馬德里版以及「即時快訊」（Últimas）網路部門，不久後我也搬進這裡頭。另一邊則是：文化版、副刊與設計組，設計組內有插畫家、版面美編及資訊圖表設計組成員。梁柱後方那最不舒服但也最隱密的地方，是祕書們的辦公室。報社搬來這以後，她們是最大受害者，但祕書處有如報社療癒中心的功能依舊不變。記者們會跑來這宣洩挫折、尋求慰藉，來這徵詢內部糾紛的解決方式，還有把孩子受洗的照片拿來分享欣賞。那是個立場中立且遠離糾紛的空間，沒人會猜忌祕書們有什麼競爭的野心。想深入了解編輯總部的狀態如何，來這裡準沒錯。

「怎麼把你們塞在這麼小的地方。」我一進門就這麼開口。

「上頭想把我們藏起來。」其中一位祕書開玩笑地說。

「搬來這裡以後，全部都變了調！」另一位接著說，「我覺得這裡被詛咒了，回不去以前的樣子了，大衛，希望你能有辦法處理。」

◈

報社內的首次「遊覽」讓我察覺，我不在國內的這幾年，太多事情完全變了，在遠東地區舒適圈裡當著駐外記者的我，離這些變化真的好遙遠。隨著時間過去，唯一沒變的是經濟危

7 西班牙法律中，就業管理法規文件簡稱為ＥＲＥ（Expediente de Regulación de Empleo），是經濟狀況不佳的公司尋求獲得集體停職或解僱工人授權的程序。

機，以及上頭命令執行的裁員動作仍持續著，而被辭退人數最多的，是西班牙國內新聞版，這些記者對我的上任也存有最多質疑。在公司老將的眼裡，我在國內政治圈的資歷相當不足。「過去讓報社獲得最多關注及榮光的，不就是國內新聞版的報導嗎？是他們挖出重大醜聞並揭穿弊端，使得執政者下台。編輯總部是鍛鍊領導能力、贏得同事認同的地方，若未曾與同事們在此大肆批評談論政治，怎能帶領一家報社？」

國內新聞版記者們的座位離總編輯室最近，能與總編輯及他的助理有最直接的交談溝通。曼努．桑切斯（Manuel Sánchez）在此版耕耘許久，他在他的書《新聞在餐酒館裡》（*Las noticias están eb los bares*）中，將此版面比喻為「報社的實權所在」。國內新聞版的記者人數，曾是其他版面如國際版或文化版的四倍之多，實體報紙的頁數分配，都要依他們的採訪排程決定，要寫社論以及決定雇用新血時，他們是唯一必須諮詢其意見的記者。他們也曾是公司裡薪水最高的一群，他們其中八人，加上調查小組的人，都覬覦著主管位。「值得姐」更是政治線的明星記者，在他們之中最獨樹一格，地位及影響力無人能及。

「你非得取得她的認同不可。」這是我回到馬德里前，最常收到的建言。

我與「值得姐」在同個報社服務了二十年，卻從來未曾交談。初入行的我，保持著崇敬的距離觀察她，因為她是能進去總編辦公室跟總編輯說話，而且開頭版會議時敢提高聲量的人之一。她更是報社裡極少數，沒有因為懷孕或請求變更工作時間以照顧家庭，而被長官調職到檔案處做苦工的女性員工之一。因此當她在最巔峰時，決定離職去阿茲納政府擔任新聞處內閣，許多人都大吃一驚，造成不小震撼，因為在那年代，記者若轉換身分成為政治人物，通常是一條不歸路。就算回來新聞圈，也是活在陰影下做事，一輩子都將忙著劃清界線，澄清沒有偏袒那些曾給他們官位的政黨。「值得姐」卻很快又回到報社，且未失去其高尚地位，宣稱自己仍保有批判及守護的良知本質。她毫不掩飾地彰顯自己的影響力，在報社編輯總部裡大聲嚷嚷，那幾乎讓人耳損的說話聲，無論面對的對象層級多高都一樣。每當有大事發生，總是最先聽到她的聲音，當然也包括我的就任。董事會上宣布我將就任，她也不遑多讓地予以質疑，負責幫「貴族們」出聲表達不滿。

「要來帶領《世界報》的這小子是誰？」她問。

我以為邀請她喝杯咖啡，好好與她談談，會是個好主意。

我們約在阿杜羅．索利亞購物中心（Arturo Soria Plaza）的拜依特咖啡廳（VAIT），剛坐下我便深呼吸一大口氣，開始向她闡述我的理想，有關新聞及我對《世界報》的想法與規劃。我要我的讀者們接收到的，是融合了犬儒主義與質疑思想的資訊，這大多數源自於我擔任駐外記者時，以及歷經哈佛洗禮後，對這份志業所懷抱的浪漫願景；然而當我發覺身處的政治、商業與新聞環境有多複雜時，那些期待可能很快就必須回歸現實面。讓我驚訝的是，「值得姐」對我的這番言論，有著令人意外的熱切回應。

那時她也同意，我們的過度作為與曾犯的錯，加上必須承擔的利益衝突與包袱，讓我們成為民主社會中最勇敢的日報。但卻也更難問心無愧地說，我們做的是沒有意識形態，是具包容性且有九〇年代改革派意識的報紙。

「你想做的這些，公司會給你後援嗎？」她聽了我的計畫後，開口問道。

「他們來找我談時，已承諾我要一起幹場革命。他們很清楚，若再不改變，我們會一起慢慢滅亡。」

「聽起來太過美好。大衛，你可知報社編輯總部士氣已傷？包括公司多次集體裁員、人事縮編、貝德羅．何達的離開等等。這些年很難熬，而你未曾身歷其境。你不懂我們這些年是怎麼熬過來的。」

「讓我們一起重回往日榮景。」我告訴她。「你願意與我一同努力嗎？」

「好，我會盡全力幫你。」

第三章　皇宮

將我引見至國內政治社交圈的「見面會」時刻到了，那是個皇宮依循傳統慣例舉行的國慶宴會，「值得姐」主動說要陪同我參加。

「這算是約會嗎？」我開玩笑地說。

「我想讓你認識一下末代的西班牙。」她回我。

我們約在東方廣場（Plaza de Oriente）碰面，接著一起走了幾分鐘的路程，便進到時空彷彿仍停留在數十年前的皇宮裡。

這個聚集了西班牙政治界、司法界、社運界、企業界重要人物的年度盛宴，在此起彼落的吻手禮儀式中開啟序幕。國王夫婦在王位廳（Salón del Tronco）裡，一個一個依序接見並歡迎近一千七百位與會來賓，廳內牆上裝飾有義大利的熱那亞（Génova）來的紅色絲絨壁毯、金銅色獅子，以及一七六四年由提也波洛（Tiépolo）繪製的一幅拱頂畫，代表著「偉大的西班牙君主制度」。賓客們為了這在正式晚宴前的迎賓時刻而過度盛裝，期盼著輪到自己與國王近距離握手寒暄，這時整個空間已滿布香水味，等待中的人們利用片刻互通小道消息。「你有聽說部長祕書的事了嗎？」、「王后是不是太瘦了呀？聽說她有厭食症。」、「政府重組已迫在眉睫，我的線索來源從來不假……。」

向國王夫婦致完意後，賓客們轉移到一旁的大廳，裡頭的人開始圍圈圈跳舞，更有許多人正等待著，被安排進國王夫婦及重要人士的圈圈舞團體裡。我這個帶著戰地記者臂章來報到的《世界報》新任總編輯，承諾為新聞帶來新風貌，即便如此，我仍花了點時間摸索，讓自己習慣是他們當中的一分子。多位部長、國會議員及政要，額頭滿是汗水地向我走來，留下名片，並期待有天我能同意與他們餐敘。不論我頭轉向哪，感覺總被熟悉的臉孔包圍著，那些人我似乎在出國前就曾見過。席莉雅・比亞洛沃（Celia Villalobos）很熟稔地向我打招呼，彷彿我跟她早就認識般。她擔任人民黨（Partido Popular，PP）的議員已近三十年，大概早就覺得那份工作很無趣，幾個月前還被抓到她在年度最重要國政會議上，大喇喇地在國情辯論會進行時拿著平板玩遊戲。

「總編輯真是越來越年輕化了。」看見我時，她對我這麼說著，帶點責怪世代交替的語氣。

她以前是黨內的異議分子，會為了捍衛自己堅信的事而抗衡黨的命令，但那些都過去了，現在的她執著於官位、薪水及名聲。她的言論曾經非常令人難以信服，卻極具預知性，因為她進而推動了改革，讓某些事最後如預期發展。即便她握有政治毒藥的解藥，且個性如南部安達魯西亞人般豪邁大氣不吝分享，但她仍代表著正衰敗走下坡的政治世代，需要新血活化它。「值得姐」似乎很享受自己的陪伴者角色，每每見到她認為是老派的女政治家，就針對她們的守舊作風大作文章洗她們的臉，然後拿出我上任的事比較一番。

「跟各位介紹，這是新聞界的阿道弗．蘇亞雷斯（Adolfo Suárez）[8]！」她如此說著。

安娜．羅梅洛（Ana Romero）曾是《世界報》社會版的主編，也是僱用我進《世界報》的人，在我上任前不久她才剛離開《世界報》，一聽到那句話便開始嚷嚷著要離開圈圈舞，然後她抓著我手臂把我拉到一旁，將我當成二十年前那個還是聽她吩咐的小記者般對我說：「新聞界的阿道弗．蘇亞雷斯！新聞界的阿道弗．蘇亞雷斯！老天爺啊，你這小子。」她帶著加地斯地區口音向我說著。「別忘了誰才是你的朋友，小心那些馬屁精。小心哪天他們群起背叛你。」

就在那時，有人朝著我背後靠了過來，低聲細語在我耳邊說：「大衛，國王夫婦想認識你。」

圈圈舞越跳距離越近，其中有個舞步可由較有經驗的舞者控制，讓我與菲利浦六世（Felipe VI）國王夫婦越跳越靠近，但那對我來說簡直就像在緬甸叢林中開路。每次看似可以更靠近時，總會有某男士插隊進來把我擠開，或出現某女士用手肘推開我，或一群官員如往常般互不相讓著，擋在中間。

「我們一直很想認識你。」好不容易終於能與國王並肩聊聊時，他以輕鬆的語調這麼說。

國王對我的旅行經驗，以及從國外發回的報導很感興趣。王后則詢問我搬家回來狀況如

8 佛朗哥獨裁統治後西班牙第一位民選首相。為西班牙民主轉型的關鍵人物。

何，太太與小孩是否已適應回到西班牙的生活了。我們約好找個更隱密的場合再碰面聊聊後，我便讓位給已等得不耐煩的人，他們在我背後呼氣，彷彿間接跟我說著：「喂！該換我了。」我找了個較多記者聚集的人群走去。有人跟我說了些鼓勵的話，也有人向我討工作，大家滿懷希望想著，終於在「我們之中」有人坐上了總編輯大位。名氣大如搖滾明星的新生代專欄作家大衛・吉思陶（David Gistau）朝我走來，說想加入我的計畫。

「你有看過我們日報的封面版頭嗎？」他再也忍不住地問。

我是看過：《ABC日報》（*ABC*）在首頁放上多位女性穿著地區民族服飾的圖片來紀念國慶日。標題寫著「《ABC日報》展示我國的獨特與多元」。

吉思陶跟我說好，趁我們一起到第三台（Antena 3）錄談話節目《公眾明鏡》（Espejo Público）時會把工作合約帶來給我，儘管我已暗示他，薪水很難相比。西班牙的專欄主義派多年來過得不算太好，他們以佛朗西斯科・溫布朗（Francisco Umbral）為首，文章內容堅守著風光年代的大師典範精神與風格，他們寫下的經典大作滿是才情，字數不多，卻每每吸引許多讀者到書報攤購買收藏。他們受到歡迎的證據就是出現了一群模仿者，也用少少的字來寫作，但作品皆不如經典作品的內涵，也未贏得更多讀者青睞。有一些所謂的「受啟發者」，很年輕就開始寫專欄，但生活及旅遊歷練都還沒有積累，不過是互相讚揚彼此的想法，在新聞院所裡漫步，期望著有「粉絲」殷勤對待，或有人向他們要電話號碼。賺得最多的，是佛朗西斯科・溫布朗口中那些，穿睡衣在家寫個四百多字「狗屁爛原稿」的人，他們所得到的待遇比在敘利亞前線蹲一個月寫出報導的獨立記者更好。他們在報社編輯總部的影響力很大，公司董事也護著他們，因為他們會假裝很重視董事、甚至想聆聽其高見，就為了讓董事們招待他們大餐。

大衛・吉思陶即是少數還撐著的人之一，他勇敢直言，寫的內容甚至與報社總編們的意見相左；還有曼努・哈波伊（Manuel Jabois），這位滿是波西米亞風的加利西亞人，他在寫專題報導與專欄這方面很有天分，對於令「受啟發者」心癢難熬的虛榮，他的抗拒能力也比其他同期好多了。他們兩位在各自出走到《ABC日報》及《國家報》之前，對《世界報》有不少貢獻。報社選了一位保守派，且頗受「樞機」及時任總理拉荷義（Mariano Rajoy）喜愛的年輕專欄作家，取代了哈波伊的位子。但這人並未替報社帶來多少好光景。吉思陶的離開，是在何達的主導下，讓薩瓦多・索斯特斯（Salvador Sostres）強勢入社頂替了他。何達在佈倚餐廳（El Bulli）的廁所裡定下此事，為的是實踐他欲將本報社論右派化的策略，進而將《ABC日報》讀者搶過來。索斯特斯出身自加泰隆尼亞，曾是優秀的政治分析家，但他某些文章對本報書刊檔案室的玷汙程度，史上無人能及。尤其是他在二〇一〇年造成二十萬人死亡的海地地震發生時，所寫的一篇文章最為過分：「我並非樂見海地發生如此的悲劇，但事情發生都有它的道理，地球才能維持平衡。無法同意這說法的，大部分都是比窮困潦倒餓死的人，還幸運一點點的窮困之人，因為只要再發生其他意外，他們也小命不保……。海地的例子比較誇張點，但終究，就是清理地球的一種方式……」

我就任後的第一週，就辭退了索斯特斯，他便跑去《ABC日報》做事。用他換來吉思陶，我認為是個非常棒的交易——但當然也要在花費合理的狀況下。到了吉思陶說好要把合約帶來的那天，我才聽說他早已離開《公眾明鏡》節目，且當我表明要跟他重約，他都不予回覆。很意外地，他竟寫了篇專欄回應我，嚴厲批評我們的其中一篇頭版新聞，或許他是要表達他的文章風格已跳脫民族風，同時有意跟國慶前幾天才被他們攆走的總編輯唱反調。我認為他以這種耍任性、欲走還留的手段，來談判合約、要求調薪，確實很像專欄作家的作風。後來我正面思考這事，決定把錢用在提供給六位派駐在險峻地區的獨立記者更好的工作條件——他們六位賺的加起來還比「受啟發者」中最不受教、最不受啟發的那位還少。

◈

在皇宮裡才待不到一個小時，我已對那些排場及姿態感到昏昏欲睡、無法忍受。我開始計畫如何逃離現場。但那是個頗具渲染力的場合，很不容易開溜，每當我準備找尋出口時，總有人拉著我手臂，把我帶去加入另一組圈圈舞，跟有趣到爆且「絕不能錯過」的人們一起跳。我被困在多位重要單位的前部長及前祕書的談話圈裡，他們正討論著局勢變化不斷，無論是政治還是新聞圈；我發現機會來了，順勢開口問廁所在哪。我迷失在大廳中，一邊加速腳步離開，一邊把領帶解開，終於找到大街上的出口，放鬆大口呼吸外頭的新鮮空氣。

那天早上，和我一起競逐眾人注意力的，還有其他幾位：因應革新君主制度而剛繼位的王室成員，為力挽改革衰敗而新上任的百年社會黨新黨魁佩德羅・桑傑士（Pedro Sánchez），以及意圖改革政治的年輕明星政治家艾伯特・里維拉（Albert Rivera）。在這後浪欲推翻前浪的氛圍中，儘管是身處於這個曾在十八世紀將無自覺的西班牙團結在一起的宴會廳裡，人們終究都感染到因改變將至而產生的焦慮不安，讓人難以置信的改變或許都將成真。不過，還是有些人——如「值得姐」之流——認定那些帶領國家未來命運的菁英們根本沒搞頭；無論在媒體界、政治界與經濟面上，老派人士都低估了後浪捍衛時代的決心：他們將捍衛前人害怕從自己指間溜走的未來。

◈

報社內也同樣有一群拒絕改變來臨的「當權派」。他們的辦公室確確實實地圍繞在編輯總部四周，有大有小。有些很微型，只放得下一張桌子跟幾張椅子；有些是空的，裡頭的寄居者幾乎都不在。他們在巔峰時期的增員也相對提高了主管職的數量，數量之多可是連中國共產黨聽了都會羨慕，其中甚至還配置了一個局，裡頭的職位有局長、副局長、局長助理、局長協理（我永遠搞不懂那些職稱差別在哪）、局長副手、編輯主任和各版主任。要說這是報社，其實更像是個部會。

「我們每三個員工就有一個主管。」「工會人」來跟我打招呼時這麼說著。

剛進報社時我就認識這位公司員工工會的會長，與他的關係一向很好。他向我訴說，在這公司編制緊縮時期，他作為員工的代表有多辛苦，他也表明，拒絕再接受更多裁員決策。

「誰說會再裁員的？」我問他。

「有很多流言，大家都很緊張。」

「從沒人跟我提過要裁員。他們找我來時已承諾會給我時間，找出辦法讓情況好轉，而非再緊縮人員。」

「那好，這樣最好。你是我們的一分子，你是在編輯總部受滋養、茁壯成長的，而非在那些主管辦公室裡。若你能幫助我們，我們也一定幫你，別辜負我們。」

主管職過度膨脹是引發緊張氛圍的主因，並導致我們效率變差。有勢力者培養起保衛領土的忠誠黨羽來，共謀對抗潛在敵人。平庸者尋求保護，他們意識到在內部競爭上、在某些主管辦公室裡下功夫，會比做出獨家新聞還有用。資質天分最優者，則往往被利益糾葛堵住前路，為避免他們被當成是具威脅性的不當分子，我們還得專門找人來粉飾他們那些觀點精闢的評論文章。

新任總編輯的上任，明顯是個可對編輯總部人員安排下手的好機會，果然，馬上就有人跑來向我提出各式各樣要求。編輯總部等待著我公布新「核心團隊」名單的同時，各種流言就開始了，無非是特意吹捧某人適合某職位，或特意中傷某些人。「值得姐」自以為她也會在名單中，重複跟我強調好多次，多到數不清，故意說她對某個職位多不感興趣，就為了讓我聽進去，她實際上有多想要那個位子。就如同，若我成為新聞界的阿道弗．蘇亞雷斯，那她理所就該當副首相。我告訴她，很高興她如此開明不爭權，因為今年正值選舉年，報社絕對非常需要她出政治專欄文。即便她已多年沒做報導，只專注在曝光度偏低的新聞分析上，但她仍有非常好的新聞資源，文章也寫得好，更像心理學家般了解許多政治人物的內心想法，知道他們的意向、擔憂及各種詭計。

「你絕對要親筆寫下，那些即將到來的變革所激發的偉大故事。」

「樞機」與「矽谷小子」頻施壓，要我盡快做決定，這與我理想中的規劃背道而馳，我想等六個月，先好好認識同仁，再決定挑選誰入我的「核心團隊」。他們說，公司沒有預算可從外面找人，縱使他們能理解為何有此需要。後來，屈服於壓力，即便可能在我總編輯生涯上記上一筆錯誤決策，我仍從本報的資深守衛人中挑選出副手。那時我以為，對我的位置有野心者，應當會願意接受我將他們納入團隊中：無論是再怎麼抵制變革的人，也會被承諾未來的人所提出的好處給吸引，看在公司當前的危急處境上，放下敵對競爭，一起努力吧。但事與願違，這些想法終究都只是我的一廂情願。我將設計部門交付給「大藝術家」，他算是全世界實體報紙中最厲害的設計師，但也是對公司的任何變動反抗得最強烈的主管之一。被一些女同事認為貌似美國演員「李察吉爾」的資深副總編輯，將專責週末版面及副刊。我並找回知識淵博的貝德羅・華探可（Pedro García Cuartango）當社論版主管，報社內絕大部分的社論都出自他手。我讓兩位副總編輯分別掌管不同項目，好處是這樣一來他們之間就不會有任何利益糾葛或權謀問題。為了讓報紙數位版的團隊更強大，我從公司外找來薇希妮亞・佩雷茲（Virginia Pérez Alonso）當主責的副總編輯，她是唯一一位我能從外頭帶進來的人，曾主導《二十分鐘新聞》

（*20 Minutos*），令這家報社媒體的數位化轉型取得成功，她將會是我們數位化計畫能否快速進展的關鍵因素。接著我找了當時的網站負責人當副手，負責做週日報導副刊，他曾是專題深度報導部門主編之一，與當時是特派記者的我常有來往，由我接手做他提出的荒唐提案。這位「副座」，總喜歡提起派我去印度報導印度國鐵時的軼事。當時我買了前往瑪哈拉賈（Maharaja）的車票，那是一輛穿越印度北方省（Uttar Pradesh）的列車，在車站裡的我想著，若能跟當地人一樣坐在車頂上旅行，應該是個好主意。爬上車頂後，我發現完全沒有地方可抓，若火車顛簸移動著時，因為車頂兩側邊是彎的，根本無法維持平衡。我本打算跳下車，但此時火車已開始加速行駛。印度人看我整個人臉朝下趴著都笑了出來，我努力把手掌緊貼在滑不溜丟的金屬車頂，他們則是優哉地盤腿坐著，有人玩牌，偶爾還站起來伸展筋骨。我當下覺得那畫面會是張超讚的照片，所以抓好相機，一手放開準備要按下快門，但火車的搖擺瞬間就把我甩到邊上，還好，當時有個鬍鬚長度到肚子的男子在最後一刻抓住了我。

「都是你！害我差點就死在那！還死得像個白癡一樣！而不是像個真正的記者般，光榮地死在前線或革命裡。」

「你之前過的那些好日子，也該歸功於我吧？」他這麼回我。

「副座」是優秀的編輯，是當年把文章交給他後能保證修改得更好的少數人之一。我們曾一起深入談論新聞業，聊我們認為新聞應該是什麼樣。當我在哈佛確認要接下總編輯一職時，他是我最先連絡的人之一，那時寫信給他，希望他能允諾幫忙，一起來幹大事。但他的回應出乎我意料，他說已厭倦了新聞，雖為我有新職位感到高興，但他深深感嘆在這行努力奉獻了二十五年，從沒人感謝他的付出，他已覺得失望透頂。那時我還不懂為何他有如此反應，直到有人告訴我，他曾對總編輯的位子懷有冀望，況且他還是眾多主管中，少數與「樞機」有緊密往來的人。當時我雖仍有疑問未解，仍舊邀他加入團隊，但附帶著幾項先決條件：「第一，我要你遠離茶水間的密謀鬥爭。你將是全體職員的副總編輯。第二，你得對總編輯忠誠。若有什麼事你不認同，請直接告訴我。不要違背團隊規劃硬幹。」

我的人選在編輯總部掀起波浪，尤以「貴族們」最為不滿，因為這代表著一位與他們甚為親近的副總編輯將被去職，他們無禮且情緒化地對我的選擇提出質疑。「值得姐」走進我辦公室，很明顯她心懷不滿，這是我倆的職場雙簧拉鋸情節開始以來，她第一次這麼公開直接地表達出失望語氣。

「你是總編輯，你必須選你自己的團隊，但你這次真的犯了大錯。」她說。

「為什麼你這麼說？」我反問她，不清楚她到底與我的新副手有什麼過節或交惡。

「因為沒有人比他更想要你現在的位子。」

第四章　總理

亞美莉雅每天都會在我的桌上，放上一堆西班牙各ＩＢＥＸ上市公司[9]董事長或總裁、政客、名人的來信，甚至是一些我聽都沒聽過的人寄給我的祝賀信。每封看似都很重要，都寫著恭喜我被任命為總編輯。當時所有國內重要人物，或是自以為重要的人，都紛紛向我祝賀到職，並且想跟我約時間見面。最早發信來的人當中，其中一位是艾絲特・柯普洛維茲（Esther Koplowitz），她是營建公司ＦＣＣ的老闆，同時也是西班牙最富有的女人之一。當我們的當紅調查員「水門伍德華」進到我的辦公室，向我通報某大公司涉嫌支付傭金給加泰隆尼亞區長喬迪・普霍爾（Jordi Pujol）親屬的獨家消息時，我正好讀完艾絲特的信。

那間大公司就是ＦＣＣ。

「我剛剛才收到艾絲特・柯普洛維茲寄來的祝賀信！」

9　西班牙最大證券交易所的基準股市指數為 IBEX 35，包括三十五個馬德里證券交易所綜合指數中的流動股票，每年調整兩次。本書作者以ＩＢＥＸ指稱上市公司。

「她大概會覺得，你給了她一份不懷好意的見面回禮。」

「水門伍德華」向我講述他的頭條內幕，我也發現他在這方面很有天分。我能想像柯普洛維茲女士讀到明天報紙時，會是怎麼樣的反應，並一邊咒罵著：「真是混帳，我還祝賀他到職上任，這就是他回報我的方式？」

亞美莉雅已盡可能小心翼翼地安排所有會面申請，但是各政府部長之間，對於誰能先見到《世界報》新任總編輯這件事，搞到已變質為一場超現實競爭賽。如果他們認為見面日期被排得太後面，就會覺得倍受冒犯：「難道這總編輯不知道我是何等人物嗎？」

比較機靈的人會透過他們在報社編輯總部的朋友拉線，來縮短等待的時間。「值得姐」就為我和發展部部長安娜·帕斯朵（Ana Pastor）安排了一場午餐會。而聚會一開始的小插曲就洩漏出，西班牙政治圈對我這個人的陌生程度。那時每張餐桌椅旁都有張寫上與會者名字的卡片，而我的卡片上寫著「大衛·佩雷茲」（David Pérez）。

「部長，我姓『希門內斯』」。

「哎呀真是的，怎麼會寫錯了呢！」她嘻笑帶過，午餐間還三不五時提起這個謬誤，且屢屢用「佩雷茲先生」稱呼我，詢問我對某些事情的意見。

幾個月後，在和部長的第二次餐聚中，我發現名牌卡上的姓氏已被修正，不禁失望道：「部長，就叫我佩雷茲吧！看到我的姓名正確地被寫在名牌卡上，會讓我覺得自己成為『當權派』的一員了！」

那時再過幾個月就要舉行選舉，西班牙政府正處於一個微妙敏感的狀態。倡導民粹主義的左派「我們可以黨」（Podemos）聲勢逐漸高漲，且隨著該黨於歐洲議會強勢贏得席位，民調支持度更是不斷攀升。再加上，青年政治人物艾伯特．里維拉和其所屬的「公民黨」（Ciudadanos）崛起，而該政黨的意識形態又比較偏向人民黨，因此對人民黨主導的右派霸權造成直接的威脅。從社會勞工黨的費利佩．龔薩雷斯執政時期起，人民黨日漸累積的權勢，於此時達到最大化，他們掌有絕大數地方自治區政府和鄉鎮市政府的執政權，以絕對多數掌控著上下兩議會和中央政府。如此壓倒性的權力，加上負責監督的單位過於勢弱，以及根深蒂固的欺瞞文化，加總起來致使人民黨腐化敗壞，許多作為有如躲藏於碉堡裡的「犯罪組織」集團——根據法官調查報告，在馬德里或是瓦倫西亞都有此情形。司法官們的辦公桌上堆滿了超過五十起醜聞調查案，諸如古特案（Gürtel）、布尼卡案（Púnica）、巴塞納斯案（Bárcenas）、諾歐斯案（Nóos）等[10]。諾歐斯案密謀貪汙案的關係人，甚至涉及西班牙王室成員，使得王室二公

10 古特案為西班牙近代史上最大的貪腐醜聞之一，導致人民黨拉荷義政府垮台，為西班牙重返民主憲政以來首次因不信任案而遭倒閣成功案例，該案二〇〇九年起訴，二〇一八年判決。布尼卡案為二〇一四年的人民黨貪汙賄賂洗錢弊案，由西班牙反貪腐檢察署發動偵查而曝光。巴塞納斯案指「巴塞納斯貪汙文件」（Los Papeles de Bárcenas），為前財務長路易．巴塞納斯（Luis Bárcenas）被發現在瑞士的銀行戶頭裡有巨額存款，藏匿黨內黑帳一事。諾歐斯案則為西班牙王室二公主夫婿烏丹加林涉嫌的逃稅詐欺案。

主克莉絲汀娜（Cristina）和她的夫婿伊納基・烏丹加林（Iñaki Urdangarin）被傳喚至法庭應訊席接受審問。當時執政黨對司法調查的應對招術則是隱藏證據、包庇涉嫌官員、將不受控的法官調職、騷擾調查醜聞的媒體等，而《世界報》正是其中之一。政府對媒體的控制已經到了偏執的程度。

那些與我見面的部長們，傳達給我的訊息太相似了，千篇一律到我認定他們事先已討論好對付我的策略。「《世界報》和政府的立場歧異，大多數的貪汙案都是被我們報社的記者所揭露，但現在『合解』的時候到了。」他們認為國家正處於關鍵時刻，而民粹主義湧入不僅影響經濟復甦，也威脅到國家整合及憲法原則。因此中央政府希望我們《世界報》能夠站在「愛國」的立場，支持執政黨提名的競選人。「現在不是中立的時候。」內政部長豪爾赫・斐南迪（Jorge Fernández Díaz）對我這麼說，後來他的同夥們也重複說了好幾次同樣的這句話。

與內政部長的會面是由「內線調查師」安排的，他是「貴族們」的其中一員，也是負責跑警察線的人。內政部長被視為是內閣中信仰最虔誠的官員，因為他放下了放蕩的私生活（其前政黨同志豪爾・維斯汀禾〔Jorge Verstrynge〕就在《Jot Down》雜誌上爆料，他們倆曾一同造訪巴塞隆納的妓院），並在前往拉斯維加斯的朝聖之旅中，再次受到神的感召。他並將警光金勛章獻給慈愛至聖聖母瑪莉亞（Virgen de Nuestra Señora María Santísima del Amor），還曾以「威脅人類物種存續」的論點反對同性婚姻，聲稱有一位名叫馬賽羅（Marcelo）的守護天使指引著他，幫助他處理內政部的公事。我上任的時間點，正好他有幾件新醜聞遭揭露：在野黨要求他說明為何私用公家飛機接送他家的寵物狗蘿拉（Lola）。

「這聚會相當讓人期待。」

「內線調查師」告訴我，若要說哪個部長握有我們感興趣的消息，絕對就是內政部長豪爾赫．斐南迪了，原因在於，負責調查貪汙、恐怖主義和組織犯罪的國家警察部隊正是由他所掌控。但我們就座後，每當我嘗試將對話帶到那些事件，部長便馬上轉移話題到他邀我見面的真正目的：談伊莎貝爾．潘朵哈（Isabel Pantoja）的事，她是西班牙八卦新聞主角，也成了國民笑話，因洗錢被判刑，在阿爾卡拉（Alcalá）監獄服刑兩年。我們報社曾發表過一篇報導，寫她在監獄裡獲得特殊待遇，甚至還有傭人幫她洗衣服。部長希望我們了解，他們已在內部進行「非常嚴謹」的調查，並準備將結果公諸於媒體。

我心想：好吧。這事雖然不及水門案，不過至少我們能拿到些內幕。

不過部長並不打算先給我獨家消息。他只針對應該親自發布還是讓其他調查人員發布，應該開記者會還是發個聲明稿，應該是早上還是下午發布等這類細節，不停詢問我的意見。

就這樣被關在會議室兩小時後，我看了下時鐘，並告訴他我該回報社了，因為還有下一個會議要參與。斐南迪堅持帶我到內政部裡各處室走一圈。我們參觀了他的辦公室，裡頭滿布各種宗教裝飾品，他展示了在梵諦岡拍的照片，還說了他前往各個神殿朝聖的旅途中，重新尋回人性美德的奇遇故事。當時我們已用平輩講法直呼彼此名字，似乎交情已好到是可以分享伊莎貝爾．潘朵哈祕辛的熟人。當我們下了樓梯朝著出口方向走去，我以為終於抓到時機可以離開時，部長在我耳邊悄悄私語說出他很擔心的事：「你知道嗎？這次選戰我們會打得很辛苦，民調結果顯示，局勢對我們不利，為什麼《世界報》要對我們這麼苛刻呢？」

「部長，我們對每個政黨都態度一致，公平報導。」

「我們不擔心《道理日報》（*La Razón*）和《ＡＢＣ日報》，他們與我們站在同一陣線，我們知道，他們會對我們做的所有事都歌功頌德。不過你們是這次選舉的關鍵，《世界報》對尚未決定立場的選民有很大影響。」

我回：「沒這回事，電視台的報導才是決定選舉結果勝敗的關鍵。」

「你說得沒錯，你們《世界報》和第三台對政府而言舉足輕重。我的疑慮是，你們能跟我們站在同一邊嗎？政府現在面對強大的敵對勢力，目前已不是中立的時候。」

我努力思考，試著說出一個合理的回覆。長年不在西班牙、在國外待了超過二十年的我，其實對任何一個國內政黨沒有任何偏好。想當然耳，部長能預見的是我公平公正的立場，而非心存偏頗。《世界報》將會繼續報導我們認為與人民黨貪汙弊案相關的新聞，因為那就是我們的工作。

我說：「立場獨立的報社對政府而言，等同是免費的內政調查局，我們替政府做事，幫忙揪出老鼠屎，才不會壞了一鍋粥。部長，我相信從這樣的定位來看事情，才是最正確的。」

但終究，我說那些也只是在浪費時間。政府在過去三年間，展開了西班牙進入民主體制以來最強勢的媒體控制競賽，而當時內政部長也相當活躍地參與其中。這一連串的政治操作由四個女人主導：副總理薩恩斯・桑塔瑪麗亞（Soraya Sáenz de Santamaría）、幕僚長瑪利亞・岡薩雷斯・皮可（Maria González Pico）、國家傳播政策大臣卡門・馬汀妮茲（Carmen Martinéz Castro），以及不停內鬥的人民黨總祕書長瑪麗亞・戴・柯斯貝多（Maria Dolores de Cospedal）。

人民黨掌權之後，就跟其他獲得權勢後的政黨一模一樣，以清除媒體異己做為執政的序幕。他們先指派何西・安東尼・桑卻斯（José Antonio Sánchez）為西班牙國家廣播電視台（RTVE）的總裁，這人的名字日後也出現在「巴塞納斯貪汙文件」（Los Papeles de Bárcenas）中，是眾多收受了執政黨「額外津貼」的受賄人之一。西班牙國家電視網新聞部主管法蘭・猶瑞德（Fran Llorente）的職權被縮減，各自治區的主管皆被調職，且這些主管職全被各方政客取代。那些拒絕屈服、不願意讓國營電視台變成政府對外發言機構的記者們紛紛被停職；同時間，政府更設置了一個平行的編輯部門來幹那些骯髒事。至於私人媒體，人民黨則是使用「棍子和胡蘿蔔」策略，恩威並施地變相控制他們。中央政府強迫媒體開除那些不聽話的記者，灑錢買形象廣告，變相懲罰不配合的傳媒，並且控制廣播電台、電視台的政論節目——這些政論節目都是西班牙主要的政治議題辯論核心，擁有相當高的收視及收聽率。

當開始收到參加廣播和電視節目的邀約時，我才了解到這整齣鬧劇是如何運作及分工。「樞機」說未來有可能和亞德雷斯媒體（Atresmedia）集團結盟，因此堅持我必須與他們合作。他們給的節目提案，有第三台的《公眾明鏡》和零微波廣播電台（Onda Cero）的《不僅止於此》

（Más de uno），兩者都是由我敬重的新聞從業者所主導製作的節目，所以我也覺得跟這集團合作是不錯的選項。之後我才被告知，我的座位是屬於「非配額區」，也就是政府和媒體大老們安插完他們自己找來的傀儡和內應後，所剩下來的位子。這類型的節目，就亞德雷斯媒體集團的例子來說，共犯成員還包括第六台（La Sexta），腳本分配則由集團副總裁摩利修・卡薩斯（Mauricio Casals）管控，他因涉嫌多起與人民黨相關的貪汙案而正遭調查中；而他同時也是《道理日報》的總裁，於是利用這層身分與政府暗地接應，以便安排出演人員讓「秀」能進行下去。攝影棚裡有些流言，說著某些同業是如何去向「暗黑王子」（摩利修的報社員工為他取的綽號）求情，央求別將他們排除於政治大餅之外，並對自己的越線行為表示後悔，保證日後會「當乖乖聽話的好孩子」。「暗黑王子」既非右派也非左派，而是只靠向當權的那一方。他曾經成功說服前社會勞工黨政府，撤銷欲在西班牙國家廣播電視台投入的廣告經費，這筆錢對同行的雙巨頭亞德雷斯媒體集團及梅狄亞賽特傳媒（Mediaset）而言，有如注入一劑強心針，且是價值百萬的強心劑。然而現在的他，轉而向保守派靠攏，無論是操控媒體報導方向，或作為執政黨的中介人交涉，都是他為保守派服務的項目。國內沒人比他知道更多內幕了，但讀者在他們的日報上絕對讀不到這些內幕消息，將內幕消息保密起來的不是別人，就是《道理日報》自己。

政府對媒體的控制白熱化程度之高，使得分別由副總理薩恩斯・桑塔瑪麗亞及黨祕書長瑪麗亞・戴・柯斯貝多領頭的兩大派系，為了哪一方能夠在政論節目中安置更多親信，互相勾心鬥角，進而在節目裡針鋒相對彼此攻擊。這證明了在政治的世界裡，最致命的猛烈砲火總是來自於友人。在這場戰爭中，當權者要求政治評論人士照本宣科講出他們提供的訊息，要求他們盲目忠誠，等於是直接羞辱了他們的專業判斷，並且恣意地摧毀、或是提拔某些人的事業，其中也包含了前面所提的「受啟發者」中的幾位新世代專欄作家，他們以模仿前輩寫作風格著稱，藉此為自己打開知名度。我們報社的某位成員就是個很好的例子，他正是總理拉荷義的首席專欄作家。幾年前他丟了工作，便到處向人民黨的親信討差事，直到有人願意給他機會，想看他如何表現，就將他派去一間國營廣播電台做事。結果他表現得還不錯，越來越多職務便自己送上門，後來卡希米洛．賈西亞為了想彌補失去哈波伊的遺憾，便把他帶進來《世界報》工作。這人進來後鴻圖大展，幾年後當上了社論版主管，很受編輯總部裡的保守派分子愛戴。那些人作風非常右派，他一心認定選邊站才是能最快出人頭地的方式，不過他卻沒想到，一旦被那些人套上了枷鎖，想再解開可是難上加難。大衛．吉思陶就曾在一篇專欄裡寫下，他親眼見識過，副總理的左右手暨政論節目操盤手瑪利亞．岡薩雷斯．皮可在國會走廊上，毫不留情面地對這位首席專欄作家撂下一句狠話：「好好記著，是誰讓你爬到這個位子的！」刻畫出媒體業在這樣的政治生態下的處境。

人民黨權力集團中，另一位負責操控媒體資源分配的人，是國家傳播政策大臣卡門．馬汀妮茲，她非常會斥責媒體大老和記者，因而人稱「中央政府的鬥牛犬」。她的「建言」在業界赫赫有名，我前不久就收到了第一則，抱怨著我們報社的政治幽默插畫家搭檔加列戈與銳壹

（Gallego & Rey）的一幅作品，畫裡嘲諷了總理拉荷義和人民黨弊案之間的關聯。

「遑論是否切合事實，」但在這位傳播政策大臣給我的書面建言裡，我先看到的是，她重複犯了不該犯的錯，連續三個字都少了標重音符號。「自以為是地影射時事，哪裡幽默了？我只看到他們無憑無據，偏離事實惡意誹謗國家總理。」

當我跟報社「核心團隊」談起這封建言時，他們說這已算相當溫和了。通常她還會加上幾句汙辱人的話，不過應該是她跟我還不太熟，所以才用比較「親切」的方式對待我。我上一次在國內跑新聞已是十八年前的事了，但僅只幾天的時間，我就感受到，新聞業的一些本質在我缺席的這段期間裡早已變調。當權政府不再忌憚媒體，反而是媒體對政府感到畏懼。國內新聞業界充斥著被馴服的狡猾猛獸，他們的行為就如同艾克多・阿吉拉（Héctor Aguilar Camin）的小說《財富的陰謀》（*La conspiración de la fortuna*）中，某個人物所形容的：「舔舐著給牠食物的人的手，然後去咬那個人叫你去攻擊的對象。」

◆

《世界報》已失去了年輕時的無懼氣勢與勇氣，背上扛著過去輕率行事的包袱，處於需要嶄新動力加持的狀態。不過它仍是頭蓄勢待發會咬人的野獸。那時的政府已成功馴化了馬德里四大報中的其中三家：「我們不擔心《道理日報》和《ＡＢＣ日報》」言猶在耳，另一家則是普利沙集團（PRISA）的總裁胡安・路易・塞伯利安（Juan Luis Cebrián）奉上的《國家報》。

普利沙集團的創辦人何西・普朗可（Jesús de Polanco）在二〇〇七年過世，當時正值「經濟大衰退」前夕，由塞伯利安接手管理這家公司。起初這個權力移轉相當激奮人心，因為新老闆過去是記者，是《國家報》第一位總編輯，還帶領該報社，成為全球西班牙語區裡首屈一指的業界標竿。大家都認為，若他必須在權力和真相、金錢和新聞專業、私人和報社利益等之間做抉擇，他應當毫無疑問地會選擇後者。沒想到，他卻選了前者。而且，塞伯利安在接下來的十年裡，讓一間原本在歐洲舉足輕重的媒體，以前所未見之姿衰敗落難。普利沙集團的股價跌了九九％，無法償還的龐大債務導致該集團被轉手給多家國際企業，如西班牙電信（Telefónica）、桑坦德（Santander）或滙豐（HSBC）等大型銀行、以及卡達和美國的外國投資基金。隨後，副總理桑塔瑪麗亞主導了拯救普利沙集團的行動，也讓塞伯利安因此從中獲取了龐大資產。短短一年間，不但解決了該公司原本的四億五千萬歐元赤字，甚至轉而獲益一千二百萬歐元。

這項救援行動裡包藏了陷阱條款，使得這個在西班牙國內曾是最具進步主義色彩的報社，被迫轉型成宣傳保守派政府的自肥媒體，副總理也自此在政府中建立起她不可動搖的地位，成為「絕不能碰的人」。不討她喜的記者紛紛被外放，成為駐外記者或淪為邊緣人；那些想做真正的新聞調查及專題報導的人，則被調去比較不礙眼的職位。知名的專欄作家，如費南德・卡列亞（Fernando Garea）等人，大都迫不得已離開《國家報》，才能夠「繼續寫與政治相關的文章」。位在米格爾・尤斯得街（Miguel Yuste）上的《國家報》總部裡，員工們對此強盜般的作為感到絕望，總編輯安東尼奧・卡諾（Antonio Caño）則是辭職以表達其不滿。經歷了這些從沒人能料想得到的公司巨變後，六名《國家報》裡最優秀的記者，在我上任的第一個月內，便主動表示願意跳槽到《世界報》來工作。若非公司不允許我那麼做，我早答應把他們全都留下。

只差臨門一腳，政府就能完整控制所有位於馬德里的傳統報社媒體，此時《世界報》又剛好迎來一位新總編輯，既無後台又沒經驗，擺明正是完成這項「大業」的好時機。四分之一個世紀以來，外部勢力騷擾不斷，對《世界報》的獨立性始終虎視眈眈；而就在往後的幾個月裡，報社將迎來最後一場保衛戰。這一次，政府找到了一個不容輕忽的盟友，那人就坐在《世界報》總部二樓，我辦公室的正上方。

◈

「樞機」打電話告訴我，他也認為現在該是和政府合解的時候了。

他說：「現在已不是保持中立的時候。」

我心想：喔！同樣這一句話，我才剛聽誰說過？

中央政府主動向我們報社示好，願意放下兩年前的衝突，盡釋前嫌一切從零開始。當年人民黨的前財務長路易．巴塞納斯，被發現在瑞士的銀行戶頭裡藏有巨額存款，隨後總理拉荷義發給巴塞納斯幾則私人訊息，當中有則寫著：「路易，我能理解，你要堅強。」那些私訊被爆料刊出後，從此政府便與我們結下樑子。因為拉荷義的那些私訊，在在顯示出他涉及了人民黨的貪汙事件，並且意欲包庇。「巴塞納斯貪汙文件」裡的資料與情節發展，所牽扯出的弊案若發生在任何其他國家，都足以讓該國的總理下台。但在西班牙，卻是報導這則新聞的報社總編輯們神速賠掉工作，像是《國家報》的哈維爾・莫雷諾（Javier Moreno）——這件弊案算是在塞伯利安控管下，《國家報》所能刊出的最後一則有意義的重大專題報導；此外，為此下台的還有《世界報》前總編輯貝德羅・何達。

「樞機」通知我，在慶祝集團旗下首要經濟類型報《拓展日報》（*Expansión*）第二十九屆週年慶的聚會中，將會以非官方的方式與政府和解。接下來的幾天，他就像在辦自己女兒的婚禮似地籌劃著，每次當有內閣部長確定出席時，他就會興高采烈地打電話過來，不厭其煩地提醒我，順利辦好這場活動有多重要。

「你絕不會相信我接下來要告訴你的事！」當他確定了最終出席名單後對我這麼說。「總理、副總理和七位內閣部長都會來參加，七位！再加上馬德里自治區的區長，跟多位上市公司的總裁都會出席……。」

我很難理解，為何一個理論上定位中立的媒體集團，非得要如此殷勤奉承這個用盡千方百計限縮並控制媒體言論自由的政府，即便是我們報社也躲不過。「樞機」很努力地想要激起我的興趣，他說：「總理非常想要認識你，這剛好是個很棒的機會。怎麼會你們到現在還沒面對面見過彼此呢？這樣不行。」

「請幫我轉告總理，能與他見面是我的榮幸。」

活動是從中午開始，那天我早早就到了報社。出我意料之外，「水門伍德華」人也在報社裡。通常報社記者都不可能早起，更別說是負責做調查的專題報導記者。

「我有件重要的事。」他對我這麼說。

「說吧。」

「我們拿到巴塞納斯的辯護聲訴稿。足以確認人民黨裡，包括總理拉荷義在內的四名歷任黨主席，都知道黨內有黑帳（Caja B）的存在。帳戶裡的錢來自於各大企業老闆的賄款，被拿來支付政黨活動費用及高層的『額外津貼』。」

「媽的！」

「怎麼了？」

「你可以等到明天再刊出嗎？」

「為什麼？」

「待會在《拓展日報》的活動上，我得和拉荷義及半數以上的內閣官員碰面呀！」

「我們要冒險讓其他人先爆出來捷足先登嗎？」

我讀了他的報導，內容寫著：「掌管執政黨財務長達二十餘年的他，指控是黨內高層要求他做黑帳，這群人當中更包含了坐上總理大位的拉荷義和阿茲納兩人，都是貪汙共犯結構裡的操盤手。」我馬上朝著「即時快訊」部門走去，說：「網站全版刊出！」

坐上計程車前往馬德里美術中心時，我的手機開始鈴鈴作響，同時間內閣官員們和各大知名人物正陸陸續續抵達會場。我沒接來電，因為我知道「樞機」會要求我做一件我無法答應他的事。下了計程車，我往入口階梯走去，一抬頭就看到他站在高處，在那等待著總理駕臨。人的一生中總會遇上三、四個讓你終生難忘的表情，他那時的表情便是其中一絕。當時「樞機」臉上的神色，彷彿像剛接到警察打電話來的父親，被通知他兒子正拘留在警察局裡。我繼續步上階梯，與他擦身而過時在他耳邊低語道：「我非這麼做不可。」

我被安排與一群企業家、銀行家和政府官員同桌，位置離「樞機」以及拉荷義的座位不算遠。其中一位內閣官員向我走來，詢問是否可能至少把新聞移到網站上比較不顯眼的版面，「算是賣總理一個面子。」我回說：「很遺憾，那是不可能的事。」拉荷義致詞完後就離開了，未如先前已說好的，讓我們雙方見面認識。在接下來的活動中，「樞機」一直刻意迴避我，一直到下午的頭版會議開始前，我才和他說上話。這場會議裡，我們得決定這則獨家新聞隔天該出現在實體報紙頭版上的什麼位置。

「我不清楚你是否真的了解，今天發生的事代表什麼意義。你可知我花了多大心力，才有辦法把半數以上的內閣官員都請來參加這場活動？今天的活動有多麼重要你知道嗎？你做的決定已嚴重損害公司利益。」

「我還能怎麼做呢？」我堅持自己的決定。「我們手上握有一條獨家新聞，當然必須馬上登出來。」

「至少拖延一下，晚點再登都好。」

「那麼做有可能會讓其他的報社搶先我們一步，爆出這條新聞。那是一則相當重大的新聞呀，去你的！執政黨多年來擁著一本平行黑帳，向企業界索取賄款，將這些錢分贓給各界高層。我們是間報社，不能隱瞞這樣的大消息。」

「好吧，事到如今木已成舟。現在我只要求你一件事。今天網站電子報已經整天一直推播這條新聞，明天的實體報紙上就不要太過宣揚了。總理今天大駕光臨，我們得給他個面子。他剛剛公布了一些重要的經濟改革方案，我們請他為這則新聞下標題，他也已經給了。」

為避免先作出任何承諾，我回他：「我還沒看到明天要登的新聞提案，不過我會考慮看看。」

「你會考慮看看？需要我提醒你一下，這間報社不是你一個人的嗎？」

「我得為報紙刊登的內容負責。」我這麼說著，同時也意識到，這是我們兩人，第一次為了報紙的編輯主導權起衝突。

「我也得為了報社的生存負責，你難道不懂嗎？報社必須生存下去，才能繼續報導真相。我也希望報社可以獨立報導，可是如果報社先陣亡，一切都免談了。在你之前的總編緝們都能理解，全世界的總編輯都懂這一點。我們的目標是一致的，我並不是要求你別刊登這條新聞，僅是要求你謹慎處理。」

「我剛已經跟你說了，我會考慮。」

祕書們提醒我，所有的編輯都已在「魚缸間」裡等著開頭版會議。「大藝術家」準備了一張白紙和一支鉛筆來描繪頭版版面，攝影編輯也已把當天拍得最好的照片都擺在桌子上。每個版面的主管各自帶來了他們的專題報導及新聞文稿，依社內嚴格的上下階級制度等待著準備提案，由「貴族們」先發聲。總編輯此時做的事是，聆聽各版面主管的提案，彷彿新聞業的凱薩一般，伸出大姆指朝上或朝下，以決定誰帶來的稿子值得登上記者們渴望的神聖頭版版面。新聞老鳥們都認定頭版已是囊中物，不管如何至少能拿到一小塊版面。新人們則是幻想著取代前輩拿下某個版面，即使是偶一為之。特派記者們，在北京、貝魯特或是利馬等地，遠距期待著自己的報導可否占據報紙上最顯目的位置。專欄作家們也紛紛打電話來，詢問他們的當日社論會不會被刊出，即使只是頁腳上的一行字也好。不過，頭版的空間終究太小，無法容下報社裡所有自視甚高的人，那小小的一張報紙版面，註定成為引發妒忌、敵對及挫折感的來源。

決定了要刊登哪些作者的哪些文章之後，便開始分配每則中選的新聞能占多少空間，並且挑選各個欄位要放什麼標題，版面上可能會有一、二或三個欄位，最多到四、五個。接下來會議就進入到令人昏昏欲睡的文字遊戲階段，只為了找出適當的文字組成標題，將指定好的預留欄位填滿。編輯們開始埋頭計算字數，有時候大家沒了靈感，就停擺下來，令人感覺沒完沒了，會議永遠開不完。我上任後，最先頒布的命令裡有一項，就是停掉某些以往在「魚缸間」裡舉行的例行公事。我決定要取消在早會上逐頁檢查實體報紙的慣例，以前總編輯可能會在這時抓出無傷大雅的細微小錯，斥責版面負責人輕率行事。現在取而代之的是，討論在我們的各式電子平台上要做什麼樣的新聞，以及可以改善哪些部分。我更安排了影片編緝、社群網站編輯，及搜尋引擎最佳化（SEO）的負責人加入會議，再請人安裝一台超大螢幕來播放我們的報社網站，並將網站流量、閱覽時間，和其他量化指標連結到螢幕上，讓大家一起想辦法，如何才能增加報社網站內容的能見度。我想加快下午會議的步調，便取消了計算字數這件事，因為常常是做白工。老有這樣的事：只要午後會議一結束，我們走出「魚缸間」，就又有新的新聞進來，導致我們得更改所有內容。這些變革，對稍微跟得上時代的報社而言絕非創新之舉，但對傳統派人士來說，這些做法卻是侮辱了他們的神聖殿堂。

我請人打電話給「水門伍德華」，問他巴塞納斯弊案是否有新進展。

他說：「除了今早報導的內容之外，沒新進展，不過這件事仍是今日最重要的話題。」

各版面主管們展示他們的提案，但當中並沒有什麼大新聞。熱浪襲擊歐洲、納達爾（Rafael Nadal）在溫布頓網球賽第二輪落敗，以及「樞機」希望放在頭版的新聞：總理拉荷義在我們《拓展日報》週年慶會場發布減稅消息。攝影編輯則展示了，足以證明人民黨收受賄款的轉帳證明影本。

「我們要選哪條？」國內新聞主管「沉默頭子」開口提問。

他是個生性謹慎且嚴肅的人，說話的聲音小到有時在會議中沒人聽得懂他在說什麼。他的意見沒有振奮人心的效果，永遠中立平穩，也許就是因為如此，他才能在「貴族們」嚴厲的掌控下存活下來。他的作用之一是避免總部裡自以為是的大頭們發生衝突，雖然並不是每次都成功，但他溫和的個性確實能讓人冷靜下來，有穩定情緒的效果。

我沉默了幾秒，思考著該選擇讓「樞機」失望，還是讓我對自己失望。應該接受他的意見與政府和解，傷害報社的獨立性，還是應該把持住報社的戰鬥精神。應該避免與有權力拔除我的人起正面衝突，還是應該對他宣告，我才是擁有編輯內容主控權的人，且一絲一毫都不會退讓。雖然上任還沒滿兩個月，不過我認為利用現在這次機會，把我們之間的關係及規則劃分清楚，並不算太早。說到要劃清界線，我也想不到還有什麼比這更好的空間了：頭版是讓新聞人員展現自我價值的地方，我當然也多次希望頭版上出現我署名的文章，況且，現在該是正式宣告報社立場的時候了。

「頭版開四個欄位，全放貪汙案新聞。」我站了起來說著這決定。

「標題呢？」

「巴塞納斯指控人民黨所有黨主席皆涉祕密黑帳。」

第五章　迷途羔羊

「水門伍德華」的這則重大新聞上頭版後，過沒幾天他進來辦公室找我，通知了他要離職的消息。貝德羅．何達新成立的報社，《西班牙人報》（*El Español*）提供了他一個職位。其實在我們認識不久後，他就因為質疑報社在我的帶領下能否維持獨立性，而提過希望離開的想法。

那時我對他說：「我們這麼做吧，你先給我一點時間，再評估《世界報》是否還是你想要繼續工作的地方。」

當時我承諾會捍衛他的工作，於是我問他，認為我是否做到信守諾言這點。

他說：「你做得夠多了。報社刊登了所有我做的報導，我感受到你的支持。但事實上，我顧慮的並不是你，而是其他高層給你壓力不讓你做。」

「那為何還要走？」

「我需要新的動力，能激勵我的新挑戰。這些貪汙弊案我查了好幾年，現在也逐漸塵埃落定，沒什麼好追的了。是時候去個新地方，從零開始展開新的調查路線了。」

我並沒有提加薪或升職來挽留他。我祝福他一切順利，但也跟他說，他會比想像中更快回到這裡，並且報社的大門會永遠為他而開。六個月過後，他果真向我提出了回來工作的請求。

「水門伍德華」當時帶走了一些我們報社調查的案子，以及情資來源，其中有些是好不容易才成功接頭、卻見不得光的線民。如同某些記者一樣，他的「深喉嚨」線民也分布在隱瞞政府醜聞弊案的地下情資局「國家下水溝」，及由內政部所設立的「祕密警務處」：與正規警署平行存在，專門幫政府擊潰反對派，幹骯髒事以利政府推行計畫。而在這些龐大的黑警組織中，他最大的內應就是警察局長彼亞雷霍（José Manuel Villarejo）。我剛上任不久後，才第一次聽聞他的大名。兩名報社裡的記者告訴我，他至少從二十年前開始，就是《世界報》最重要的情資來源線民之一，而且我們絕大數的獨家新聞是透過他取得，前任總編輯們都與他維持密切往來。這位警察局長在我到職時，也要求與我會面，以評估是否繼續合作關係。後來，我們約好在馬德里查馬丁區（Chamartín）的勒斯坎普（L'Escampreru）餐廳見面。

彼亞雷霍警長就像是從八〇年代警察電影中走出來的人物。他在獨裁政權的末期進入警政機關展開其職業生涯，靠著透露內情給政客、記者和企業家，取得了他們的信任。他總像個自由探員單獨行動，不屬於任何派系，僅為自己及同謀者做事，無論是哪個執政黨任內的歷屆內政部長，都曾是他的共犯。才剛碰面他就對我說，他手上握有我這個人的調查報告，結論是好的。他提起過去曾為報社提供的「服務」，並且願意繼續和我們合作，唯一的條件是要求我們長期跑警署線的記者「內線調查師」收手，停止調查下去，因為報社目前刊登的報導對他很不利。警長以為我已了解他的言下之意，便沒有透露更多細節，但實際上我才剛回來西班牙還不滿一個月，對他所說之事毫無頭緒。當天下午，我的其中一位副總編輯替我補足了時事現狀，他告訴我，彼亞雷霍警長引發了「水門伍德華」和「內線調查師」間的對立衝突，因為他們各自的內應線民正好分屬於警署裡的對立派系。

「每個派系都要求我們刊出對敵方不利的消息，做為繼續提供情資的條件。這是警署間的長期內鬨。」

「利用報社來搞內部鬥爭？」

「某種程度上來說，是的。」

「所以『水門伍德華』和『內線調查師』互相不講話？」

「沒錯。」

與彼亞雷霍警長的會面結束後，其中一位開場介紹我們認識的記者問我，是否有看到警長外套口袋上露出的錄音機。

「那是錄音機？」

「沒錯，他走到哪錄到哪。」

「走到哪錄到哪？然後你到現在才告訴我？」

那時我第一次見識到，「國家下水溝」這個地下情資局是如何運作，以及他們是如何弄髒西班牙的新聞媒體。他們藉由或真或假的調查活動進行滲透，調查報告有可能是詳實記錄，也可能是直接偽造，但目的或多或少都是為了掩蓋貪汙的事實。與那時期同樣走所謂「調查路線」的其他記者們相比，「水門伍德華」的不同點在於，他至少盡力查證事件的真偽，不像其他人明知是假的情資卻仍照用。在這樣一個利益交換、互取所需的遊戲中，事實真相往往只是個不必要的麻煩累贅。這位警察局長祕密操控著一大群記者，當中有些人因他而事業扶搖直上，然而水可載舟亦可覆舟，他同樣可以用手上握有的情資和錄音檔毀掉他們。如此一來，這些記者變成了他的「小嘍囉」，如同困死在其天羅地網中。

數週後，彼亞雷霍警長想再約我見面，但我沒有回覆他的請求。「水門伍德華」的出走剛好給了我們一個機會，讓報社與成立有史以來最重要、但也最有害的情資線民，永遠斷絕往來。若必須付出的代價，就是被競爭對手搶走一大串獨家新聞，我也做好承受的準備了。當時我並不很確定這決定是否正確，直到兩年後彼亞雷霍警長被捕入獄，遭指控罪名是濫用職權獲取機密，並將機密賣給叫價最高的買家；他還受雇於西班牙的有權勢者，為他們解決麻煩事或剷除異己，以此收取報酬。內務調查局的警探在他位於畢卡索大廈（Torre Picasso）的辦公室裡，以及位於伯阿迪亞・德蒙特（Boadilla del Monte）的別墅中，扣押了數以百計的影片檔、錄音檔和文書資料檔案，裡頭的主角全是政治人物、企業家和記者們。這些情資是過去幾十年間讓他衣食無缺的金雞母，之後隨著時空及局勢演變，則成了可搞垮這國家中最具權勢之政商權貴的利器。

◈

我決定找「警網雙雄」來取代我們的明星調查員，這兩位年輕記者總是一起行動，在地方上磨練，負責採訪地方性新聞、社會案件和弊端陋習，跟國家等級的政治貪汙案件完全扯不上邊。他們進到我的辦公室裡，要求能有表現的機會，所以我如其所願地給他們機會。就像二十年前的我，也曾抱持著這種想法，進到何達的辦公室裡。

而何達也確實給了我機會。

我想更加強報社的調查組，並另組一個全新的報導團隊，裡頭的成員們是既不需負責編輯，也免做惱人管理工作的自由身記者。報社裡一直都有很多好記者，但有些升職後卻成了爛主管，因為多年來，記者能加薪的唯一方式是接受中階管理職位，然而一旦接下管理職，就等於成為被截稿期限追著跑的苦奴。我迫切地想改善報社內部弊習，且非常清楚時間不等人。不同於其他競爭對手，我們《世界報》的新聞內容缺乏明確的意識形態定位，不像《國家報》同時擁有廣播節目作為宣傳後盾，也不像《ＡＢＣ日報》擁有一群死忠的傳統派讀者。我們的新聞路線定位一直都游移不定，說得好聽點，可以說《世界報》的新聞內容很公正，不論哪一黨哪一派都敢抨擊，是國內傳統報業中，總編輯會在同一天裡收到各大政黨領袖抱怨的唯一一家報社。這個國家充斥著對立，偏執地以意識形態為某人扣帽子，派系壁壘分明使得社會更加分化，從酒吧裡的日常對談到電視台的辯論節目都在爭，嚴重影響社會氛圍。而《世界報》秉持公義立場，卻陷入劣勢。

不久後，這個由數名西班牙最優秀記者群所組成的嶄新報導團隊就誕生了。我找來近二十年來最偉大的深度報導記者作家之一的恩瑞克・岡薩雷斯（Enric González），他的才能以往只拿來寫專欄實在是大材小用。我也把伊蓮娜・赫南德茲從巴黎找了回來，她跟我，以及「大記者」曾在十九世紀吉拿棒店的餐巾紙上，共同簽署了《正直報》的創立宣言。我對她感到有些過意不去，因為我利用了我們的交情，把她從特派記者轉調到可謂是新聞從業人員墳墓的編輯總部。畢竟前者向來是記者的最佳避風港，後者裡頭盡是死氣沉沉的官僚作風、編輯作業的束縛，和內部對立導致的勾心鬥角，已埋沒、扼殺過不少優秀記者的才華。我和伊蓮娜的好交情，在我倆剛入社時即奠下深厚根基。當時我們曾一起在報社徹夜趕工直到凌晨，就為了趕上二校的截稿期限，還在社會新聞版面中較次要的副頁裡偷渡刊了些荒唐故事；我們常說自己擁有全天下最棒的工作，相信自己有能力可以改變很多事。伊蓮娜說：「我絕不會錯過這個天大的機會。」爽快地答應了我的邀約。還有一位報社裡最優秀的記者之一，她長年負責週日副刊的「專題深度報導」；再加上三不五時很沒耐性地來問我何時發行《正直報》的「大記者」，團隊就此組成。

「說不定，在團隊正式運作之前你就先被趕走了。」

我認為這個「夢幻隊伍」有了老練的記者成員們就能自力更生，因此反而比較擔心少了「水門伍德華」後的調查組狀況如何，尤其我們最優秀的調查員中，有一位正在放產假，而「警網雙雄」要建立起他們的人脈和情報來源還需要點時間。我試著減輕他們的壓力，畢竟缺乏耐心、操之過急曾令報社犯下重大失誤。因此，我告訴他們這是個長期的賭注，只要交出來的報導夠精采，需要多花點時間也沒關係。我也答應他們，一段時間過後，會讓他們各自獨立作業。這對搭檔多年來都是共同創作，他們寫的文章早已沒有個人辨識度。至於誰的文筆比較好，有很多來自四面八方的分歧意見，而我所接收到的報告，多與那些言詞互相矛盾。或許「警網雙雄」他們兩人都是絕佳的寫手，這麼一來便算我們報社走運，不久後就能有兩名出色的記者，薪水還只要付一份。

◈

發行一份內容更嚴厲、更大膽、更有正義感且更具獨立性的報紙，似乎是個合情合理的抱負，可是每當我向其他人提起這個目標，得到的回應總是：我們的記者覺得《世界報》已經具備這些特質了。西班牙報章媒體業的嚴謹度，算是歐洲國家中數一數二的低落；若和國內其他報社相比，也許他們說得沒錯，但我深信我們還可以做得更好。

《世界報》社內的新聞文化，無論優點或缺點，皆是受到貝德羅．何達帶領這家公司二十五年所留下的影響。報社員工們被灌輸的觀念包括：著魔似地執著於挖掘別人不敢報的獨家新聞；認為有權勢者應當懼怕媒體，而非媒體臣服於權勢。然而何達也建立起一種為了挖到獨家可不擇手段的風氣，不顧是否違反道德規範，要什麼技倆都能被容忍。例如：謊稱報社刊登的報導是特派記者的第一手新聞，事實上我們的記者連家門都還沒跨出；在還沒有足夠證據前就發布消息；或是搶報競爭同業的獨家新聞，卻不提及消息來源。漸漸地，大家都知道、也接受了他就是有雙重人格的總編輯，他可以是鍥而不捨勇敢調查「水門案」，直到水落石出的布萊德利（Ben Bradlee），也可以是黑色喜劇電影《滿城風雨》（*The front page*）裡，為了取得獨家新聞不計代價、毫無道德意識的總編輯華特．布恩（Walter Burns）。

◈

從前有天晚上，我和伊蓮娜離開編輯總部，去外頭透透氣吃點東西，碰巧聽到了《國家報》旗下的廣播電台提前報導了隔天報紙的頭版頭條：「巴利歐努沃（Barrionuevo）和維朗（Vera）將遭最高法院判刑十三年。」此項判決將讓這兩位前國家安全部門的高官鋃鐺入獄，原因是他們涉嫌參與了反制埃塔恐怖組織的「齷齪戰爭」。當時我們早已截稿了，頭條放的是總理阿茲納發布的聲明稿。不過就在得知競爭同業的獨家消息後，何達立刻下令更改頭版內容。曾經成功揭露政府恐怖暴力行動的副總編，神情非常凝重地出現在報社編輯總部，接著開始瓢竊《國家報》的新聞內容，同時間版面美編們也忙著重新設計頭版版面，編輯總部夜班主管則是刻意佯裝不知情，企圖掩飾掉這件恥辱之舉。重新改過的頭條標題，與我們偶然聽到的內容幾乎一模一樣：「巴利歐努沃和維朗將或遭最高法院判刑十三年」，內容則完全沒提到我們的競爭對手。當年何達即使面臨來自權貴高層的騷擾威脅，仍勇於揭穿政府涉嫌綁架、刑求及謀殺埃塔恐怖組織可疑成員的暴力行動，那時候的其他同業，如《國家報》之流，卻因為與時任社會勞工黨的總理費利佩．龔薩雷斯關係親近，都選擇不調查那些事件。若非何達以總編輯之姿堅持追查下去，那些事件絕不可能受到司法關注，更別說是判刑。如今那家當年選擇閉嘴的報社卻搶得這條獨家，這條屬於「我們挖到的新聞」的最終章，這口氣實在讓人嚥不下去。「作為一間報社，我們不能輸！」這種輸不起的情緒反應，正是《世界報》的最大缺失之一，並在日後對報社造成更大的傷害。

數年後的二〇〇四年三月十一日，伊斯蘭恐怖激進組織在馬德里發動攻擊。此時平衡著報社品德和缺失的天秤倒向了後者，導致《世界報》犯下了永遠無法抹滅的錯誤。那時我們與人民黨政府已過從甚密，何達還常與總理相約打板網球，甚至獲邀出席總理女兒的婚禮。事件發生後，政府企圖把錯推到埃塔恐怖組織身上，讓大家以為那是埃塔恐怖組織主導的攻擊。因為就在幾個月前，政府決定參與伊拉克戰爭已引發相當多民怨，總理阿茲納擔心若被發現伊斯蘭恐怖激進組織才是幕後始作俑者，很可能會使執政黨在三天後的選舉中落敗。何達相信了政府的版本，然而當證據顯示事實並非如此，他非但無意修正報導，反而丟出更多推託藉口，讓《世界報》在後來幾年持續進行著他所謂的「調查」，想重申報社當年主張的陰謀論是正確的。當時的編輯總部團隊中，很難找得到認同這些做法的人；但更糟的是，完全沒人敢跟總編輯攤牌，直接告訴總編輯這事並不對勁。所有人，包括在編輯總部近距離與總編輯工作的同事，或像我一樣安逸的駐外記者，大家都對報社的荒唐作為默不作聲。這些作為像是，將巧合編造成證據，倚賴某些在「國家下水溝」組織失勢的黑警小團體，拿他們透露的無依據小道消息作新聞，或對任何能提升故事可信度的小線索大肆渲染、誇大其辭，隱瞞所有與自身論述觀點矛盾的資訊，討好相關證人，讓他們為《世界報》的新聞說好話。此外，針對不跟隨《世界報》流派的人，不論是法官、警察、或是記者，都想盡辦法摧毀他們的名譽。與何達意見相左的人，像是負責《世界報》網站版的辛德・朗伏恩特（Sindo Lafuente）及波哈・埃奇巴利亞（Borja Echevarría），他們都拒絕將那些新聞刊登在網站上，下場便是皆被當成異己剷除。相對地，對總編輯所編造的虛構故事越顯興趣之人，則都獲得升遷。報社內有僅靠一人光采而成就的庇蔭，但缺乏堅實的管理架構，如此個人主義濃厚的領導風格所造成的缺失屢見不鮮。終究，何達從未能證實他的理論是正確的，讓支持他及反對他的人都對他相當失望。我們的國內新聞主管「沉默頭子」，有次在「魚缸間」開會時，對當時狀況下了些評語，他說：「我們被困在一個謊言中，但重點不在於我們是否相信這個謊言，而是一旦陷入其中，我們就不知怎麼逃，或是不想要逃出來。」

儘管已過十年，這個謊言仍然如影隨形地跟著《世界報》。每當我去參加論壇，而討論的議題是與新聞業的創新發展相關時，總是有人提醒我，《世界報》是主張馬德里三一一連環爆炸恐怖攻擊事件為陰謀論的傳聲筒——而那所謂的陰謀從未被證實。我曾想為這件事向社會大眾道歉，藉此將報社最黑暗的過往拋開，但我並不想公開評判前總編的行事作風。不過可以很確定的事是，我們絕對不會再重蹈覆轍。

報社的兩名律師跑來見我：一位是年輕有學識又努力工作的女律師，當其他人都已經下班時，她在「二樓」的辦公室常常還燈火通明；另一個則是自報社成立以來便一直捍衛著報社權益的法學家之子。他們帶了一張清單來給我，上頭列出了最近幾個月來，對我們報社提出訴訟的官司：「數量越來越多了。我們得採取行動才行。」

報章媒體業裡「又快又多」的風氣，凌駕了新聞應把持的嚴謹性，完全忘了必須遵守那些新聞系大一新生時就學過的新聞守則，如多方確認消息來源的真實性，或是必須詢求被報導當事人的說法，種種規矩早已被拋諸腦後。就拿律師們帶來給我看的一篇文章為例，那是一篇被我們登在社會新聞版副刊「名流另類報導」（La Otra Crónica，LOC）裡的文章，內文揭露了足球球星C羅（Cristiano Ronaldo）的前女友伊莉娜・莎伊克（Irina Shayk），曾與大她五十歲的國際足球總會（FIFA）主席塞普・布拉特（Joseph Blatter）有染。這是條大獨家——不過內容是假的。

這位俄羅斯女模威脅報社，若再不更正文章內容，就要把我們告上法庭並求償上百萬歐元。於是我們將她發來的訴求原文，連一個逗點都沒改地，完全直接貼上發布：「遵照伊莉娜・莎伊克的要求，並為了避免法庭訟訴爭議，《世界報》承認該則新聞為虛構，所載內容並非事實……。」這篇文章是由《世界報》派駐柏林的通訊記者所寫，她以為她寫的是篇微不足道的小新聞，因此未確實執行最基本的新聞內容求證，拿到第三方的消息來源或流言就隨便發出了新聞。她的上司也沒有審過這篇文章，或對其內容也從未提出質疑，完全沒人檢查或確認過其內文。

《世界報》裡絕大多數的記者工作態度都相當耿直，不過就像每個家庭裡總有幾個誤入歧途的小孩，仍有人用老派且「最薄弱的新聞倫理道德觀念」當成行事標準，有道是：「別讓事實真相毀了一篇精彩好故事。」

不同於德國或是美國的同業，西班牙新聞業的問題在於，我們當時並沒有一個機制可有效預防「伊莉娜・莎伊克事件」這類錯誤的發生。這是長久以來在國內新聞界常見的陋習，在九〇年代末，報社找來的一位美國年輕女記者還特別警告過我們。她是黛兒・芙斯（Dale Fuchs），沒人知道究竟為什麼，以及她是如何能進到我們的社會版工作，最常聽到的版本是，報社主管們覺得找個「美國佬」來當員工，可以增添異國風情。不過他們的如意算盤打錯了，因為黛兒・芙斯在美國學得的新聞文化，與我們在西班牙所學相比要嚴謹許多，她帶進來的工作觀念，是從哥倫比亞大學學到的專業職業標準，譬如，「若你母親說愛你，你得確認她說的是真是假。」而且她來不久後，便毫不留情地指出我們的缺失。那時她剛到職幾個月，就為波因特媒體研究學院（Poynter）寫了一篇論述《世界報》的文章，裡頭她舉例的是，社會版記者搞混了兩名醫師的名字，這錯誤使得完全毫無關聯的醫師被指控有醫療疏失導致患者死亡。我們的這位美國籍記者不禁提問：「內容編輯審稿人員呢？總編輯呢？說出那可笑的五個字『要造成迴響』的人是誰？」她形容《世界報》是家獨立剽悍的報社，在西班牙軍方色彩濃厚的新聞業中是異數，但旗下的記者們過度急躁，主管們又極度草率不謹慎，甚至對她以尚未熟練的第二語言所寫的文章都不加以編輯。黛兒・芙斯以為她寫的這篇文章會被視為具建設性的評論，且有助於報社加強審核記者們的報導。

但後來，她被開除了。

◈

「伊莉娜．莎伊克事件」的更正報導刊出數週後，有位攝影師控告我們未經他許可，在一篇關於柏林最新落成的列寧紀念館新聞中使用了他的照片。這篇報導的作者，和寫了C羅前女友假緋聞的記者正是同一人。她全盤否認那些指控，然而我請人做的影像分析卻顯示，文章中的照片確實是透過她的電腦剽竊所得。但最讓我在意的事，是當我告知國際新聞版主管這件事時，她一點也不感到驚訝。因為當時西班牙境內根本沒有國外報紙發行，就算買得到也幾乎沒人看得懂，西班牙報業抄襲國外新聞報的內容再加以出刊，已是存在數十年的常規。甚至有些特派記者的職業生涯，是靠著抄襲《紐約時報》（*New York Times*）或法國《世界報》（*Le Monde*）的整段文章發展起來，也從沒人警告過他們。我原以為這陋習早已沒人會犯，畢竟現今任何人都可輕易地藉由網路看到外國報紙內容，相較於以前，現在會被發現剽竊的機率已大幅提升。

國外新聞版主管說：「德國同業已連續好幾年，不斷來函抱怨我們抄襲。這些抱怨也已多次傳達至管理高層，但他們從未表示任何意見。」

我請她打電話給那名在柏林的特派記者，告知她《世界報》不會再刊登她的報導。隨後一群編輯紛紛跑來總編輯室裡，請我重新審慎考慮這個決定。他們說：「每個人都值得擁有第二次機會不是嗎？我們大家都曾犯過錯的，不是嗎？」在我們報社的書刊檔案室裡，也儲藏了幾個我曾犯的錯誤，其中一篇報導還誤寫了一個從不曾發生過的特殊太空任務。

當年我剛開始記者的工作不久，人造衛星基金會（Sputnik Foundation）召開了一場會議，探討俄羅斯太空競賽議題。我被派去採訪這場活動的記者會，回來之後我寫了一篇繪聲繪影的詳盡報導，說明蘇聯如何隱藏了在一九六八年的一場太空任務中，失去了太空人伊凡．依司托尼可夫（Ivan Istochinikov）和一條名叫可洛卡（Kloka）的狗的新聞。我在那篇專題報導中，還以如此的文字遊戲開場：「太空人伊凡．依司托尼可夫，從未曾存在過……」，藉此諷刺當年蘇聯外宣海報上常見的謊言宣傳。然而事實上不論是人還是狗，在真實世界裡他們的確都不曾存在過。我前往的記者會只不過是藝術家裘安．逢谷本達（Joan Fontcuberta）作品展中的一個環節，現場滿布著他創作的虛構照片和場景。那件事就像昨天才發生般，當接到主管們打電話來要求我解釋清楚，那一刻令人作嘔的挫敗感我到現在還記得很清楚，覺得自己犯下了全天下最荒謬的錯誤。以及，一想到那篇報導已印在報紙上，被分送到全國所有書報攤販售，心中那股木已成舟無法挽回的焦慮感，讓我真想跑遍所有的報紙販賣點，直到這個國家最遙遠的角落，放火燒掉所有報紙，深怕印刷墨水把我的職業謬誤永遠記錄下來。一位主管安慰我說：「這份工作的好處是，無論是多重大的失敗或成就，都會在下一次報紙印刷出來後就到期失效。」

如果連我自己在職業生涯中，都曾犯下幾次嚴重的失誤，為什麼無法接受報社員工們為這位德國特派記者所做的求情呢？我試著分析並解釋這中間的差別是什麼：「伊莉娜莎伊克事件」的假獨家新聞，可當作一次嚴重警告，儘管在任何一家行事認真的報社裡，此等失誤便足已以讓她和同部門編輯都賠上工作。然而，有系統地剽竊其他同業新聞已經不能算是失誤，而是有意識地欺騙讀者。若我的這項決定被視為不合情理，便是反映出我們必須非常深層地重新審視，我們的新聞作業方式是否正確。那天下午「值得姐」來到我的辦公室，我猜想，她應該也是為了我辭退這個記者的事來指責我。

她說：「恭喜。你成功地下了馬威。」

我回覆她：「那不是我的初衷。」

「但你傳遞了一個重要的訊息，你不只是口頭說說。決定請某人離開，本來就不容易，但這次確實有必要。」

我和律師們商量好，將會辦幾場重要資訊講習，藉以提醒大家工作時必須落實的準則，例如：多方驗證消息來源以確保其真實性；發布新聞前讓受影響的當事人有機會講出他們的說法；或是如果發現消息有誤，主動修改報導內容，不要等待官司上門才處理。如同和「樞機」第一次在紐約見面時我對他提出的建議一樣，我深信若要拯救《世界報》，必須與其他同行作出區別，以提升自我價值，絕對不要比爛。我找來了那些新聞風格比較不嚴謹的部門，告知他們未來報社對於報導疏失、新聞操作和剽竊等行為，將一律零容忍。尋找真相的過程中，不管是多大條的獨家政治新聞、體育報導，還是內政部長豪爾赫．斐南迪最愛的歌手伊莎貝爾．潘朵哈的八卦新聞，我們《世界報》都不走旁門左道，若無法確定消息的真實度，我們就不刊登上報。如果因此被其他同行搶先報導，那我們只能接受事實，並在新聞上註明來源。律師們提供給我有屢犯紀錄的記者名單，而且他們被舉發的都是法律上站不住腳的事，堪稱社內的迷途羔羊，所以我一一打電話親自通知這些不穩定分子，告訴他們只剩下最後一次機會。即使已知獨家新聞恐將因此讓其他同行端走，或是落得只能在頭版放上松鼠治癒風濕病等微不足道的新聞，我們也絕對不再為了搶新聞而耍小手段。因為過去的這種行事風格，不僅有害報社運作，也與我們想要展開的新計畫背道而馳；更何況《世界報》人才濟濟，根本不需要偷吃步搶新聞，也能為報社開創出新局面。

第六章　古人詩社成員

報社編輯總部因八月度假季節來臨而變得空無一人。我決定留下來工作，專注在能表達我改革決心的兩個重要企劃案。一是嶄新的週日紙本特刊的發行，另一項是網站的改革，以奪回電子報的龍頭地位。「二樓」的管理高層則都去了海邊度假，沒有人掛念他們。

我們電子報網站總編輯「詩人維提」，邀我完稿後和他們團隊一起去喝一杯。他工作勤快、具新聞鑑別能力，鬥牛和足球是他的兩大喜好。報社培養的實習生中出了一代極優秀、在各種領域有所成就的新聞人員，他就是其中之一。這群人現在大約四十來歲，每個人各有不同的專業魅力。一位「即時快訊」的編輯就幫他們取了個綽號：「古人詩社」。這綽號可能是因為他們放蕩不羈的波西米亞風格，讓人聯想起彼得．威爾的電影《春風化雨》（*Dead Poets Society*）裡的主角們，或許也可能只是因為，剛好他們當中就他這一位詩人還待在編輯總部。不過他自己也說覺得奇怪，不清楚為何被這麼叫。

關於這個詩社的實際成員有哪些人，說法眾說紛紜，不過可以確定的是，一定包括了哈維．戈梅司（Javi Gómez），他是我們夏季過後即將推出的週日特刊的負責人；也包括了這個企劃的副主管，在網路大神們把大數據變成現今最時髦的顯學前，他早已利用資料庫作出非常厲害的新聞；還有「非洲人」，他是編輯總部裡一位被大才小用的國際版記者；以及「警網雙雄」，這兩名替補了「水門伍德華」位置的年輕調查記者；當然還有「詩人維提」本人，他除了是電子報網站的主要負責人外，也是組織夜晚出遊聚會的總召集人。

跟他同一個世代的記者裡，有一群相當優秀的女記者，她們讓報紙內容常保新鮮、創意不斷，並努力降低新聞報導的陽剛氣息。過去當報社的女員工表達希望在家庭和工作之間取得平衡，通常她們的下場是被轉調到檔案室做事。如今這種陋習雖已改善，但長久以來沿襲的沙文主義仍狡猾地存在著，依舊有害報社的運作。女性記者的工作表現，總被人以居高臨下的姿態檢視批評著，這種情況對年輕女記者更為嚴峻，而她們能升遷至主管職的機會更是相當有限。我上職後第一次在「魚缸間」開頭版會議時，約有二十多名主管在場，當中只有一名是女性。為了重新整合報社，我一開始就任命了薇希妮亞·佩雷茲為副總編輯，並將一名女記者升為主編，也將三名非常有工作能力、但原先勞動條件不穩定的女記者轉為正職。提升優秀女性員工的權益，並非只是為了伸張正義，同時也對報社有很多好處。行銷部門的市場研究報告顯示，除了每星期六出版的女性雜誌《我是唐娜》（*Yo Dona*）和「名流另類報導」版面之外，《世界報》出刊的文章內容相當偏離女性潛在讀者群的喜好。我們的女性記者們致力於報導有關教育、男女平權或健康類的議題，對於政治，她們的報導目光不在政府官員間的紛紛擾擾，而是將焦點放在市井小民的生活。如果這些女性記者，無法在報社組織中占得重要地位、參與重要決策的話，我所追尋的世代交替和改革創新將無法實現。

報社裡只剩「古人詩社成員」還維持著類似當年我們在帕迪佑街上舊總部的社交生活。那時我們習慣完稿後，一群人到報社附近一家叫做 POP&ROLL 酒吧喝點小酒，這酒吧由「G男人」（Hombres G）[11]的鼓手哈維．莫里納（Javi Molina）所開。有些主管會加入我們的聚會，藉此搭訕女實習生，而且當年同事間的上下階級區分並不明顯，不影響工作外的個人私交，也還沒有什麼小團體。那時晚班的工作時間相當混亂，造成報社內氣氛緊繃，很容易出麻煩，許多內部問題更是頻繁發生。我們常常是剛經歷一場如地獄般的完稿，卻在最後一刻又要更改內容。而公司糟糕透頂的「最不受控的電腦系統」，又反覆出錯不能用，更是雪上加霜。報社內曾有過一些轟動一時的羅曼史，有些愛情故事得以修成正果，有些卻隨著時間流逝，最終尷尬地以分手收場。對記者來說，總是比較容易和同行配成一對，因為唯有同行才能理解我們過的是什麼樣的混亂生活作息，和理解我們如暴風雨般的情緒波動，畢竟新聞這行業中充滿了反政府思想人士、資訊成癮分子、讓人難以忍受的自大狂、抱有過度浪漫情懷而過度誇大工作重要性的人，也有會為了一條明天誰也不記得的頭條而願意犧牲所有的記者。那些在 POP&ROLL 酒吧一起度過的夜晚，就如同新聞稿上所寫的近幾個月的失業率一般，總是有個容易預料的結局：有些人最終能成雙成對，其他人則是繼續不停埋怨著毫無規律的記者生活，說自己對不管

11 西班牙八〇年代知名搖滾團隊。

到哪裡都被新聞追著跑已感到厭倦透頂。然而事實上卻正好相反，是他們一輩子在追著新聞跑。

◆

我答應「詩人維提」完稿後和他們去喝一杯。原本我想，只去小酌一杯也無妨，結果最後卻與大家在百冷街（Bailén）上一間叫「反對俱樂部」（ContraClub）的酒館待到凌晨，一同前往的大約有三十多個記者，越晚大家興致越好，而我身為總編輯的權威則是越晚越見消沒。每去一次吧台點酒，我就越來越忘了自己是眾人上司的身分，但環顧四周，我發現其他編輯們也是一個樣。有些人話說多了，話語間就透露出恐慌及同儕間的較勁語氣。有些人則是趁機向我推薦他自己，錯誤期待著我隔天早上還會記得他們提出過什麼要求。因此，我在情況變得更複雜前就離開了。隔天，關於總編輯跑去酒聚的流言滿天飛，加上記者們盡其本能地加油添醋和誇大其辭，報社裡談的都是這個話題。當我照慣例巡視各個新聞組時，停在看到我就低下頭的同事面前，試著對昨晚的酒聚輕描淡寫地問道：「怎麼了？發生了什麼不該發生的事嗎？」

基於所謂的保持距離，我沒再和編輯總部的同事出去喝酒過，而且一個晚上已經足夠讓我了解，記者們之間的有些事情，沒必要全都讓總編輯知道。

◆

空氣中瀰漫著夏天的無聊氛圍，開頭版會議像極了去參加喪禮般枯燥乏味，因為政治人物們都去度假了，政府定期議會暫停了，也沒有任何有新聞性的暴動、政府危機、皇家婚禮等可以當作封面頭條新聞。我們跑警署線的記者「內線調查師」進到我的辦公室，把我從散漫停頓的狀態喚醒。有人偷偷向他通風報信：內政部長豪爾赫．斐南迪在部長辦公室中，和前副總理羅德利哥．拉多（Rodrigo Rato）祕密會面，後者不久後將因貪汙案入獄。我們刊出的這則新聞大大激怒了部長，雖然一個月前我們碰面時，他才剛透露伊莎貝爾．潘朵哈的機密消息給我，並且認同我堅持新聞應具有獨立性的看法。部長下令把「內線調查師」從可以拿到內政部內幕消息的記者名單中剔除。過了幾星期後，我們跑內政部線的記者開始感到很絕望。我經過他的位子時，詢問他工作狀況，他聳聳肩道：「我們還在黑名單上。」

我對「樞機」提了這件事，他立刻同意安排與內政部長協調這個問題。於是我和部長第二次碰面開了會，就好像第一次的續集般，他對我重覆了同樣關於聖母、奇蹟和英雄史詩般的朝聖故事，並質問我，我們國家的安全怎麼可以仍舊操控在同一群人手裡。部長對我們刊出有關他和拉多會面的新聞相當惱怒，而我還一度以為他的怒氣源自於這篇報導內所提出的疑點。

「總理打電話給我，要我暫停假期馬上到議會接受質詢！那麼剛好就在八月！就我剛好正在度！假！的！時！候！」他如此說明了生氣的原因。

「樞機」相當有交涉手腕，並且十分熟知政治人物自我中心的心態，跟真正想要的是什麼，因為他自己也是如此臭氣相投，因此經過一個小時的巴結奉承和拍盡馬屁，吹捧部長的莫大奉獻之後，終於緩和了他的怒氣。我們便請求恢復與警署間的溝通管道，部長請人叫來了國家警署的祕書長，法蘭西斯科・馬汀尼茲（Francisco Martínez）。

「喂，巴科（法蘭西斯科的暱稱），你有什麼消息能提供給《世界報》這個好朋友呢？傳令下去，從今以後也都要算他們一份。」

「部長，這裡有個關於加泰隆尼亞的消息。」

「很好，很好。把那些資訊給這幾位先生吧。」

那是有關加泰隆尼亞國家主義派的政治人物，非法收受佣金和貪汙的消息。內政部長提出兩個交換條件，才肯給我們相關的情資文件。第一，他提到最近幾名警察獲頒勳章的新聞在報章媒體上的能見度很低，所以若我們能報導這則新聞，他會很高興。第二，他要求以後「內線調查師」不能再跑內政部的新聞。

我開始對政治人物想操弄我的團隊，為我們安排工作內容的癖好感到很厭惡。一回到報社，「樞機」馬上就把明天要發行的早報拿給我看，並對政治版上一則他認為對總理拉荷義不公平的新聞標記了紅線。

「你讀這篇報導了嗎？」

「讀過了，怎麼了嗎？」

「這全是些攻擊總理的負面言論。內容包含了作者自己的價值觀與意見。一篇時事報導不能牽涉個人意見，你自己也這麼說過。」

「的確沒錯。」

「所以？」

那篇文章除了在第一段裡有一個多餘的形容詞之外，其餘內容寫得完美無缺。

「任何記者都可能誤寫了某個形容詞，這是編輯審稿沒仔細的問題。」

「不，這是對政府的惡意窮追爛打。」

「樞機」開始在我的辦公室裡兜起圈子走來走去，好似是在思考著，該如何告訴我一件我不會喜歡的事。

「政府覺得換別人來跑人民黨的新聞比較好。他們認為目前的報導對政府並不公平。」

「你是在要求我……」

「不、不，我不是在要求你開除她，我只是轉達內部傳出來的消息給你。中央政府會將這項人事異動視為報社釋出善意，一個全新的開始。換個人，如此而已。」

「從什麼時候開始，變成政黨來指定誰能跑他們的新聞了？」

「你別這麼想，我只是轉達他們的建議。你想怎麼做都可以。你是總編輯，最後決定權在你身上。」

那天下午我走向負責人民黨新聞的記者位子。我們之前未曾有機會說過話，那時我也還不知道她其實是個相當優秀的記者。我告訴她，政府對她的報導有所怨言，不過，哪天若他們不再埋怨時我反而才會擔心。我指出她的文章中那個多餘的形容詞，並要求她未來寫文稿時得極為小心，讓報導僅限於傳達資訊。

自獨裁極權時期起，這個國家的政治人物，開始養成獵殺新聞從業人員人頭的喜好，將這視為悠久的傳統流傳至今。曾有一次，政府官員把列著該被停職的新聞從業人員名單交給《民眾報》（*Puedo*）的總編輯艾密利歐・羅枚洛（Emilio Romero），當時羅枚洛的回覆是，名單上少了一個：他本人。如今這惡習仍持續存在，就是因為新聞界直到現在，還有總編輯願意屈服於這種政府指令。不僅是那些由副總理內定的政論節目名嘴們可能飯碗不保，還記得那句名言「好好記著，是誰讓你爬到這個位子的！」吧？就連沒任何位階的編輯、跑國會的專題記者、電視新聞主播，甚至是特派記者的職業生涯都可能備受威脅。李卡多・歐爾德加（Ricardo Ortega）被視為是西班牙最厲害的記者之一，因他曾遠赴過車臣及阿富汗前線報導戰地新聞，我在阿富汗時也曾與他一起跑過新聞，並在賈拉拉巴德（Jalalabad）時，同住在一位將領的家中。但李卡多終究還是丟了他在第三台的紐約特派記者職位，因為那時的總理阿茲納很不滿他寫的報導中透露出政府似乎正在為出兵伊拉克作準備。然而，李卡多的報導內容僅只是提出質疑，是否有所謂的大規模摧毀性武器存在，以及是否會在出兵時拿出來用；但事實上，那些武器是否存在這件事從未被證實。他被去職的幾個月後，在二〇〇四年的三月七日這一天，他以獨立記者的身分，在海地採訪一場抗議總統阿里斯蒂德（Jean Bertrand Aristide）遭政變推翻的示威活動中遇害身亡。那些將他免職的高階主管們，在其葬禮上口若懸河地發表演說，哀悼他的英年早逝，還提倡要以李卡多・歐爾德加的名字建立基金會，虛偽地讚揚他是位偉大、不受賄賂的獨立記者；反觀這些人，從未上過戰場前線，未曾聽過子彈呼嘯而過的聲音，但卻連待在安全舒適的辦公室裡，出手捍衛李卡多的工作權都做不到。

◈

我告訴部長，第一項要求完全沒有問題，報社可以配合，我們將會刊登一則頒發獎章的報導；不過第二個要求恕難照辦，「內線調查師」會繼續負責跑內政部的新聞。部長回說他可以理解這個決定，所以我以為這個會議似乎是達成了一個共識。而「樞機」應該也是這麼認為，因為在回報社的路上，他不斷重覆說著會議很順利太好了，並且擺出一副傳教士的樣子，試圖說服我配合官僚作風、與部會長官打好關係，才能獲得好的新聞，比起我「用頭條擊倒政府」的莽撞風格，他的方法才對報社有益。我們發布了部長交代的新聞後，「內線調查師」則是等待著，以為隔天就能拿到他們答應的，有關加泰隆尼亞的獨家資料，因為獨派人士頻有激進動作，加泰隆尼亞自治區的情勢更加緊張了。然而時間一分一秒過去，該出現的資料卻仍不見蹤影；結果，我們反而是在《ABC日報》的頭版看到這條消息。

「真是個王八蛋！」我心想，「我們被擺了一道！」

我們出盡洋相，荒謬地自欺欺人，就為了挽回一個不見得可靠的情資來源，不僅如此，這情資來源更讓報社近幾年來頻頻陷入嚴重窘境。儘管我們與洩漏機密情報的「國家下水溝」頭子，彼亞雷霍警長已經切斷合作關係，內政部長仍是一個關鍵的情資來源，因為從他那裡能得知加泰隆尼亞或伊斯蘭恐怖主義等議題的重要資訊。依據「廚房案」（caso Kitchen）[12]的調查報告顯示，內政部可能曾動用政府經費，付錢給警察及中間人讓他們為人民黨「辦事」，當中包括去盜取巴塞納斯可能曾進行非法融資及給付「額外津貼」的相關證據。在內政部位於卡斯提亞納大道（Paseo de la Castellana）上的辦公室裡，布滿聖母裝飾和教宗照片，卻散發陣陣令人無法忍受的腐敗惡臭，讓人越來越難以辨識那些骯髒情資的真偽。僅有極少數的記者願意認真去檢視它，我們報社最耿直嚴謹的「女蟻工」，就是不跟隨業界歪風的一位記者。她對情報來源相當吹毛求疵，從沒有照單全收這種事，反而會花上好幾個月的時間去調查一個事件。曾經有一次我去找她時，看到她正在一面看似隨意貼滿紙張的牆上，著手畫著貪汙案主要涉嫌人物之間錯綜複雜的關係圖及事件聯結。報社的編輯們因為已習慣囫圇吞棗，無論收到什麼線報就立即刊出，因此對她的做法常感到相當不解。有次她氣沖沖地跑來見我，因為內政部長旗下的政治警隊正在準備一份有關我們可以黨收受海外政治獻金的「客製化」調查報告，要發給各個媒體。

「可是，這份調查報告真實存在嗎？」「女蟻工」提出了質疑。

「會存在的。」對方這麼回覆她。意圖讓人覺得，若我們真有興趣的話，他們就能把報告生出來給我們。

結果那份所謂的「調查報告」，僅是充滿了假設推論的幾頁文件，既未經司法單位審核，也沒有任何探查實情的動作，既非用警方的官方格式謄寫，上頭也沒有任何公務員的核准簽章；內容混雜了早已眾所皆知的事實資訊，捕風捉影的小報流言，以及毫無證據的結論。我們報社有人兩度想含糊行事刊登這條消息，但因為我反對未經查證就公開報導，所以並未被蒙混過關，結果最後是由其他兩家競爭同業以「大頭條」刊出了這則新聞。這整件事的癥結點在於，如此不顧職業道德地抄捷徑，卻更容易獲得好處。走便路的媒體營收有所提升，撰文記者像是明星般上遍電視和廣播節目，宣傳他的報導。而像「女蟻工」這樣嚴謹遵從新聞守則的新聞人員，卻得不到任何目光，甚至反被其他同行當成笑柄看待。

難道我們去見內政部長，就是為了去幹這種換取內部情資，尋求上政論節目機會的事嗎？若內政部長真把答應我們的內幕消息拿出來，難道我們就該直接照本宣科登上報，連花個一天去調查都不行嗎？為了幫助「內線調查師」保住他的情報來源，我等於必須出賣報社的主導權，更何況現在我們根本是被耍，完全一無所獲。內政部長在這局裡反將了我們一軍，現在大家就都知道了，誰都不准搞砸「豪爾赫．斐南迪的假！期！」。所以我們現在算扯平了，一切可以從零開始。幾天後內政部長打電話來找我，我沒接。他後續要求我到內政部見面談談，我也都拒絕掉了，此後我便再也沒見過他，沒和他說過任何話。

◈

12 二〇一三年間的偷竊事件，人民黨政府高層被指控為避免更多假帳祕辛曝光，曾找人至當時人民黨財務長路易．巴塞納斯家中盜取相關文件證據。

大多數人都放完年假回來時，我們已將兩項秋天要開始執行的重要計企劃案初稿都準備好了：一是更新網站，另一項就是發行新的週日紙本特刊。編輯總部的同仁只對第二項感興趣，因為他們只想把所有精力都專注投入在做紙本刊物。我們報社有兩個編輯部：一個是以為「即時快訊」為中心的數位版新聞編輯部，他們有自己獨特的工作時間排程和薪水標準，是由一群具創新特質的記者負責，他們清楚了解改變是多麼必須且重要。另一個編輯部則是由「貴族們」主導，帶頭抗拒報社轉型，將任何改革都視為對其地位的威脅。我一邊進行著團隊重組計畫，期望改變大家的工作模式，以終結這種雙頭馬車的局勢；一邊與報社內的一群人，誓言要想辦法奪回從前我們在網路媒體圈的龍頭地位。因為很多人還無法認清現實，以為《世界報》仍跑在前頭，甚至在實體報紙的末版報眉旁，都還加註著那句「西班牙文新聞的世界媒體領袖」，如此自我定位。然而事實是，從很久之前我們便已失去了西班牙媒體圈的網路新聞龍頭地位，對外更是早已沒有了競爭機會，因為就在我們的確還是「世界媒體領袖」時，《世界報》的美洲版便被廢止，這是當年許多荒謬至極的決定中的一項，至於到底是誰下的決定，現在早已沒人記得。於是，我下令刪掉了末版報眉旁那廣告意味大過實情的引句，《世界報》不可以在自詡為一個追尋真相的媒體的同時，卻無法真實傳達自身的實際營運狀態。

除了我之外，負責推動嶄新網站計畫的團隊成員，包含「詩人維提」、新上任的副總編輯薇希妮亞、以及兩名由「矽谷小子」一上任就招聘進來的大將。其中一位是梅拉（Mela），她負責社群網路經營，充滿創意和活力；另一位是「阿根廷奇女」，是從雅虎挖角來的數位策略主管。第一次與「阿根廷奇女」開會時，我要求她製作一則名為來自總編輯的信的電子報，內容需包含過去《世界報》做過最精彩的專題報導，以電子郵件寄發給有訂閱接收網站資訊服務的讀者們。然而這項要求，反而突顯出了當時公司的狀態有多懈怠，資訊系統有多落後——因為找不到有效方法發出這則電子報。那時我們的電子郵件寄送系統老舊不堪到，只要發超過六千封信給讀者，伺服器就會癱瘓。

「阿根廷奇女」是個事必躬親且辦事有力的同事，然而她每每向技術人員詢問有關電子報的系統問題，得到的回覆總是「他們正在處理中」。

「這封信應該有機會能寄出去，大概在我還沒被解僱前能寄出吧。」我對她說。

所以，我們倆只好無能為力地苦笑著。

我們的嶄新網站要在九月上線，所以接下來的幾個星期，我們不斷地討論設計樣式，焦頭爛額地忙著與技術人員協調，確認各項細節。同時間報社內卻流傳著一則謠言，說我們這是個「祕密數位軍團CDC」（Comando Digital Clandestino），成員盡是些遊手好閒的懶惰鬼，總是不見他們在工作崗位上做事；但實情是因為報社大多數的記者都不知道，這些資訊工程技術人員、軟體工程師和設計人員是在聖路易大道上的報社新總部地下室辦公。主控這個數位堡壘（地下室辦公處）的是「美國人」，他是「矽谷小子」的朋友，但他給人的感覺不像是清楚自己該做什麼，卻總愛說大話：「你什麼都別擔心。」每次我提出疑問，他總是這麼回答。「我會交給你一台法拉利，到時你只需要上車，它就能發動能直達終點。」

等到我們可以開始測試新網站時，發現作出來的竟是一台號稱有六百馬力，但沒方向盤又只有三個輪子的怪車。網站的設計很差且缺乏獨特性，和其他報社的網站相比，功能上更是受限許多，再加上，編輯方式相當困難又複雜。我跑去見「矽谷小子」，他是我當初在紐約願意接受邀約來坐這個位子的關鍵人物。他對數位化和改革的抱負，同樣被傳統派人士以懷疑的眼光檢視著，我認為在這議題上他會是我們的潛在盟友，有他支持對這個計畫會很有幫助。我們一致認為，科技對於像《世界報》這樣傳統報社而言，非但是威脅，反而更是個機會。若能不畏懼它，且好好利用這個工具，可以把我們報社的層級推向更高境界。然而「二樓」的管理高層們，對於這些新知完全不感興趣，無論知識上或情感上都全然無感，更別提開創什麼史詩級功業。他們有的，僅是如鯊魚般蓄勢待發攻擊人的尖牙利嘴，野心勃勃又現實，給人一種欲吞噬全世界的感覺。「矽谷小子」曾是我們報社裡的「華爾街之狼」，只不過他辦公室裡沒有藏妓女或古柯鹼，也沒有狂歡派對。我心想，這麼多年來的官僚作風、靠交情做事、平庸者獲升遷，難道我們真的還需要這樣才做得了事嗎？

我把新網站的草圖拿給「矽谷小子」看，質問他是否認為，能以這鬼東西來挽回網路世界的領袖地位。

「唉，做得真爛。」他回。

「沒錯，而且我們已經沒有時間補救了。上線的時間能否延後呢？」

「這不可能。」他回。「接下來我們得進行《馬卡運動報》（*Marca*）的改版計畫，之後還有更多企劃等著推動。這網站一定要依原定日期上線。」

◈

想盡辦法處理網站問題的同時，我也密集地籌備著週日紙本特刊的發行工作，這企劃雖是由前任總編輯所提出，但我一直無法信服。因為媒體業的未來與契機掌握在數位化程度上，反觀我們卻要投入大把鈔票，在一個已經步入黃昏的沒落新聞路線。我們大可把那些錢花在雇用新血，或為編輯總部添置我們真正需要的多媒體器材，以及將電腦等資訊設備升級。米格爾・安赫・梅雅多（Miguel Ángel Mellado）是曾指導我新聞工作的前主管，但他在我上任總編輯前就已經離開《世界報》，他也曾提出警訊，說我們這項賭注將會以失敗收場。過去他曾主導企劃過許多份相當成功的副刊，他預言在一波首賣高峰過後，報紙的銷量將每星期逐步下滑，直到降回出特刊前的數字。

「書報攤漸漸地一家一家關門歇業，人們週末會出門，已經不像過去那樣會待在家閱讀了。」他這麼告訴我。「新的週日特刊一開始會有二十頁的廣告收入，接著變十五頁，之後會只剩五頁。而且《世界報》在週日的銷售競爭上從沒贏過：大家習慣週日就是買《國家報》、《ABC日報》或《先鋒報》（*La Vanguardia*）。你有能力做出世界上最好的報紙，但一點用都沒有，就是賣不贏。」

「樞機」拒絕取消這項企劃案，因為他仍然看好實體報紙的發展，且對數位化能帶來的績效一點興趣都沒有。「矽谷小子」則持保留態度，但認為現在要抽身已經太晚了，看起來他其實也沒什麼影響力，更沒膽敢跟他的老闆唱反調。公司聘請了一個團隊來負責這個新的特刊，並找來哈維・戈梅司作主導。他是「古人詩社成員」之一，曾離開報社到電視圈發展，現在又以特刊負責人的身分回歸。到了在聖路易大道的新總部，大家仍繼續叫他「哈維神」，那是他剛入社時的綽號，源自於他那過分良好、無與倫比的自信。他的確曾是個才華洋溢、想像力豐富的新聞工作者，總以十足熱忱接下不可能的任務。然而，我們的週日特刊年銷量已下降了二〇%，自報社成立以來，所有發行過的週日特刊都以失敗收場，即使我們嘗試更改特刊的命名、尺寸、格式、風格都沒用。哈維非常樂觀地，想出了一個他覺得會成功的名稱：「紙張（Papel）！」

「紙張？」

起初我並不喜歡這個名字，「二樓」的管理高層們則是被嚇壞了。

哈維說：「在這個數位革命當道的年代，我們卻推出了《紙張》。這麼取名是玩文字遊戲，因為這名字能給人經典的感覺，但我們推出的是一份現代化且與眾不同的特刊，由最優秀的新聞團隊，負責製作最優秀的報導，並可作為日後迎接數位大戰的賭注。」

我被說服了，並且開始和他站在同一陣線。新特刊將叫做《紙張》，內容包含全新的新聞專題和週日增刊，以及一個名為《禪》的美好生活健康專刊，取這個名字是基於對我個人亞洲經驗的小小致意。靠著一個年輕時的好友牽線，我找到一位個性相當符合禪意的專刊負責人，他對周遭發生的大風大浪永遠以令人崇敬的平常心對待，但對這份工作仍懷有相當大的熱忱，至於報社內部的鬥爭，他則完全沒興趣過問。他對這個專刊的眾多提案之一，就是加入一個探討「性」的專欄，那是個讓「樞機」和「二樓」管理高層裡的反對派系全都感到驚恐的專題。我們最終仍決定不管他人想法，放入「性」專欄，但當我們最具「禪」意的負責人，為了讓專刊更吸引讀者目光，決定加碼刊出〈初學者的綑縛知識〉專文時，果不其然引起軒然大波。文中他以第一人稱口吻開始自述：「他們綑綁了我。我極度著迷於此，並渴望著有人對我這麼做。我真的愛極了這種感覺。」對「樞機」來說，刊出這篇文章，應該是我想趁機毀掉這家報社、嚇跑我們僅存讀者的最佳證據。他打電話懇求我取消這個專欄，說趁現在情況還不算太嚴重趕快煞車，並要我為較年長的讀者多著想。廣告部門也加入了聲討陣容，宣稱《禪》專刊的廣告他們賣不出去，因為內容過於失當。我回答：「很好，那我們來做個實驗。」我們將「性」專欄停刊了幾個星期，而那期間的廣告還是一樣賣不出去，於是我便跑去見「樞機」，通知他，我要恢復這個專欄，並保證內容將會較為溫和。

「性並不會嚇跑想買廣告的人，反之，若能好好經營，一定可以留住我們的讀者。」

◈

報社內有一個爭論多時的大議題，在每場永無止盡的會議中總是被提出來，常常直到截稿最後一天都還在討論，就是：我們是否要跨出那一步，改掉報紙頭版的傳統格式，是否願意嘗試，將西班牙報章媒體慣用的「小報」設計改成「大報」。如此一來，能將頭版上的頭條、照片及版型設計，做更精采的展示。距離要給印刷廠下最後指示只剩下幾個小時的時間，我仍無法下定決心，於是我跑去「大藝術家」的辦公室找他商量。

「時間快到了，我們得馬上下決定。」我對他說。

「你覺得該怎辦？」他問我。

「你呢？」我反問他。

「我不知道，你呢？」

「我們倆的對話像白痴一樣。」

他說：「既然我們想創新，做不一樣的事，何不全力以赴？這將成為前所未見的創舉。」

「若必死無疑，至少也是為榮譽而死。」我回了這句，自經濟危機以來常聽人說的話。「就改成大報格式！」

「大藝術家」是個幾乎贏遍所有國際級設計大獎的設計師，而且在報社總部裡，他的才華深受眾人推崇，被視為是大師級的權威。此外，他還能不厭其煩地配合各個新聞版面的需求，為了讓主管和讀者留下深刻印象，無論多超現實的要求，他都有辦法作出合適的設計。為此，公司給了他很多資源，多到足以讓全世界任何一個大媒體都嫉妒不已，即使當前我們的紙本報刊銷量已下滑，降至不到過去的一半，公司仍舊給他一樣的資源。一位我在哈佛時認識的朋友，法國《世界報》的創新部主管納比．瓦晉（Nabil Wakim）來拜訪我時，對我們實體紙本刊物設計部門的規模，留下相當深刻的印象，因為當中包含了八位資訊圖表設計人員、十一位版面美編和四位繪圖人員，這還沒把公司外聘、約有一整個軍隊規模的自由接案工作者算進去。

「這些全都是實體紙本刊物的設計部門人員？」納比如此問我。

「對，全部都是。」我回答。

世界級的大型報業，早已認清實體報紙市場下滑的不爭事實，並為此採取對應措施，雇用擅長互動圖影像設計、視覺傳播設計、影像製作和熟知使用者經驗的新血。「大藝術家」為了保護他的部門，更加拿出畢生看家本領對付這轉變，每天彷彿在塑造雕像般用盡心思作設計，力求端出給讀者看的成品不僅只是普通的新聞、照片和圖表。他在設計上的專業，為他職業生涯帶來許多榮耀成就；他也因此害怕媒體轉型數位化會威脅自己的地位，迫使他必須面對一個不熟悉且還沒準備好怎麼面對的世界。他其實是很有能力的，大可再去學習新技術來迎接新挑戰，但卻選擇抓緊自己熟悉的領域蠻幹。我試著想讓他加入參與網站更新的工作，但剛開始不論怎麼試都失敗。他的提案確實很吸引人，但卻無法實踐，設計上也沒有考量到手機等行動裝置的介面、影片、使用者經驗的差異，或是如何以數位化方式呈現。與他開會討論網站更新的企劃時，我們有如孫輩應付祖父跳針式講了千遍的戰爭故事般，盡力聆聽他的提議，但最後仍只能因無法實踐而否絕掉。「大藝術家」是個無法看清事實真相的天才，正如同奧斯卡・王爾德（Oscar Wilde）說的：「若看得清事實，他就不再是個藝術家了。」

我對週日特刊起初抱持的遲疑，在全力投入其中後就隨之消散：如果我們已決定了要這麼做，且已沒有退路，那至少我們做出的刊物，要是報社有史以來最好的。我們花了好幾個星期，籌備了多個精采的專題報導，派記者去景色迷人的地方採訪，試做了一千零一種不同的頁面版型、增刊和封面設計。我們從零開始創造出了許多新作品，計畫著同時要將這些作品，轉換成新的數位資訊管道來源。對這個新企劃，我們堅持要求每一篇文章裡用的圖表、文字、故事或照片，都必須是獨一無二的。

發刊前夕，我們蒐集到的好素材已多到得做抉擇，挑出哪些必須先暫時捨棄。最後我們決定，把首篇的「不可能的會談」專題報導放上頭版。這是「大記者」做的一系列報導，面對現今越來越緊張、意見越來越分歧的西班牙社會，他大膽地將一群理論上話不投機、絕不可能聚在一起的人找來共處一室進行對談。這些對談組合分別是：動物權利維護人士與鬥牛士、銀行家與因欠繳房貸而被驅逐趕出住家的人、擁護墮胎權的婦產科醫師與一生致力反墮胎的宗教人士，諸如此類。而在首篇初登場的組合，便是埃塔恐怖攻擊組織的殺手依邦・艾特薩雷塔（Ibon Etxezarreta），與十五年前死於他槍下的前吉普斯構省（Guipúzcoa）首長璜馬利豪雷吉（Juan Mari Jauregi）的遺孀。「值得俎」則有個週日政治分析專欄，將針對即將展開的激烈選戰，有一系列精闢的討論與分析。蓓妲・艾雷諾（Berta Herrero）是一位剛修完獎學金課程的年輕記者，她撰文娓娓道出自己如何得以入境北韓，從平壤揭開世界上最封閉的國家神祕面貌。另外有一篇報導是要揭露現今健保體系的缺失，造成阿茲海默症病人遭棄之不顧、缺乏關注等問題。我們也請恩瑞克・岡薩雷斯做專題報導，探討巴塞隆納足球俱樂部和加泰隆尼亞國家主義兩者之間的牽絆與身分認同連結；以及皇家馬德里足球隊的傳奇守門員伊凱爾・卡西亞斯（Iker Casillas）離開球隊後的首次專訪；還有史上第一位敘利亞籍太空人穆罕默德・法里斯（Muhammad Faris）因國家爆發戰爭而成為流亡者的故事。

放在大報格式頭版做露出的報導，看起來比以往更加吸睛，「大藝術家」甚至在接下來幾週，將報紙頭版貼滿報社編輯總部四周牆壁展示著。走過這些大報旁，我感覺它們全都通過了用來檢視是否夠格擺在書報攤販售的「鮮艷黃考驗」[13]。報紙放久了會褪色或甚至腐爛，但這些報導、照片和專訪，仍會如登出的第一天一樣歷久彌新。

發刊的前一天晚上，我們聚集在「神父」旁開會，他是截稿會議虔誠的信徒，大夥一起按下送印的按鍵，正式啟動大量印製的程序，延續了數個世紀以來各家報社幾乎不變的傳統。無論是多不受歡迎的地方，我們的記者還是去了，就為幫讀者帶回親眼見證的重大報導；攝影師成了讀者們的雙眼，帶著大家近距離看清事實真相；我們的專欄作家，忠於自我地分享他們的意見，不管別人說了什麼或要求他們做什麼；版面美編們用心繪製每頁內容，和插畫家合作美化版面，無論是多麼難堪的新聞都一視同仁；編輯們已做好最忘恩負義但重要的守門工作，檢查內容跟調整修改標題。每當這個大拼圖接近拼湊完成之際，我們便會聚在「魚缸間」裡重覆

13 la prueba del amarillo，形容有著醒目聳動標題或內容的新聞。

相同的儀式，將頭版的版面當成獎狀般，頒發給值得獲得榮耀的報導，滿足眾人的自我。我們社內「最不受控的電腦系統」在最關鍵的時刻，仁慈地宣布休兵不搗亂，讓我們得以在預期時間內完稿。最後，再將成品移交到印刷處，走到這一步時，不管內容對或錯都已刻印在印刷版上，無法挽回。無數紙卷被架設在機器上，成千上萬份的報紙接著被印出，等待派送。上百台貨車運著已被打包成捆的日報，在凌晨時分出發前往數千個銷售點。早起的書報攤小販，將報紙完美地排放整齊、陳列在顯眼的位置，期待著某個標題或某張照片，可以吸引讀者的注意而佇足。

隔天早上我起了個大早，步行到卡德那斯總理廣場（Plaza del Presidente Cárdenas），向我熟識的書報小販荷西買了份報紙。然後，試著拋開總編輯的身分，像一般讀者般打開報紙。所有編輯總部人員的本事、才華、努力和決心都凝聚在我手上這疊報紙裡。我就有如在小孩的塗鴉中，只看到孩子藝術天分的父親一般，無法客觀地評價或檢視它。

所有的疑慮煙消雲散，已有好久一段時間再也沒有人問我，是否是來終結實體報紙，或是來惡搞我們的報社。「大記者」走進總編緝室，臉上掛著彷彿實習生似的興奮神情，正如我二十年前認識他時一模一樣。

「我早就跟你說，我們做得出來的。」我搶先開口。「一份正直的報紙，對吧？」

「再也正直不過了。」他說。「我能擁抱您一下嗎？總編大人？」

我迫不及待地等著發行商通知星期日的銷量。我們比平常多賣了三萬份，就目前的市場來說已算很成功。然而欣喜之餘，我心中仍有股不祥預感，感覺這些努力可能一點意義都沒有，或根本毫無用處。所有我們投入的心血或是金錢可能都會徒勞無功。我們傾囊而出、窮盡精力、全體動員做出的產品，讓我感到虛榮、自豪，卻也有一股失落感。沒錯，我們確實做出了一份有可能是有史來最偉大的報紙。

但，遲來了二十年。

◈

數週後，同樣的發行儀式又再重覆了一次，不過這次的主角是我們的新網站。「即時快訊」的記者們聚集在一台電腦旁，由「詩人維提」按下按鍵，我們第二個大企劃案在歡呼和掌聲中正式上線啟用。這次的慶祝活動比較低調，因為編輯總部裡以「貴族們」為首的一群人，仍繼續自我意識良好地認為數位化與他們毫不相干。只有我們少數一些人知道，在如此缺乏資源和支援的情況下，我們是投注多大心力，才得以在報社的小小角落，默默將此企劃催生出來。這個網站雖然不是「美國人」答應給我的法拉利，不過就在歷經數週與時間賽跑的辛勤工作後，成品跟福斯汽車已相差不遠，至少已有四個輪子而且跑得動。從那一刻起，電子報讀者的喜好變了，趨勢開始轉向對我們有利。我們創紀錄地成功縮短了與《國家報》之間的差距，在新網站上線後短短三個月後，《國家報》網站的讀者就減少了將近兩百萬人次，《世界報》贏回了值得令人稱許的平手地位，而且再度拉開了與《ＡＢＣ日報》間的差距。不久後，冬季即將到來，報社也將面臨成立以來最黑暗的日子，然而那時的《世界報》，卻看起來似乎還一切都很順利。

第七章　忠實讀者

我才剛抵家門口，正伸手要開門時，手機響了，是報社編輯總部打來的電話。

「巴黎發生恐怖攻擊[14]，感覺事態嚴重。」

外套還沒來得及脫掉，我便馬上再奔回報社。「即時快訊」團隊正在更新剛收到的資訊。那晚有多起槍擊事件接連在法國首都內各處發生，包括正在舉行搖滾樂團「玩命鷹族」（Eagles of Death Metal）演唱會的巴塔克蘭劇院（Bataclan）。其他部門的編輯，都聚集到國際新聞組支援處理新聞。許多同事在下班回家的路上從廣播聽到消息，也紛紛調頭跑回來公司幫忙。當地的特派記者們，持續回報著最新消息與細節。重大事件發生時，總能讓報社更有凝聚力，找回大家一起為同一件事努力的衝勁，儘管只是短短幾個小時。

「即時快訊」部門擁有很優秀的記者群，但自成立以來一直有個大問題，他們被刊登新聞

14　二〇一五年的十一月十三日晚間，巴黎及近郊發生一連串自殺爆炸和大規模槍擊事件，共有一百三十七人死亡（包含七位凶手），數百人受傷。

的壓力及制約困住了，幾乎很少能實際作真正的採訪。為了獲取讀者點閱量，他們彷彿競賽般瘋狂地不停發新聞，大家觀念錯誤地以為，因為網路無遠弗屆，是個無底洞，必須將內容做到滿、滿到溢出才夠——我們的快訊多到甚至一天能發將近五百則。我要求降低這個數目，新聞量可以少一點，但品質要更好。期望他們之後發新聞時，可以專注在品質上，讓我們數位版面的記者們有機會發揮才能，以免電腦作業的束縛，把他們對新聞僅剩的熱忱磨耗殆盡。他們的動作很快，是報社內速度最快的，但我要求他們先把已踏在加速器上不動的腳先抬起來。若只是為了求快，搶先其他媒體刊出某則新聞，後續又要花精力勘誤自掌嘴巴，我們這樣根本不算贏。我們不要盲從網路散播的未經驗證流言或資訊，僅在官方證實的受害者數目出來時，我們才更新新聞內容。有件事，年輕一輩的記者們或許已不太記得，但我仍記得清清楚楚，就在二〇〇一年雙子星大樓與五角大廈遭恐攻時，我們曾發了一則頭條，寫著「史上最慘烈恐怖攻擊事件推倒美國霸權兩大象徵，造成死傷超過千人」。然而，實際人數根本未達這數目。

正當所有人都忙翻之際，我接到「矽谷小子」的來電，他說「樞機」對我們發出的新聞抱怨連連。

「他說我們的網站新聞都沒更新！有其他媒體已經報了死亡人數二十一人，我們卻還只有十九人。」（那天的恐攻行動總共造成一百三十七人死亡。）

「你在說什麼？」

「他說你們都沒有更新網站內容！」

「還真敢講。」掛電話前我補上了這句。

若要說有哪個時刻，且只能挑一個時間點來說，是我們公司有十足把握確信選上的是最合適的總編輯，那絕對是發生恐攻時。我曾親自在峇里島、雅加達、巴基斯坦等地報導過恐怖大屠殺，也曾花了超過十年的時間，深入阿富汗與巴基斯坦之間，報導聖戰主義行動的新聞，同時親自採訪了多位基本教義派的首領，並拜訪伊斯蘭學校，試著了解究竟是什麼原因，讓那些年輕的穆斯林能痛下殺手，動手殘殺為數眾多的無辜人士。然而，我們公司這些管理高層們，沒半個人當過記者，連採訪鄰近地區示威活動的經驗都沒有（更別說去採訪什麼恐怖攻擊行動），卻想要電話遙控已經忙壞的編輯們，指揮他們怎麼計算死亡者人數。大家正忙，我本想就這麼算了，但實在克制不住自己，所以我請他們給我一點時間，等下就回覆。隨後，我寫了信給他們二位，告訴他們我們當然知道怎麼估算數目，跟新聞相關的事，請全權交給在一樓的我們處理。

新聞業何時開始如此崩壞？絕對是管理者開始想做記者做的事，而記者卻去做管理者的事時。從這段期間的觀察，我已得出很明確的結論，就是「二樓」管理高層完全不懂編輯總部是什麼，不懂它是怎麼運作的，也不懂它真正的需求是什麼。然而更糟糕的是，他們還自以為很懂。

我與「樞機」的意見分歧越來越嚴重，對談時幾乎已是各說各話，無論怎麼討論都沒有結果。他每天都打電話給我，就為了分析當天的報紙內容給我聽，批評我們對人民黨的貪汙案著墨太多，怎麼可以一有任何上市公司的負面新聞就大剌剌馬上刊出來，或是他認為我們選的頭版主題太激進；儘管依我之見，這些主題完全不具任何意識形態，都僅只是報導。我從來無法理解他說的什麼左派右派：什麼氣候變遷、貧窮問題、移民問題、社會不公等等，是左派關注的議題；或者，現在因加泰隆尼亞獨立主義而遭受嚴重威脅的憲法權維護，以及創業促進、要求教育品質提升等等，這些是右派的提案。儘管政治新聞持續長期占據主要版面，不過只要有機會，我便會將國際新聞、科學、社會專題報導，這些從前只能靠邊站的邊緣主題，偷渡轉移到頭版刊出。「大藝術家」曾向我要求，希望將頭版設計得更前衛，我也答應了他可以做。在頭版刊登政治人物參加記者會的新聞，加上極度催眠令人厭煩的記者會照片，都是西班牙媒體常見的老派做法，我決定將此陋習連根拔除。並且，堅決刪除陳述式新聞，那些由各政黨預先挑選日期、特意受訪，希望我們就完全照刊，不加任何背景資訊也不作任何補充的新聞，通通都丟棄。這些改變堪比革命，不易讓人認同，「樞機」更是對此非常不悅。有時我必須去他辦公室找他，他就會趁機把《ABC日報》的頭版拿給我看，上頭登的不外乎是帶有評論性的標題和極其誇張的形容詞——如此傳遞資訊，完全違背了新聞應遵守的基礎法則。「這些頭版的標題，比我們的更有想法多了。」

「拿評論來下標題，當然很有想法。」

「你要笑就笑吧，但他們的銷量下滑得比我們慢。」

「實體報紙或許確實如此，但在我們網站註冊的會員有三百萬人。流失掉的只有原本就會消失的讀者。我們現在遇到困難，是因為我們敢做真的新聞，包括與我們的讀者意見相左的真新聞都做。即使我們的讀者裡有很多是人民黨的支持者，但我們還是敢揭發人民黨的貪汙弊案。因為我們要做個敢說真相的真報社。」

「樞機」再次把他最愛提的例子拿出來說嘴，句句意圖提醒我，當年我們報社刊出巴塞納斯跟總理拉荷義的私訊，揭發拉荷義的假面後，前總編輯何達卻因此被拔除之事。

他再接著說：「新聞刊出來那天，我們的報紙多賣了三萬份。但之後的銷量有如自由落體般往下掉，很多讀者遺棄了我們。跟讀者作對的報紙，是做不起來的。」

「若我們成為最保守、最擁護君主政體、最會說政府好話的媒體，報社的營運狀況就會好轉嗎？守舊派市場早就已經飽和了！《世界報》這個品牌，一直以來都這麼保守，再不改變我們只會全盤皆輸，大家一起死。」

「那些根本沒用。」儘管依數據顯示，我們的數位化企劃日漸獲得正面回響，「樞機」仍舊忽視那些成果而下此定論。「你放在頭版的主題，有些根本悖離我們讀者想看的東西，趕走了讀者。我可以給你看看我收到的反饋意見內容。」

「是你那些上市公司朋友給你的反饋意見嗎？還是哪個部長給你的反饋意見？你或你那些朋友的言論，都不能代表《世界報》的讀者群。大多數讀者們都不是大公司的主管，不會坐加長型禮車逛馬德里，沒有每天忙著跟不同的部會首長吃飯。我們做的報紙，不需非得讓你喜歡不可，你不是我們的一般讀者大眾。」

「樞機」好聲好氣地，試圖繼續導正我離經叛道的做法，他很少在我們爭執時失去理智，因此讓我感覺可以坦率地跟他說話。我覺得自己像是個走錯路的烏托邦分子，老早就應該要看清事實，遠離理想主義之路了；儘管我自認已旅行得夠久、看得夠多，並在旅途中覺醒了很多事，譬如：怎麼可以仍然相信人有絕對的單純的一面，因為連我自己都不相信自己有。

唯一一件我與「樞機」看似意見相同的事，就是加泰隆尼亞的情勢。他們的地方政府強勢推動獨立，造成加泰隆尼亞地區社會分裂，讓西班牙的民主體制陷入嚴重危機。對於擺脫束縛這件事，我完全不反對，無論脫離的對象是父母、老闆或甚至是國家，但我無法認同的是，那些擁護加泰隆尼亞國家主義的地區首長，不顧半數以上的市民反對，仍執意推行獨立，漠視憲法，完全忘記是因為有了憲法，西班牙國內才能擁有如此前所未有的穩定局勢。加泰隆尼亞地區政府擺出的抗爭姿態越來越大膽，收受了政府補助的地方媒體，更是像啦啦隊一般在旁刺激鼓吹。然而，當加泰隆尼亞議會宣布開始執行「加泰隆尼亞共和制獨立建國程序」時，國家總理拉荷義卻仍完全不把他們當一回事。我們這位大財主不喜歡做困難的決定，處理問題的方式是閉著眼做事，因為他覺得只要撐著不動的時間夠久，問題會自然消失，就能讓對手感到絕望或厭倦。但是，對於加泰隆尼亞議題，這方法並不奏效，我們的編輯們都紛紛撰文批評他的領導能力不足。

加泰隆尼亞情勢正緊張之際，有天我正在開車時接到一通陌生來電。結果是總理打來的。後座的孩子們打打鬧鬧，我必須先把他們安撫好，才有辦法跟拉荷義講電話，一邊還要注意路況小心開車，偶爾對孩子投以連環殺人魔般的凶狠目光讓他們閉嘴。當時我無法用威脅的方式讓孩子聽話，因為有些（沒小孩的）現代心理學家說父母的威嚇管教對孩子的情緒穩定有害；但若不是因為總理正在電話的另一頭，任何聲音都一定會從我的無線耳機傳過去，我早就毫不遲疑地開罵。總之，我只好裝出一副正把腳放在辦公桌上的霸氣總編輯氣勢，控制著自己的聲量回應，一邊漫無目的地開車，因為心裡還在想：「我本來是要帶小孩去學校？還是要去醫院？」而這位人民黨的領袖，則在電話的那頭非常有朝氣地持續說著，不論如何，他都不會有任何作為。

總理說：「國家律師團正在研擬所有可能的合法解決方案，媒體的施壓及無謂發言對此並沒有任何幫助。我們要堅定並保持冷靜……（而此時我正以殺手般的眼神怒視著孩子）政府不會容忍有人違法行事，在這艱困的時刻，若你能理解，我們會很感激。」

在拉荷義的不作為下，走偏的國家主義派分子更加猖狂，一步步把加泰隆尼亞帶往一條不歸路。就在兩年後，獨立派的領袖召開諮詢會議，討論脫離西班牙進而獨立一事，結果卻被定調成是發布臨時獨立宣言，導致帶頭組織者紛紛被判刑入獄，加泰隆尼亞的自治區地位也遭拔除。拉荷義執政期間，加泰隆尼亞地區支持獨立的人數三級跳，增長了三倍之多，造成往後的對立衝突更加根深蒂固，蔓延數十年都有可能。我認為當時的國家主義派領袖，除了在馬德里中央政府的人確實錯判情勢外，他們同時也欺騙了市民，沒有說真話，沒有將脫離西班牙及脫離歐盟獨立之後的真實後果都清楚告知大眾。我們駐點在加泰隆尼亞地區的團隊，是一群努力不懈工作的記者，他們將激進國家主義派的矛盾及強勢作為，以相當嚴謹的方式做成了報導。「樞機」對此很滿意，因此請我們可以先休戰；但這反而讓我家鄉巴塞隆納的多數友人很不諒解。他們告訴我，我們報社已經失去客觀性，質疑當初承諾的謹守分寸到哪去了。從前那個反對權勢、抨擊人民黨與中央政府的《世界報》，才是他們喜歡看的，而非現在這個樣子：老是刊著加泰隆尼亞政客愛國情操的感性文，意圖蒙混遮掩他們多年來的管理不當與貪腐作為。事實的真相可以有很多種，但能讓眾人滿意的通常很少。

◈

我堅持要做一份有分寸且嚴謹，意識形態平淡但勇於揭發貪汙及濫權，不顧黨派勢力的報紙，然而堅持這麼做卻成了缺點，因為銷售量並不見成長。每天我都會收到一封銷售數據分析的信，有時我會結束一整天的工作後才打開，因為早有預感裡頭寫的是壞消息。每週例行的發行會議總令人非常沮喪，我便提議改成每半個月開一次就好。會議上每每爭論不休，互相檢討銷量下降的理由，吵到最後卻變成其他所有與會者都跑去與「樞機」站在同一陣線，認同他的論調，說主要的問題是，我們的報導不夠有「我們自己的」想法。

「我們缺『爆點』，」他在其中一場會議裡這麼說著，其他人便跟進表示同意。「像是馬德里三一一連環爆炸恐攻的相關故事，就吸引了很多讀者掏錢買報紙。」

「但很多當時的報導，後來都被證實都是捏造的。」

「那可說不定。況且，讀者看了就會以為是真的。」

利用那些有目的性的內容作新聞，以及刊登激進又不嚴謹查證的新聞，來推動銷量的想法，我真的認為非常荒謬。道義上的問題不說，如此只會更加惡化，自馬德里地鐵恐攻以來，我們報社的形象已淪為公信力低落之流。銷量的下降我知道是個不爭的事實，但他們若要把造成這項缺失的因素全推到我身上，我拒絕接受！因為在我正式上任前，銷量早已下滑超過六○%，國內的經濟危機開始後，下滑的幅度更是一直大於競爭對手。就帳面上的銷售數字來看，不算那些免費及推廣贈報的浮報充數，我上任後銷量下滑的百分比，與我上任之前幾個月的下滑百分比根本就非常相似，所差無幾，而且即使是我離開這個位子，相信這個銷量下滑的百分比也會照樣繼續。

出現意見相左的爭執時，我要求的做法始終如一：公司可以藉由編輯委員會來決定報社的編輯走向，但只要我還是這裡的總編輯一天，所有新聞都要嚴格依循新聞標準被檢視。將意見表達和資訊報導兩者明顯區隔、分開刊登的做法，在當時的國內媒體圈並不常見，大多數人都是一點也不害臊地將兩者混雜在一起。當你拿出國內四大報來做比較，便能看到明明大家都在講同樣一件事，卻出現論點完全相反、內容天差地遠的報導，顯然各家報紙擺明了依自身偏好的編輯走向或利益關係去寫新聞。然後，編輯大人們卻還在會議上毫無自覺地質疑爭論著，媒體怎麼會沒公信力？

在我看來，公信力崩壞的原因是結構性問題，且關鍵因素都不在我們能掌控的範圍內。而現在真正最急迫的，應是盡快將賭注押到報紙數位化上，讓我們做出一份有品質、具獨立新聞精神的電子報，進而推展一個足以撐起公司財務的電子新聞報訂閱企劃。在經濟危機發生前，《國家報》、《世界報》、《ABC日報》及《道理日報》的實體報紙每天能賣超過一百萬份以上，現在四大報加在一起的銷量竟連一半都還不到，而且持續大幅下跌中。很快地，實體報紙將會變成僅用於見證日常新聞曾經存在過的一個輔助工具。這些年，超過五千家以上的書報攤都關門了，倖存下來的，賣出的吉拿棒跟小孩貼紙比賣出的報章雜誌還多。《世界報》一直以來都是靠著揭露獨家新聞來吸引隨機的讀者購買，但現在我們做的新聞調查，下一分鐘馬上就會被轉載到無數網站上，新聞價值已大不如以往。不僅這情形每況愈下，「矽谷小子」更下了一個削弱賣點的決定：基於財務考量而降低促銷贈品的預算。買報紙附送贈品已是一種市場慣例，雖是陋習，但讀者們早已習慣並期待拿到小禮物。過去幾十年間，我們報社提供過的贈品包羅萬象，從小可頌麵包到滑板車，甚至鍋子、動作片電影票都有，這麼做或許也是因為自認沒辦法單純用新聞內容就吸引讀者前來購買。《ABC日報》曾因贈送十字架念珠而大賣，《道理日報》也曾搭配全能食物調理機的分期付款優惠，銷量暴漲多賣了五萬份報紙，促銷品全被搶購一空，報社等於賠錢賣報。用這種方式促銷早已無利可圖，但同業競爭對手仍準備繼續砸錢在這上頭以確保市占率；而當時正面臨內部動盪不安的我們，不到三年內接連換了三個總編輯，公司卻仍執意要削減這項促銷預算。

週日附送精彩的特刊雜誌，或者刊登更多獨立新聞報導，就能提升報紙銷售量的想法漸漸消逝，沒了氣息。經過幾個月的強力推廣，附贈特刊雜誌的週日報紙，其銷量就如梅雅多先前所預言的，掉回了出刊前的數字。市場調查報告的結果很悲觀，在在顯示了：買報紙的讀者並不重視資訊的品質好壞，或是否具備真新聞的精神，讀者只在乎報紙內容是否支持自己的信念或立場。我不禁開始自我懷疑，難道「樞機」說的才是真理？我想為報社做的事，與什麼才是對報社有利的事，明明就是一樣的，不是嗎？

我很想知道讀者們是否有察覺到我們正在做的事，也就是讓日報的品質變好，且讓內容更具新聞精神，因此常跑去荷西的書報攤，想直接詢問他的意見。荷西是個有新聞自覺的書報攤小販，他從叔伯那一輩繼承了這間有三十多年歷史的小店，新聞媒體業的實際現況，他比「二樓」裡多數的管理高層們還更了解。他告訴我，《世界報》從前提供的促銷贈品都很讚，現在則只能勉強與《ABC日報》和《國家報》平起平坐，至於與拋出全能食物調理機的《道理日報》相比，就更不用說了。荷西將我介紹給他攤子上的其他客人，驕傲地說，這位國內最大報之一的總編輯，一直以來都是在他的書報攤買報紙。有次我還在他的書報攤巧遇米格·艾奇拉（Miguel Ángel Aguilar），他曾是《國家報》的知名記者，幾週前才剛新創立了《現在週報》（*Ahora*）。

「兩位總編輯同時大駕光臨我的書報攤！」荷西眉飛色舞地大聲說著。「我還真沒想過，這麼巧的事會發生在我店裡。」

艾奇拉跟我說，他很欣賞我想為《世界報》所做的事，但事情並不會如我想像的發展。接著，他建議我買份他的週報，還保證這是前所未有、品質最好的報紙。儘管實際上，不出幾個月，這份週報便因買單的讀者太少及廣告量不足的現實下而停刊。我聽從建議買了份《現在週報》，並反問他是否也買一份《世界報》，互相關照一下。

「喔，不可能。」他微笑說著，像是還無法忘懷《世界報》與《國家報》是世仇般的語氣。

然後他就走了，沒買《世界報》。

會光臨書報攤的讀者，大多數是五十歲以上的男性，且通常是一輩子就只買某一家報紙的忠實讀者。而我做的這些不科學田野調查，證實了我們為了讓《世界報》銷售量起死回生所做的努力，是把錯誤的賭注；也證實了讀者們買實體報紙的習性仍是走傳統路線，並對新的改變抱持著存疑態度。新登場的《紙張》特刊，是個有創意且令人耳目一新的優質作品，但它的目標客群是二十歲、甚至更年輕的讀者。將報紙改成大報格式，雖然能讓我們更盡情發揮，做出更精彩的頭版，卻惹怒了習慣小報格式的讀者，因為他們習慣一邊吃早餐一邊看報，小報尺寸才剛剛好，才方便邊看邊吃。我個人認為，若讀者完全認同報紙裡寫的內容，那這讀者看的並不是一份真正的報紙，而是一份宣傳手冊。然而很多讀者的想法，卻與此完全相反。熱衷宗教的人，不想看到與天主教相關的種種醜聞報導，即便那些胡作非為的事真實存在著。皇家馬德里足球隊的球迷們，只想看批評裁判的新聞，僅因裁判沒有吹哨判罰球給他支持的球隊，即使根本沒有發生犯規的事需要被吹哨。愛看鬥牛的人，不想看動物生存權的專題報導。個性保守的人，不想看同性婚姻的新聞。甚至曾有一位讀者，因我們採訪了馬德里的女市長瑪努艾拉·

卡梅納（Manuela Carmena）而氣憤地斥責我，只因為這位市長是左派人士。那次採訪的幾週前，我在市議會所在地的西貝萊斯宮（Palacio de Cibeles）裡才首次認識她，那時的她滿腹熱情，雖然才剛轉換跑道到政治界，但已在司法界努力多年，小有成就。他們的辦公室裡有間小廚房，我到的時候，她剛好在廚房裡做杯子蛋糕。我對這位新上任的市長有話直說，告訴她，我們的新聞風格很嚴厲，但我們很公平，對於她管理方式上的評論，會用對其他市長一樣的標準檢視，無論是交通、市容整潔、財稅等議題。當我試著跟那位氣憤的讀者解釋這些時，其實有點擔心他會把剛買入手的報紙丟還給我。

「她是共產黨！」那位讀者說。

我們報的資深專欄作家兼記者恩瑞克．岡薩雷斯曾說：「媒體生態裡，最墮落的其實是『讀者』。」或許他說的有道理。又或者我們不斷遇到這種狀況，是因為我們無能，因為我們有機會端出一份值得看的好報紙來教育讀者，改變讀者習性，進而使讀者不再無理抱怨，但我們卻沒那麼做。

◈

大報格式的週日版《世界報》初登場之後，過沒幾天我便收到一封忠實讀者的來信。信封裡裝著的是，已被絞成碎片的頭版頁，以及一句簡短評語寫著：「你們給我回到像以前一樣，認真點做報紙可以嗎！」我擔任《世界報》總編輯的期間，每個禮拜都會收到這樣的無名氏抗議信，裡頭一樣裝著絞碎了的頭版頁。

「信又來了。」信寄到公司後，亞美莉雅通知我。

「還是沒有寄件人資訊？」

「對，只有絞碎的報紙頭版頁。」

我很遺憾那些信都沒有署名，因為我真的很想跟這位讀者好好解釋，為什麼我們決定要下此賭注。就因為頭版是最重要的展示櫥窗，這麼做才能將我們的獨家新聞、專題報導、用心設計，及精彩照片等等做最佳呈現。並且真的想感謝他，即便不喜歡這些轉變，仍願意在週日走去書報攤買下它。我每週都在等他的信，很確定雖然他對新型態的週日版報紙很不滿，還是每週都跑去買。或許他認為，儘管我們寫的內容錯誤又自相矛盾，或印刷機不聽話導致出錯，或社論立場與他對立不同調，或我們有包袱所以撰文雜亂無章、語無倫次，但總之對他來說，我們的不完美也算是個必要之惡。

◈

我們投入在新型態週日版報紙的心力，並非全都徒勞無功。或許增加的特刊沒辦法吸引讀者到書報攤購買實體報紙，不過，我們電子版的《紙張》及《禪》專刊，以及近期才剛專為年輕讀者新創立的網路新聞平台，都頗受歡迎，這給了我們相當大的鼓勵，讓我們終於能再次離網路媒體龍頭的地位更近一些。儘管我們做的社會議題類專題報導及故事不討「樞機」歡心，但在瀏覽量上卻相當亮眼，並且成功吸引了一群女性讀者，這是我們過去長期棄守的潛在族群。根據數據顯示，讀者們真正喜歡看的是有關教育、科學、健康等議題的故事，而非令人厭煩的宣導性政治專欄。在我擔任總編輯的期間，瀏覽量最高的一篇文章，是「警網雙雄」所做的一篇揭發校園霸凌事件的獨家報導。那是有關住在（馬德里）萊加內斯鎮（Leganés）上的十一歲小男孩迪亞哥（Diego）從自家陽台跳樓輕生的事件，我們這對記者搭擋鍥而不捨地調查，就為了找出事件背後真正的始末。他們與小男孩的父母時常保持連繫，終於有一天，這對父母放下戒心，給他們看了一張在兒子房間窗台夾縫發現的紙條，上頭寫著：「你們去看看魯球（Lucho）。」迪亞哥在紙條上寫下這句話，暗示著找到紙條的人去看看他兒時最心愛的玩偶。

這條關鍵線索讓他們找到一封遺書，小男孩在上頭寫著，他已承受不住學校同學的霸凌，因此決定結束自己的生命。

「你們人非常好，你們是世界上最棒的爸媽。」迪亞哥遺書上寫著，「跟你們說，我真的已經受不了每天要去學校，沒有其他辦法能不去學校了。我希望未來有天，你們能恨我少一點，一點點也好。」

「警網雙雄」的這篇報導，迫使司法單位重啟調查迪亞哥的死因，也讓許多學校重新檢視，預防校園霸凌的政策是否恰當，同時間，舉發投訴的案件更提升了七五％。這篇報導當初是刊登在實體報紙上或在網站上，讀者們是躺在家裡的沙發上或在手機上閱讀到它，主題是有關政治或社會，到底有何區別呢？終究不都一樣，就是篇值得被看見的好題材！這就是與很多人息息相關的好故事，再加上我們願意用心去處理它。我對毫無意義的爭論已失去耐性，對那些為了個人利益、或因念舊而抗拒改變的人，我已下定決心，再也不會將心力放在他們身上。

多次親自去書報攤明查暗訪之後，我對《世界報》必須轉型的論點更堅定，處理態度變得更加積極。尤其是當我看見，實體報紙的銷量下滑已是無法遏止的趨勢，而且我們也證明了報紙數位化確實是有前景的，無論在瀏覽量、忠實度以及公司收入上都會提升，現在僅缺找到有效的執行方法。但這麼說也並非要完全否決或放棄發行實體報紙，畢竟實體報紙依舊會是我們《世界報》品牌的重要根本，只是每次出版都必須要更仔細小心，必須認清事實，並接受未來的發展是掌控在數位報紙以及數位商務企劃上。然而，所有針對未來發展所提的方案，無論是重新設計編輯總部的編制，更新過時的軟硬體設備，或是聘請重要業界人才，在這家號稱現代化的報社裡，卻總被擱置拖延；我們就曾花上好幾個月的時間，才獲得上頭同意聘用一位影像資訊主管。「二樓」的官僚作風及「一樓」同仁堅持守舊的觀念，每每將人的意志消磨殆盡。我提出要求，希望有人能自願變更上班時段，因我始終無法理解，對媒體業來說算是數位資訊爆衝的某些尖峰時段，例如每天的一大早，以及西班牙式無止盡的上班喝咖啡休息時間裡，為何我們報社總部裡仍舊持續死寂地像個沙漠。然而有天，「工會人」跑來辦公室對我提出警告：「不可以未經員工同意或協調，就隨意更改員工的上班時間。」

「公司需要有人在尖峰時間上班更新新聞，加強網路新聞的即時度。我們有數百萬位線上讀者，但這些讀者們看的新聞卻都不是當天最新、最精采的。」

「大家都各自有各自的生活，」他很堅持地說，「不可以改工作時間。」

「所以我說了，是徵求自願的人。一定有人偏好將工作時間集中在某個時段，或想早點來上班，我不會強迫任何人。」

「這樣會有問題，給公司造成困擾。」

「我們早就有很多問題了，不是嗎？」

我很著急地想要改變並改善一些事，但是，看來有些事並不想那麼快被改變。

第八章　協議條款

「樞機」打電話給我，語氣比平時更加憤怒許多。

「我們這次又做錯了什麼嗎？」我問他。

「你看過經濟版刊登了什麼嗎？」

他把標題唸出來給我聽：「上市公司高層收入漲十％，一般員工薪水下跌五％」。

那是一則提供資訊、沒有任何評論色彩的新聞，僅以實際數據反映出經濟危機的那幾年中，高層管理人員的薪資有所增長，大部分的員工薪水反而變少了。「樞機」認為這是則不公平的報導，同時給了巴布羅．伊格禮夏斯（Pablo Iglesias）創立的左派我們可以黨重砲攻擊的機會，將可預見菁英分子間會因此產生恐慌。

「樞機」對他上市公司高層的朋友們，可能會因而感到虧欠，也是其來有自。在「經濟大衰退」那期間，讀者購買意願低落，又遭受廣告收益銳減衝擊，與各大公司協商後簽訂的一些「協議條款」，拯救了許多新聞媒體同業。那是類似於一種施恩制度，各家報社為特定企業撰寫友好的報導，幫忙洗白公司總裁們的形象，當有負面消息發生時，則選擇性健忘得不去提及也不報導，以此換取應收費用之外的「額外酬庸」。我早已耳聞「協議條款」這東西，不需要任何人另外再向我說明裡頭都寫些什麼，因為就連以前遠在亞洲擔任特派記者的我，都曾經受制於它的束縛，做什麼都綁手綁腳。那時孟加拉發生了一起紡織工廠嚴重坍塌事故，造成上千人死亡[15]，我一邊準備著要前往孟加拉首都達卡（Dhaka）採訪該帶的東西，一邊打了幾通電話連絡事情，一番連繫之後竟得知，在事發的那拉廣場（Rana Plaza）大樓裡生產服飾的公司中，西班牙知名的「英式剪裁百貨」（El Corte Inglés）也是其中一家。我在當天深夜，即刻將此事件的報導回傳給報社，而隔天早上卻發現信箱裡躺著一封國際新聞版同仁回的信，開頭寫著：「我知道你一定會生氣……。」

何達已下令，將文章裡所有提及英式剪裁百貨的內容全部刪除。因為他們是西班牙最大的廣告投資者之一，即使在國內經濟危機最嚴峻之際，仍持續投注預算在廣告上。我真的無法理解，為何一間公司的聲譽，能凌駕於一場奪走這麼多條人命的悲劇新聞報導之上。所以我打了電話給主管們，告訴他們，我要取消去孟加拉的行程，因為我確實「氣炸了」。除非有書面保證，不再審查刪減我的文章，否則這件事的任何相關報導我也都不寫了。接下來的兩天裡，我與堅持要我去達卡的「核心團隊」，互相角力拉扯了一番。最後報社逼不得已，只能拿其他通訊社的新聞來用，做為此事件的後續報導。

新聞媒體與企業之間的利益交換關係，從很久以前就開始了，而且已根深蒂固，媒體高層們甚至不需要拿起電話詢問，屬於自己的那份「酬庸」就會自動送進銀行帳戶裡。更有一項共識已內化到各家報社編輯總部裡，就是：諸如西班牙電信、桑坦德銀行或英式剪裁百貨等公司，絕對不能碰！各大上市公司的傳媒總監，有相當大的權力能操控媒體，他們會依據各媒體的影響力大小來分配預算，同時變相懲罰那些不順從他們指令的人。有時候，甚至連報社的總編輯，也不完全知道「協議條款」的背後隱藏了什麼不可告人的祕密。有天下午，一位「二樓」的高層主管來找我，要求我撤掉一則有關國內最大經銷零售商麥卡多納（Mercadona）的負面新聞。當時我問他，為何如此在意這則新聞，他們根本沒給我們過任何一毛錢，他的回答竟是：「因為他們有。」

我從未在我們的報紙版面上看過任何麥卡多納的廣告，不過，的確是有讀過頌揚他們公司成就的報導，「儘管他們沒在我們這投入任何資金買廣告」。事實是，他們根本不需要買廣告，因為這家公司付給媒體龐大的「贊助金」，包括宣稱自己立場一絲不苟、如雨後春筍蓬勃竄出的數位原住民們，也是受益者。麥卡多納藉此換取友好的專題報導，並可豁免於正規新聞的批評。各媒體的廣告部門，篡位做起了編輯總部的工作，對新聞內容的影響力越來越大，甚至能直接改寫新聞內容。我們的健康新聞版工作團隊，是國內同業中最優秀的，他們就對廣告部門的步步干涉感到相當憤慨。有一天，他們發表了一篇名為「Omega-3 補充品的騙局」的報導，

15 二〇一三年四月二十四日，孟加拉一座成衣工廠大樓倒塌，共一一三四人喪生。引發國際對於血汗成衣工廠的關注。

當中引述了專家的觀點及研究報告，對此補充品的效益提出質疑。不久之後，乳製品大廠普勒瓦（Puleva）的廣告網頁裡就出現一則報導，寫著富含 omega-3 的牛奶有很多好處及優點。我到廣告部門告訴他們，廣告的內容不可以跟新聞報導用相同字體，並應該加註警語，以清楚區分廣告與新聞報導兩者間的差別。在這些持續性角力的拉扯抗衡中，記者們大多打敗仗，新聞內容常常必須妥協。經濟危機儼然已變成，人們打破新聞這行業種種神聖法則的最完美卸責藉口。

新聞被當成商品操作的商業行為，也玷汙了應具傳奇色彩的專訪類型新聞報導，用以換取廣告投資或金錢報酬。一位在農產品業工作的朋友就曾向我說，她是如何收到一家地方日報的採訪邀約：「一開始，他們先寫了一篇對我們有負面影響的評論，然後就打電話給我，詢問我有何意見，同時邀請我受訪以發表我的看法。我答應之後，他們便接著說，這些需要付幾千歐元的費用。」

新聞與商業利益間不倫不類的關係，也影響了廣播電台的生態，本應播報每日新聞的播報員，變成改播特價折扣廣告。電視台則是根本不需這些利益交換，因為電視圈的兩大巨頭亞德雷斯媒體集團和梅狄亞賽特傳媒集團，完全是雙頭壟斷電視圈市場，根本賺翻了。梅狄亞賽特傳媒集團的版圖包含第五台（Telecinco）和第四台（Cuatro）等電視頻道，集團旗下的幾位記者曾告訴我，他們的首席執行長巴布羅．瓦希略（Paolo Vasile）就明確下令要求，不得對那些不買廣告的公司作任何正面新聞。這位首席執行長的眼光相當銳利，知道什麼內容才能吸引觀眾收看，對於新聞他則是完全不感興趣，因為相較於真人實境秀及談論名人花花世界生活的八卦節目，新聞不但常讓他傷透腦筋，能真正賺到手的錢又少之又少。不過他也有個優點，就是不會假惺惺地裝作自己不是這樣的人，譬如當他們公司從普利沙集團手中買下有線電視新聞網西班牙語頻道（CNN⁺）後，隨即毫不遲疑地馬上將新聞節目撤掉，改播二十四小時不間斷播出的《老大哥》（Gran Hermano）真人實境秀。

◆

「協議條款」的讓步程度，以實體紙本媒體來說，取決於公司的敢不敢衝，以及時任總編輯的抗拒能力。現在輪到我得要面對這堵高牆了，我自問該怎麼做才好，我還是否能繼續捍衛我堅持的新聞尊嚴，就像從前那個不需承擔報社存亡大責的單純記者一般，做該做的事。當時我們報社正面臨創社以來最艱困的財務危機，完全無法承受流失主要廣告客戶的打擊。因此起初，我決定與那些有錢的大老闆保持一定的距離，以免陷入進退兩難的道德抉擇困境。但這並不表示我完全不與他們來往，只是避免彼此關係太過密切，以免讓他們誤會，以為我答應會作些什麼上市公司的友善報導。然而這當中的界線也很難畫得太過明確，但只要你參加了這些公司經理們女兒的婚禮，在他們的遊艇甲板上曬了日光浴，或是讓他們為你出了豪華旅遊的旅費，很明顯地你就是越了界。到職後不久，我果決拒絕了由凱克薩銀行（CaixaBank）邀請參加的史汀（Sting）私人演唱會招待旅遊，包含為你和一名同行伴侶免費提供六星級飯店住宿、頭等艙機票及司機到府專車接送，全由他們買單。看著這豪華旅行團的內容，我其實非常訝異，一家我們幾乎天天報導的銀行，竟然會希望我接受這樣的招待邀請。於是我看了一下去年的受邀名單，裡頭不乏知名人士：各大報的總編輯、廣播及電視節目主持人、媒體集團高層主管以及知名記者。對於包廂看劇、私人活動或旅遊等邀約，我皆以交際手腕拒絕掉了，但此舉卻被解讀為我藐視他們。為此，「樞機」跑來指責我，說他的上市公司友人紛紛向他抱怨我的態度很傲慢：「他們說，他們在《世界報》裡沒有對話窗口。」

「事實並非如此，」我為自己辯解，「我已經與其中好幾個人聯絡過，我也可以與他們見面談事情，只是，我們並不會成為對方的好朋友。」

「不用我講，你也應該知道我們目前的處境如何，以及這些人際關係有多重要吧！很多合約，都要靠著總編輯的親和力才能簽成。你又不必做什麼壞事，也不用承諾什麼損害自己誠信的事，這是你工作職責的一部分呀！況且，他們掌握了很多中央政府的第一手消息，會對你非常有用。」

幾天後，「樞機」要求我陪同他赴約，去與極有權勢的西班牙對外銀行（BBVA）總裁弗朗希斯科・龔薩雷茲（Francisco González）見面。當時他們的總部位於卡斯提亞納大道（Paseo de la Castellana），而他的辦公室就在銀行總部頂樓，空間大到可以在裡頭設一整個編制的編輯總部。我們報社的「米蘭大使」開始大談媒體現在遭遇的困難，以及公司的年度預算有多複雜多難編列。同時非常自然地，以要求再加一勺糖到咖啡裡的例子作為隱喻，透露出希望他在我們原本已談好的「協議條款」之外，再額外投入一筆巨額資金。龔薩雷茲回說他會處理，便沒再多說什麼。銀行跟其他上市公司一樣，都設有一個專門用於收買媒體的基金，資助與他們同道的記者寫友善報導，及獎勵幫助優化企業大老闆形象的媒體高層。會議結束離開時，我感覺「樞機」把我當成了學徒，叫我來是為了讓我學習該怎麼處理「這些事情」。

◈

隨著時間推移，我漸漸同意接受與大型跨國公司總裁們的會晤，因為知道無法推辭我在體制內的角色所應承擔的責任，以及體制對我的期待。但過沒多久，我便意識到我並不適合做些事。初期的幾場會晤，其中有一場是與跨國能源公司總裁共進早餐，他為新聞應具備的獨立性強力辯護，很肯定地說《世界報》是一份必須存在的日報，所以才會有許多政客及企業家想讓它噤聲。他告訴我，他跟那些人不一樣。

「我跟這傢伙或許能合得來。」我想。

會議接近尾聲，這位東道主向我說了些恭維的話作為結語，強調我的企劃非常重要，而且他願意幫助我。

「我能為你做些什麼嗎？」

我沉默了，不知是否該向他要求降低報社總部的電費，或要求他額外再加碼一百萬歐元的廣告費，還是請他提供一些前政壇人物們的機密資訊，例如幾位前總理費利佩·龔薩雷斯或阿茲納等人，都曾向數家能源公司董事會「收費」，讓他們得以合法設立營運。

「嗯……什麼都不用，謝謝。」我沉默了很久後回答道。

但是東道主很堅持，繼續說：「我知道你們過得不好，而且我認為應該支持像你這樣年輕又想法新潮的總編輯，尤其現在你的企劃就要開始執行了。你確定真的沒有什麼我能幫上忙的嗎？『協議條款』之外的事，我還能幫忙什麼嗎？」

我再次回絕了他的好意，回程途中我自問是不是幹了件蠢事。我本應可以從這次會議裡得到些什麼，若日後他請我賣他面子幫忙，我還可以提醒他當時對新聞的獨立性是如何強烈維護。

我開始遭到與國內經濟命脈相關重要人士的電話騷擾，一旦給他們機會認識了你，幾乎能百分之百確定，他們絕對會打電話找你。他們一開始的要求，在我看來似乎相當單純無害。恩得薩能源集團（Endesa）總裁波赫．普拉多（Borja Prado）曾經警告我，說我能在這個位子坐多久都掌握在他手上，因為他是「義大利人在西班牙的全權代理人」[16]；他打了通電話給我，要求我將他放入社論版的「人民之聲」（Vox Populi）裡。那是個每日人物介紹的版面，我們會在上頭刊登一張證件大小的照片，並在照片旁放上一個指上或指下的箭頭，同時對此人曾做的事加以批評或讚揚。我當時很難理解，為何一個資本雄厚且擁有數千名員工的跨國公司大老闆，會對報紙裡這一個小小版面如此看重。然而，一來解開這群自恃甚高之人深不可測的奧祕既非我的工作，二來滿足他這個要求也並不會為我造成什麼大麻煩，畢竟僅是一個兩公分大小的報紙版面，就算答應了也沒什麼大不了吧。印地紡（Inditex）集團及颯拉（Zara）的董事長巴布羅·伊斯拉（Pablo Isla），則是曾向我提出一個要求，「為維護家庭隱私」，是否可以請我們更謹慎地處理他兒子山狄（Santi）的相關新聞，因為他兒子曾有一組搖滾樂團，並很幽默地取名為「身無分文」（Sin Blanca）。這件事我倒覺得還可以接受，因為他兒子的新聞早已放在網路新聞首頁一整個早上，且根本無關緊要，不是什麼重要的新聞。其他有些公司的董事長，會在他們開股東大會的那幾天，僅僅只用一則簡訊通知，要求我們將當天董事會的會議結論刊登出來。我知道，我遲早必須要對付更多更過分的要求，面臨更多更嚴峻的拉鋸戰。

最嚴重的一次拉鋸戰，很快就來找我了。

◆

眾多上市公司的董事長之中，最有權有勢的是西薩·艾里耶達（César Alierta）。他將全西班牙規模最大公司之一的西班牙電信當成自己的私人莊園，利用它建立起一個集中多方權力與影響力的驚人架構。走在他們公司總部那些高尚的樓層走廊上，可看見辦公室門上都掛有海報，上頭寫著被他安插空降進去的各界大咖名人。其中包含：人民黨和社會勞工黨執政時的前各大部長們，例如莉妮妲·希梅內絲（Trinidad Jiménez）或艾都瓦·薩布拉納

16 義大利艾能（ENEL）集團自二〇〇九年起大動作收購恩德薩能源集團股權，目前為最大股東，占股逾七〇%。

（Eduardo Zaplana）；政壇領袖的親戚，例如副總理薩恩斯．桑塔瑪麗亞的丈夫伊凡．巴耶宏（Iván Rosa Vallejo）；以及與王室關係密切的人，例如王室前大總管費南多．亞曼沙（Fernando Almansa）。就連王室成員也受他攏絡，例如國王的姊夫伊納基．烏丹加林，當國內司法單位開始對他展開調查時，艾里耶達甚至還以相當豐厚的薪水將他轉調去華盛頓工作。

擁有這麼一長串VIP員工名單，不僅讓這位董事長與當權人士的人脈關係更加緊密，也向未來的潛在VIP員工候選人發出了一個信號：他們以後也有機會在這裡擁有一間專屬辦公室並坐領六位數高薪，表現好的話，達七位數亦非難事。此外，艾里耶達並組織了一個集結了大型企業家的協會，在二〇一一年正式成立，且取了相當無害的名稱，叫做「企業競爭力委員會」（Consejo Empresarial de Competitividad），是股握有大把實權的隱藏力量。它的發起人中，除了西班牙電信的董事長之外，還有桑坦德銀行當時的董事長艾米立歐．波汀（Emilio Botín）、凱克薩銀行裡的強人伊西鐸．法內（Isidro Fainé）、伊比德羅拉能源公司（Iberdrola）的董事長伊格納西．卡藍（Ignacio Sánchez Galán），以及西班牙對外銀行的董事長弗朗希斯科．龔薩雷茲。金錢的世界就像一個公社，他們之間的關係是由共同利益打造而成，他們彼此都是其他公司的股東，他們的敵人都是一樣的，所以可以毫無顧忌地把踢除敵人。

貝德羅．何達便指責，在他與總理拉荷義發生衝突後，把他從總編輯位置踢走的幕後黑手就是這些上市公司；那是一場由國內最有影響力的企業家，與政府及「樞機」聯合策劃的陰謀，目的就是做掉報社裡擁有絕對權力的總編輯，將他降格為不重要的角色。他們在米蘭談好了撤換《世界報》創始人的決議，而最後的致命一擊，是這些有錢的財閥們決定縮減廣告投資預算，導致我們公司財務狀況出現大缺口。若非必要，你絕不會想與各大上市公司的那些人為敵。而當時的我正打算著，將他們加到一份已經列得太長的避免往來對象名單中。

◆

「金錢大師」是我們財經版的特派專欄作家，他是「貴族們」當中的一員，但卻是少數不屬於國內新聞版的人，每週他都會寫一篇有關「錢的力量」的文章。每隔一陣子他就會來辦公室找我，要求我幫他升職，理由是他可以做我與「當權派」之間的連繫橋梁，幫我省點心力，如此我就不用再去做那些，他認為我不喜歡做的事。他也告訴我，手上握有一則敏感消息，是關於艾里耶達與羅德利哥．拉多之間有著微妙的商業往來關係。拉多可是西班牙前副總理，也曾任國際貨幣基金組織（ＩＭＦ）的董事，現已涉入數起貪汙案件。

這則敏感消息提到的是，這位西班牙電信的董事長持有柏林一間飯店的股份，司法單位懷疑是拉多利用他，來進行洗錢與資本外逃等不法行徑；一切都是透過由艾里耶達的外甥所管理的一間家族企業，在買下該飯店股份的過程中進行操作。我問「金錢大師」，艾里耶達在投資柏林這個案子時，是否已經知道拉多在打什麼算盤？

「我認為他不知道。」他回。「在艾里耶達是否能當選西班牙電信公司董事長的投票過程中，拉多是當中的決定性因素。他們本來就是朋友。最合理的狀況是他建議可以投資，而艾里耶達就相信了他。」

「金錢大師」離開我辦公室的一小時之後，我接到「樞機」的來電。他的聲音斷斷續續，並且語氣聽起來相當擔憂。他要我上樓去見他。

「艾里耶達的事……」他說。「這件事不行，不可以傳出去，這件事不能傳出去。」

我很訝異他竟對一個我從沒向他提過的事，了解的程度跟我一樣多。我猜是「金錢大師」搶先在我告訴「樞機」之前，已將這件事透露給他。我很不喜歡這種兩面手法，雖然這是我第一次發現有此情形，但日後持續有眾多跡象都顯示，「樞機」與我的某些記者之間，維持著平行關係，跳過我這個無視他施壓的總編輯存在，直接與撰文記者商量如何報導某些新聞。

「這件事非常嚴重，」他繼續說道，「我已經跟艾里耶達談過了，他要求我們不要登這則新聞。所有的交易都是合法的，他不懂為何有人要陷害他。」

「看起來似乎不是什麼都合法。」我說。「重點是，已涉入多起貪汙案的前副總理，與國內最有影響力的企業家是同一家飯店的股東，而司法單位認為這家飯店被他們利用來洗錢，這是件大事。我的想法是，要發布這件事。」

「樞機」失去冷靜地說：「你是還搞不清楚狀況嗎！若這家報社沒了，那可連新聞都沒得做了。我們就快要和他們簽訂贊助協議了。」

「你這是在告訴我，他們用這件事來威脅我們不簽約了嗎？」

「我是在告訴你，我們靠人情過日子。現實就是如此。我們不可以和幫助了我們的朋友對槓。這裡不是一間通訊社，你有很多責任要扛，你要對你的公司、你的同事以及出刊的報紙內容負責。」

接下來的幾天裡，「樞機」讓我承受了就任總編輯以來最沉重的壓力。「矽谷小子」也加入向我施壓的行列，告訴我財務狀況並不樂觀，我們遇到了大麻煩。

「我們無法允許，再有任何令人驚恐的事發生。」

出刊日期就快到了，我仍堅持己見沒有屈服。「金錢大師」與西班牙電信談過此事，也給了他們一個機會來反駁這篇文章寫的內容。艾里耶達與這件事的相關牽連，部分情節早已由《經濟學人報》（*El Economista*）提前曝光；我們現在要登的內容，並非控訴這位西班牙電信公司董事長做了任何不法之事，因此，會對他造成衝擊的可能性微乎其微。我之所以如此肯定，其實另有一個原因，就是大部分的媒體，後續絕對不敢再轉載我們這則新聞。

「樞機」下樓進到了我的辦公室，改用父親般的慈祥口吻，試圖最後一次阻止我登出這則新聞。他在我辦公室裡走來走去，想方設法說服我，當時我辦公室的門正微微半開著。

「想想他們，」他透過門縫指著編輯總部的同仁說著，「有些決定是會讓人丟掉飯碗的。」

那是個沒有格調的重擊。「樞機」把我做的決定與同事們的未來牽扯在一起，想用情感勒索逼我就範，因為他知道這可能會奏效。若我選擇刊登這則新聞，不顧我的記者們可能會因此嘗到苦果，那不是很自私嗎？但是若我選擇不刊，也就是不願意捍衛新聞的完整性，這也等於背叛了他們，不是嗎？是否有方法能做到兩全其美，讓我能信守對編輯總部及讀者們的承諾，又不危及報社財務狀況呢？「樞機」留下所有問題懸而未決，便逕自離開。有那麼一瞬間，我好懷念從前只是基層記者時的自由自在，當年的我最擔心的事，是能否拿到進入某個即將瓦解的國家的入境簽證，而不是挽救我的編輯們的飯碗，讓他們能有收入繼續付房貸。我不可以把我正在承受的這些壓力，丟出去給任何人。總編輯是一道牆，應該要將權力以及針對權力撰文的人劃分清楚界線。若這道牆裂了，本應是我一個人該承受的壓力轉而壓迫到別人身上，導致他們身陷劣勢，那也等於是向我的記者們傳遞了一個訊息，就是：不該把會引起麻煩的新聞帶回來給我。

我大可不登艾里耶達這則新聞，並以這麼做對報社、同仁們的工作、公司財務都比較好的漂亮說詞，來證明這個決定是正確的。然而依我之見，這也可能會讓我們遭受無法吞忍的屈辱。艾里耶達過去就有撤銷廣告或贊助的前例，以此讓人相信他是玩真的。十多年前，《世界報》揭露了當時已是西班牙電信董事長的他，在從前擔任塔巴卡勒拉菸草公司（Tabacalera）高層主管時，曾與他的外甥路易．布拉瑟（Luis Plácer）利用特權取得內線消息，提前購入該公司的股票——因為當時該公司併購了美國哈瓦坦帕公司（Havatampa），股價將被重新估價，且菸草價格也即將水漲船高。儘管司法判決證明了該消息屬實，但艾里耶達卻因犯罪時效已過而被無罪釋放，至於我們《世界報》反倒為此新聞付出了代價，廣告紛紛被撤，造成財務上出現龐大缺口。不過，那件事是發生在過去公司財務狀況還算很好的時候，分類廣告版的進帳足以支付大半員工的薪水（即便那些大部分是色情廣告，照片及圖文都有），報社賺了不少錢。如果那時的我們願意出賣自己，至少可以說得上是賣了一個體面的好價格；然而，現在我們連付員工薪水都有困難，廣告部門更是頻頻嘆息，因為又來了一則治療陽痿的廣告，像是提醒著我們，為數不多的僅存讀者們都是些無能的中年人。失去了一個如西班牙電信這樣等級的廣告投資者，就足以讓人對報社是否有辦法繼續生存下去產生質疑。但我其實並不確定這威脅是否仍為現在進行式，因為艾里耶達都直接找「樞機」溝通，而他們公司的傳媒總監瑪莉莎・拿瓦茲（Marisa Navas）打電話給我回應這則新聞時，從未跟我提及任何廣告投資預算或「協議條款」的事。

新聞出刊前三天，我接到「樞機」的最後通牒電話。

「他們告訴我，你還是要刊登那則新聞。」

看來他並不知道，因為週日的實體報紙已改為新版，財經副刊在週四便已截稿並送去印刷了。

我話才說完，他就慌亂地說了再見並馬上掛斷電話。幾分鐘之後，他又打了一通電話過來。

「還可以改，」他說，「還來得及。」

「我剛跟你說了，我們已經截稿，報紙也正在印了。」

「剛才我打電話和印刷廠談過了，我已經下令請他們停機。」

「你說你做了什麼？」

「你先別生氣，艾里耶達請我們幫個忙，就一個忙。他已知新聞快要登出來了，但他希望我們不要提及他的外甥。你看過標題寫了什麼嗎？那對他並不公平。」

當時那篇文章就在我桌上：「艾里耶達與拉多皆為柏林洗錢飯店股東」。我認為這標題下得很正確，因為足以暗示西班牙電信的董事長知道他當時參與的是筆非法生意，而且我們並無提出任何證據來證明那是事實。「樞機」告訴我，他已經跟「金錢大師」談過了，他已同意我們可以重審他寫的文章內容。

「你背著我跟我的記者談好了？」

「艾里耶達只是請我們幫個無關緊要的小忙。」他說。「他沒有孩子，外甥就是他的一切。他已喪妻，沒有別人可倚靠了。就只是去掉一個名字，僅此而已。」

我沒有權限指揮印刷廠，因為他們是為整個集團做事且直屬「樞機」所管。我告訴他，我會打電話詢問「金錢大師」，有關文章標題及拿掉他外甥名字的事。

「如果他認為，那對新聞沒有什麼大影響，我們才會刪掉。反之，照舊不改。」

「金錢大師」同意他沒有掌握好標題的分寸，但他也說艾里耶達的外甥是這件事的關鍵人物，因為買下飯店股權的那間公司是由他管。之後我就打電話告訴「樞機」，我不能同意艾里耶達的要求，而且⋯⋯

「日後沒有我的允許，你不可以再任意中止印刷。永遠都別忘了，你不是總編輯。」

我們照原定計畫完整登出了艾里耶達的新聞，接下來的幾天也持續發布追蹤報導，並在網路平台上公布了一則相關司法調查的新聞，內容提及羅德利哥・拉多收到的幾筆不定期款項，臆測是自西班牙電信與拉札德投資銀行（Lazard）所匯出。我與「樞機」的衝突，因為這些報導曝光而持續不斷。其他報社同行友人警告我，今後我必須得隨時保持警戒，小心背後被補上一刀。因為我不僅刊登了上市公司其中一位「絕不能碰的人」的負面報導，讓「樞機」在那些權力核心人士前失去威信，而且還違反了操控著經濟、政治及媒體三者利害關係的「協議條款」，破壞了牽一髮動全身的權力脈絡。若有一個被大多數菁英階層人士認同的政府陷入了困境，並在選舉聲望低落的脆弱時刻向你求援，依據「協議條款」的不成文規定，你就是必須要幫忙。若國內最有權勢的企業家，要求你將他外甥的名字從一篇文章中刪除，而他的公司又是你最大的廣告投資商之一，依據「協議條款」的不成文規定，你就是必須要答應。若你公司高貴的高層長官下令停止印刷，並叫你別干涉，那麼依據「協議條款」的不成文規定，你就必須照做，除非你已不在乎自己的前途是好是壞。

大家看看過去十年間的新聞，可以輕易得出一個結論：我們活在一個體制很容易被任意嘲弄的國家，那些銀行家、房地產掠食者及政客們，為了自身利益肆意亂搞，只會丟下巨額爛帳給別人處理。然而，大家看到的故事永遠都僅是當中的片段，因為很多記者總會在故事情節裡，選擇性遺漏或不提真正的關鍵人物。會有這種疏失的原因很顯而易見，說白話一點：因為有人坐在我們的頭上操控著我們。

新聞業正面迎擊權力方時，遭遇挫敗、敗下陣來的情形並不常見，只在有人勾結或故意縱容，或偶有媒體間的重要盟友直接涉入扯後腿時才會發生。國內三大媒體集團：普利沙集團、聯合出版集團（Unidad Editorial）、沃森多傳媒集團（Vocento）都面臨了非常嚴峻的財務困難，比往年更加依賴政府一時興起分配給他們的推廣廣告，以及政府核發的廣播電台和數位電視台許可執照（最後一批許可據說將在選舉前核可），也都殷殷期盼著與國內各大公司簽署「協議條款」。與過去數十年的情況相較，這些「當權派」從未曾感到如此脆弱，因此他們便在媒體高層中找了必要的盟友以保護自己。財務報表、新聞獨立性，或新聞品牌形象受損，像「樞機」這等身分地位的人真的會在乎嗎？他的地位取決於具影響力者所建構的網絡。當他受威脅時，這個網絡內的人會出手救他；西薩·艾里耶達就像是他的將軍，能給失業的前部長們工作做，也能拯救深陷財務危機的報社，並除掉不願配合的總編輯。忽然間，我陷入了脆弱的處境。「樞機」無法容忍不服從他指示的總編輯，因為這種反叛的舉動會讓他被怪罪，被眾人無視甚至唾棄，會貶低他在有權勢者眼中的價值，危害到他的生存。如果他連讓總編輯把文章中的一個名字刪除都做不到，那他對有權勢者來說還能有什麼用處？怎會連一個如此簡單的忙都幫不上？若他無法遵守「協議條款」的規矩，那還要他幹什麼？

這整個利益糾葛的系統，互相配合得很完美，靠著當中各個大小零件守好自己的崗位、做好自己的事才能運轉。經濟掌權者守護著政治掌權者，政治掌權者也守護著經濟掌權者。而媒體界也是守護著經濟掌權者的一員。從第一次到「樞機」辦公室跟他開會起，他就不斷試圖向我解釋這一切是如何運作的。他說：「你很快就會了解，在現實世界裡，事情並不如想像的那麼容易。」意圖告訴我別有不切實際的幻想，不可能光霸占著總編輯室，卻不碰有權勢者要你做的骯髒事。對「樞機」來說，走到這一步，也就是我必須做出最後決定的時候了：如果願意融入這「利益交換大作戰」行列的話，他還可以當我的老師指導我；不然我就等著被踢出這場局。

第九章　黑手黨

即便是如《世界報》這樣善於出征的報社，也無法完全擺脫「協議條款」的束縛，這種拿新聞跟人情利益交換的微妙市場機制，儼然使媒體變成迷上毒品無法抽身的癮君子。這種做法其實已行之有年，是企業家們和媒體高層們在脫離國家轉型民主過渡時期的控管後，所設置的一種檯面下體制。

媒體界的主要成員可由「媒體三大男高音」作為代表，分別是《國家報》的胡安・路毅・塞伯利安、《十六日報》（*Diario 16*）與《世界報》的貝德羅・何達、以及《ＡＢＣ日報》與《道理日報》的路易・馬利・安森（Luis María Anson），他們三人都曾是非常優秀的記者，但卻在權力的世界裡迷失了自我。他們與「當權派」維持著不倫不類的親密關係，部分原因是他們也渴望成為有權勢者的一分子，因而自然而然地，就將新聞工作與政治陰謀兩者混雜在一起亂搞。他們不僅報導新聞，還致力於製造新聞。他們不批評部長了，但卻有辦法讓他們下台或高升。他們不滿足於只能編輯新聞，而是把新聞當作權力鬥爭戰場上的武器加以利用，自以為是地扮演著檢察官、法官甚至是劊子手的角色判人生死。他們每一位各用自己方式展現能耐，偶爾可以是「地下新聞部長」，也可以是司機，當然也有管道能拿到知名時尚餐廳的訂位。

何達是三人當中最具新聞人精神且最敢衝的，而塞伯利安則是最有心機也最唯利是圖的人。至於安森，是立場最鮮明且最有貴族派頭的人，他是《道理日報》創辦人，也是《ＡＢＣ日報》的前總編輯，並且在這兩間報社辦公大樓的二樓裡，曾經擁有一間無人能及、史上最大的總編輯室。這間辦公室有一個私人出入口，讓他可以在不被任何人看見的情況下進出，而且他在大門口還裝有一個信號燈，用來讓人知道他是否有空。如果是紅燈，表示他不接電話或也不見訪客，黃燈時表示他只接電話，綠燈則表示他可以接電話也可見訪客。嚴重扭曲媒體與金錢之間關係的「協議條款」文化，就是出自在那些辦公室中的策畫磋商，無論這些辦公室的規模有多大，都不足以容納「媒體三大男高音」的自負。

具實力的好總編們一個個殞落之後，位子由新一批的模仿者接替，他們沒有前人的影響力、才華或回擊能力，卻傳承了過去的某些微妙作為，繼承了各家報社編輯總部裡所謂的「勒索新聞學」，一種好似參考取材了黑手黨作業規範手冊後，自成一格的另類版「協議條款」。新型態的數位報刊靠著這種模式運作，向企業和公家機構提出一些他們無法拒絕的贊助方案，要麼就支付一定額度的廣告費，要麼就等著承受新聞露出後的衝擊，即便有時這些新聞還是捏造的。我第一次得知有這種「勒索新聞學」的存在，是從某家大型銀行的兩位經理人口中聽到，他們很苦惱地向我抱怨，這些形同賄賂的廣告費非付不可。我建議他們檢舉這些事情，把證據提供給我，讓我們在報紙上揭露，這時他們反而很驚訝地看著我，其中一位說：「但是每個人都會乖乖付。」

「每個人？」

「你想想，對於一家大公司而言，這並不是什麼多大的錢，因為只是幾千歐元。但是若不這麼做，如果謠言傷害到公司或總裁的形象，後果可能會非常嚴重。」

其中最不要臉的就是一群所謂的「機密情報員」，某些報社幾乎沒有任何新聞資源，它們就這樣依靠敲詐勒索，以及業界傳統派人士的默許為生，因為它們會用大量的篇幅發表新聞界的流言蜚語。老闆們都怕他們。

有天，來了一則消息指出《PR新聞網》（PR *Noticias*）的老闆被確定判刑，罪名是他威脅西班牙護理總委員會的新聞處主任伊利貢．拉佩德拉（Íñigo Lapetra Muñoz），說要公布一份能毀掉他職業生涯的檔案，藉此向他索賄三十萬歐元。我要求「即時快訊」部門刊登這則新聞，兩分鐘後祕書們跟我說，《PR新聞網》的老闆佩德羅．貝雷茲（Pedro Aparicio Pérez）打電話來找我。

「我不在。」我說。

貝雷茲開始在電話的另一端發狂似地大吼大叫，飆出各種辱罵，還威脅「要在十五天內把我帶領的這個破報社搞垮」。我想從這天起，他應該會想辦法對我「特別關切」，但他想幹麼我並不怎麼在乎。有誰會認真看待沒有任何消息來源或證據的新聞？而且又是像小學課文般，簡單地以直述法寫出的文章？但令我驚訝的是，公司整個管理高層非常介意此事。

「樞機」派了「祕書男」來說服我，要我撤下貝雷茲被判刑的新聞。這位「米蘭大使」的得力助手是一個外型粗獷、野心與才華並不相稱的傢伙，幾年前，他因為運氣好而躲過一次公司的大規模解僱風波。豪赫．費南德茲（Jorge Fernández）是我們報社主寫歷史的專家之一，他與費南多．梅塔（Fernando Beata）在報社的黃金時期，一起如同掌舵人般帶領著大家乘風破浪前進，後來卻因故被降格為編輯總部的協辦，為此他離開了公司。「祕書男」同意接替他的工作，得以繼續窩在報社總部一個被世人遺忘的角落裡，享受著舒適悠閒的好時光，負責管控各項開支，完全不需理會截稿壓力。他的命運，就在「樞機」發掘了他有著其他人沒有的才能後，有了很大轉變。他成了公司裡最骯髒工作的執行者，無論是傳達裁員、減薪、恐嚇越線者，還是向「機密情報員」洩漏謠言破壞名譽——尤其是破壞內部人員的聲譽。他的眾多職責之一包括保護好他老闆的形象，任何批評他老闆的言論都讓他極度難受，然後他會下樓來到我辦公室，表現得像個自己的午後點心在學校操場裡被偷了的孩子一般，沮喪又生氣，只因為看到批評老闆作風的負面消息。

「就兩分鐘，你聽他說幾句話，就這樣而已。」「祕書男」向我這麼說，希望我至少和貝雷茲通個電話。「如果你不這麼做，他可是會把公司的醜事都掀出來。這是樓上高層傳達出的個人請求。」

「祕書男」拜託我幫幫他這個大忙，不只為了他的老闆，也為了他自己，因為他的地位取決於，是否有足夠能力幫「樞機」排除掉下了指導棋之後的麻煩事。這份工作讓他成了報社裡最討人厭的主管，但作為回報，在每一波裁員之後，他都能獲得如裝飾般的浮誇新職稱，以及越來越豪華的公司公務車。

「可以的話，說真的這件事我也很想幫你。」我告訴「祕書男」，「但我不能幫你，我並不想知道任何有關『機密情報員』的事」。

不久後，貝雷茲馬上就在他的數位媒體平台上，狠狠地修理了「樞機」一頓。

「還真謝謝你。」「米蘭大使」諷刺地打下這幾個字發給我。

我的回應則是，轉貼給他一大堆與我相關的假新聞，並附註一句話：「為了對得起我領的薪水。」

◆

國內新聞業界過著雙面人的人生。一面向大眾宣揚，我們在民主社會中的角色很重要而且是必需的，因為能調查並揭露政客的胡作非為、濫用特權和貪腐手段，進而以此不斷頒獎給自己。（世上究竟有哪種行業那麼努力地表揚自己？）另一方面，我們卻和那些政客幹一樣的事，抵制任何意圖控制我們工作的外力，無視我們自己制定的新聞道德規範，自在地融入我們當初承諾要監督的體制。轉型民主過渡時期的政府繼承者，把國家變成了一個龐大的親友就業轉介機構，使得各機關日漸敗壞，本應捍衛國家法治的政黨卻反過來利用它奪權，媒體也選擇向不正當的勢力靠攏。過去幾十年來，我們一直禮遇王室，給他們新聞豁免權，對他們阿諛奉承，如同向王室裡道德感較薄弱的成員發出一個訊號：他們永遠不會被審查。媒體與銀行及房地產掠食者勾結在一起，不舉報後者的胡作非為，因為他們的廣告費養肥了我們的損益表。不需金主鼓吹推銷，我們也不抵抗，就這樣全盤接受了「協議條款」。接著，媒體也選擇與政黨和政府站同一陣線，以此換取公家機關的資金挹注、電視台牌照或其他好處。新聞媒體利用了誰都奪不走的意識形態做為掩護，只忠於對自己有利的真理，在媒體鬥爭和自負者之間的內鬥中，浪費掉最美好的黃金時光，至於對自己不光彩的事，更都選擇保持沉默。

這些荒唐事，我們更不能拿有經濟困難來當作藉口，因為一切都在過去景氣相當好的時候便開始發酵，新聞界當時過得相當富足，快遞服務每到聖誕節就近乎癱瘓，因為企業禮品向編輯總部蜂擁而至。主編們的桌子旁與「核心團隊」的辦公室裡，堆滿了火腿、酒禮盒、蒙特（Montecristo）高檔古巴雪茄、英式剪裁百貨公司的禮品卡，和包含魚子醬在內的聖誕節特製豐盛禮品籃。在這行的眾多傳奇軼事中，國內的大牌記者拉蒙．羅博（Ramón Lobo）就曾講過一個經典故事，說有家大銀行在宣布年度業績財報的新聞發布會上，贈送給每位與會者各一台電視機。每人都發到之後還剩了一台，於是有位同業詢問可不可以把剩下的那台也帶走。

最後，這位同業就帶著兩台電視機離開了。

贈送高檔餐廳的免費餐點，無限期借用轎車，以及一般老百姓難以想像的低利信貸，都已是當時的常態。大眾銀行（Banco Popular）的一位前顧問曾告訴我，為確保記者寫出的是友好報導，該公司的政策是提供低於市場行情、「讓財經記者滿意」的超低利房貸。這家銀行數十年來，一直保有國內管理最佳銀行的好形象，但最終還是破產了。這樣的生態，讓老闆們總能拿走最高檔的分贓物，不過，基層人員也能撿些好處。

「坦尚尼亞贊助旅遊！」有人喊道，「誰要去？」

「麗思（Ritz）飯店免費大餐！」

「手錶品牌新聞發布會：可能有贈品！」

有一段時間，報社不得不提醒編輯們，儘管他們回來後在旅遊局的授意下寫了旅遊紀實報導，但那種行程仍屬於個人假期，不能算是出差。這種吃到飽玩到爽的情形，其實已隨著經濟危機爆發而結束了，但對於業界裡的貴族階級人士們來說，派對仍持續著。在具有悠久新聞自由傳統的國家裡，這些情形是絕不可能被普世接受的，但在西班牙卻仍舊照常發生著。一向給人形象嚴謹的記者暨新聞主播馬帝亞斯・普拉斯（Matías Prats），連續多年擔任一家大銀行的保險廣告代言人，但卻沒人對這事感到不對勁或怪異。廣播電台名人卡洛斯・艾瑞朗（Carlos Herrera）和國內許多知名記者，一同搭乘跨國企業伊比德羅拉能源公司的包機出遊，到波蘭去欣賞歐洲杯足球賽。而他們其中大多數人，也再次完全一毛都不必花地，被請去巴西看世界杯足球賽。《國家報》、《世界報》和《ABC日報》的主管們也完全不避嫌地，進到皇家馬德里足球隊的聖地牙哥・伯納屋球場（Santiago Bernabéu）包廂裡，享受菁英分子的權力和金錢殷勤招待，在裡頭與皇馬主席弗洛倫蒂諾・佩雷斯（Florentino Pérez）分享著機密資訊與香檳——隔天報紙若有人膽敢寫了批評球隊的新聞，這位皇馬主席可是會讓該記者就此消失。身為記者，我們深知自己職業的特殊性，相信自己也屬於特權階級的一分子，獲得特殊對待也是理所當然。以致有位曾在《世界報》工作過，堪稱我國最著名的女記者之一，就打了電話給馬德里自治區政府，要求他們派消防員到她家，因為她把鑰匙忘在屋裡了。當他們建議這位女記者找鎖匠時，她像個完全與現實脫節的人般感到訝異，回說：「那會花掉我一大筆錢。」

這些所有的特權與好處，在我離開西班牙前就已經存在了，但在我擔任駐外記者期間，狀況變得越來越失控。各新聞通訊社、足球俱樂部、政黨和大型公司如西班牙電信之流，支付給記者「額外津貼」一事已成慣例。西薩・艾里耶達擔任西班牙電信董事長期間，該公司提供給國內知名大咖記者的「額外津貼」名額，甚至曾多達八十位。可信度相當高的匿名爆料平台「揭露它」（Filtrala）公布過一個捐贈和贊助資訊資料庫，當中顯示了大型連鎖百貨公司英式剪裁百貨就曾向知名記者費南多・歐內加（Fernando Ónega）、伊莎貝・杜蘭（Isabel Durán），和《ABC日報》社論版主管海曼・岡薩雷茲（Jaime González）等人，以此名義支付相關工作及諮詢費。他們灑錢的範圍極廣，就連本應保護此行從業人員遠離利誘的媒體協會，也有多達半打的相關協會都收了他們的錢。原本作風相當一絲不苟的傳統新聞社，紛紛創立了「隨選服務」，將新聞報導的收費合理化：只需支付一小筆費用，無論是企業家、公司行號或機構，都保證能得到相關活動的新聞報導露出。即便是充滿異國浪漫情調的國際新聞報導也未能倖免：媒體人前往新聞聚焦點的差旅花費，變成都由各非政府組織、政府、世界銀行或某些連鎖酒店來買單。原本應該將推銷話術與真實資訊、公版新聞稿與真實新聞、廣告與真實報導明確阻隔開來的那道牆，已瓦解坍塌。在西班牙不可能收買記者，但正如一句批評貪腐作為的阿富汗諺語所言：租用倒是可以談談。

◈

新聞業的道德淪喪危機，無可避免地伴隨著新聞品質的下降。在預算越來越緊縮的情況下，媒體們找到了花費低成本便能致勝的一種方案來吸引觀眾：他們只需要找來一批願意在辯論舞台上相互侮辱對方的記者，再按照政客和大老闆們談好的配額方式安排出席人士，便可做出收視率很高、卻無任何實質意義內容的節目。《世界報》也為這些作秀鬧劇貢獻了一些人物，當初他們大多都因公司下令肅清和裁員而離開了報社。例如阿豐索．羅赫（Alfonso Rojo），當我赴任成為駐外記者時，他早已是國內的明星記者兼副總編輯（更是唯一一位在自己寫的專欄上放大自己簽名字跡的記者），後來卻自甘淪為「機密情報員」，並且在此類談話節目中擔任主要挑釁者的角色，被視為是政府配額的打手之一。他的表演從不讓人失望：有次甚至被趕出第六台的錄影現場，因為他對著即將就任的準巴塞隆納市長阿妲．克勞（Ada Colau）說：「對正在挨餓的我們國家來說，你太胖了。」此外還有艾多瓦．印達（Eduardo Inda），二十年前我曾與他在地方版合作，報導了我的第一則地方新聞；他與「水門伍德華」進行過一段時間的聯合調查，後來他創辦了一份老走虛張聲勢路線的報紙，並在廣播電台和電視台與「我們可以黨的支持者」（podemitas）激烈論戰。以及曾為我們體育版知名評論記者之一的湯瑪士．羅斯洛（Tomás Roncero），現在則常在電視節目中領銜主演「足球流氓」的角色，不但在直播賽中因皇家馬德里隊贏球而落淚，也很會用戲劇性發言拉抬收視率，簡直將節目變成了肥皂劇在演。這也許是我們這行走下坡時最悲哀的一面：優秀的記者們，遺忘了自己是什麼樣的人。在不穩定的時代與一波波的裁員浪潮中，小心翼翼的記者，藉著迎合潮流得以生存下來；從前公正又有智慧的社論家，紛紛將自己出賣給某些政治陣營；連有聲望的專業人士，也因高薪接受了不相稱的屈辱工作，大家任由自己「變得跟米娜（Milá）一樣」——米娜是一位國內八〇、九〇年代的知名女記者，後來成了《老大哥》真人實境秀的主持人，因為她說「她需要繳房貸」。

現在記者的工作變成被期待能娛樂大眾，而非報導新聞。在此時代背景下，最厲害的非帕可・馬倫達（Paco Marhuenda）莫屬，無論是參與度還是出席費上都無人能及，像是墨西哥人口中的「政治走狗」般被封為大咖名嘴。這位人民黨的前政治家掌管著《道理日報》，曾刊登了一些在西班牙的新新聞主義[17]史上堪稱傳奇的頭版封面故事。其中一篇是揭露了幾份假設性選舉的民調結果，而當選人竟是前佛朗哥獨裁時期的部長曼紐・弗拉加（Manuel Fraga）——他當時早已去世五年了。

馬倫達以前是個緊跟在「媒體三大男高音」塞伯利安、何達和安森後面的醜小鴨，儘管他試圖要模仿他們，但怎麼學都學不了他們三位的人格魅力及思考能力。因此，他改以向政府提供無條件式的奉獻作為交換籌碼，這麼做進而為他打開了方便大門，甚至讓他在西班牙站上一定的重要地位。讓我們在伊莎貝爾・潘朵哈事件中挫敗的深喉嚨，同時也是「國家下水溝」工頭的內政部長豪爾赫・斐南迪，便曾將馬倫達任命為國家警察署的榮譽警察局長。在中央政府的蒙克洛亞宮（Palacio de La Moncloa）裡，總理拉荷義也張開雙臂接待他。上市公司更是紛紛贊助他的活動，在「協議條款」中給他方便、處處禮讓。馬倫達平均每週參加八個政論節目，我對此感到非常驚訝，因為我只能去兩個，而且還很擔心已占用太多我該在報社辦公的時間。即便他曾被爆料：有個錄音檔裡頭的他自我吹噓著，如何濫用他的日報向政治家施壓等言論：「我們已經捏造了一個非常棒的東西要讓她難看。」話中的「她」意指馬德里自治區主席克利絲汀娜・希方德（Cristina Cifuentes）。馬倫達這位承襲了「地下新聞部長」血脈的最後一位追隨者，從不曾失去他在政論節目裡的地位。

「我篤信新聞要有意識形態。」在卡洛斯・阿席納（Carlos Alsina）的零微波廣播電台節目中場廣告休息時，他曾跟我說了這句話。

聽到這句話時，我心想著也許「樞機」犯了一個錯：馬倫達才是他需要的人。一個在政治和新聞上都不具任何天賦的人，但卻能將這兩種專長融會貫通發揮到淋漓盡致，甚至能同時變

17 新新聞主義（Nuevo Periodismo，New Journalism），被認為是二十世紀實務新聞學最激進的一種報導理論與形式，其發展高峰出現在六〇年代。最顯著的特點是將文學寫作的手法應用於新聞報導，重視對話、場景和心理描寫，不遺餘力地刻畫細節。

身為當權者的最愛和電視馬戲團的大明星。他被丟到必須娛樂眾人的新聞競技場上，與左派裡已學會吞劍表演的人展開對決，不過左派裡會吞劍的人可是多如牛毛，這種秀歷久不衰，怎麼演都演不完。這位了不得的榮譽警察局長，可真是這時代所需的總編輯典範。

◈

我們這些「正經派人士」，自詡為尊貴不俗的媒體，並沒有資格批評那些政治表演，也不夠格對那些已融入其中者嗤之以鼻。我們的網站新聞陷入一場爭奪讀者目光的戰役中，急迫欲尋回因實體報業蕭條而消失的進帳，為此我們將很多東西混雜在一起：高知識性的政治分析文、特派記者從遠方傳回的專題報導、揭露名人親密關係的八卦新聞，和相當大量的「性感新聞」——寫這類性感新聞的準則之一，是要在標題加上名人名字以及與「性」相關的字眼，如此就能保證獲取高點閱率和人氣。《世界報》也無法免俗地陷入了那種新聞模式，以致刊登了一些不堪的故事，諸如〈蘿拉．普西妮（Laura Pausini）和其他不小心露出的「小小寶貝們」〉，搭配一系列女明星「因太大意而被看到私密部位」的走光照。這篇文章是在我到職之前發表的，當時引發了不少抗議，而老闆們竟一致認為，唯一的問題是文章語氣太過大男人主義，所以他們決定刊登另一系列〈不喜歡凸顯下面那一包的男明星〉作為彌補。

前面的兩篇報導，是被刊登在我們報紙的八卦副刊「名流另類報導」上，我從它創刊以來就不斷批評它，但現在我與它維持著很複雜的關係。我可以理解它的誕生有其策略考量，因為在全歐洲新聞閱讀率最低的這個國家裡，銷量最好的都是刊登花邊新聞的雜誌，而電視收視率最高的也都是些暴露名人親密關係的節目，如此一來，為何不在我們的新聞作品中，也加入讀者想看的東西？我並不反對八卦報刊，新聞內容也不是非得全部充斥著戲劇化的事件、政治與記者的大膽戰績不可。若是在牙醫診所裡，我也認為看八卦雜誌《Hola》會比看《經濟學人》更能讓我放鬆。但令我難以接受的是，在一個智慧結晶的項目裡同時混雜反差很大的報導，例如：政府被爆出新的貪汙醜聞、鬥牛士外遇的獨家報導、希臘勒博斯島（Lesbos）難民危機的圖文報導、流行歌手在馬貝拉（Marbella）被偷拍上空照、青年失業的最新數據，以及女性名流的私密處走光照，這些通通被丟在一起刊登。

「名流另類報導」的記者從創刊起，就承受了我對此副刊的偏見。其主編「閒話一哥」在我到職的第一天，曾以幾句「這不就是新來的總編嗎！是新來的總編！」在大門口替我釐清警衛的誤會，解救我得以順利進門，然而他現在正盡可能地忍住滿腔怒火，只因我堅持記者要有廉恥心。因為上任後不久，我馬上就把「名流另類報導」的內容埋到我們網站的最底端，想要降低它的鋒芒，即便有人並不認同這麼做。他們認為，要不你就直接終結這個副刊——但以我們現在的情況來說並不可行，因為它的確非常受歡迎；要不你就讓記者做他們該做的事，畢竟他們可是全國花邊新聞報刊中最優秀的一群。

每星期六，非常準時地，我都會接到憤慨的政客、歌手、企業家或運動員打來的電話，因為他們一覺醒來，竟看到他們的風流韻事、衝突幹架、財務糾紛、出軌不忠，以及在公共場合失態等事件登上了新聞版面。我對自己設下了標準：在一定範圍內容許我們的新聞內容有比較輕浮膚淺的一面存在，並會顧及明確要求尊重其個人隱私者的請求；這套規則自我決定採行以來，從無例外。我阻止了副刊登出人民黨前國會議員兼企業家的曼紐．皮薩羅（Manuel Pizarro）的緋聞，但那並非因我們住在同一棟公寓大樓而有的特例，因為我也阻止了我們可以黨的黨主席共同創立人卡洛琳那．貝斯坎薩（Carolina Bescansa）的新聞曝光。這位女議員曾抱著她剛出生的小寶寶出席國會，據她的說法是想藉此控訴，女性在維持家庭和工作平衡上的難處。我並不認識貝斯坎薩，而在我看來那比較像是一場對大眾展示的作秀，因為國會裡有非常好的日托服務。但當她打電話要求我尊重她的隱私時，我接受了，儘管這個要求與她的行徑已自相矛盾。刪掉「名流另類報導」的其中一則報導，並不會讓我良心不安或後悔：因為就算不知道我國第一位國會嬰兒的父親是誰，讀者們還是能活得好好的。我比較擔心的是，要扭轉傳統新聞業界的墮落為時已晚，大家早陷入只報平庸和瑣碎小事的地獄，因為在報社編輯總部裡，已經開始聽到那句導致電視內容充斥貧乏知識的話：「我們給大眾他們想要的。」

作秀式與勒索式新聞，「額外津貼」的賄賂，記者的兜售自我，收受機構提供的俸祿或屈服於傳統新聞業界強權，受制於「協議條款」束縛，又僅求滿足讀者要求不高的閱聽喜好，以上種種作為，導致我們這行的高度到達了國家施行民主法治以來的最低點。然而，在參與任何報紙、電視新聞或廣播節目的會議時，根本沒人敢這麼說。新聞從業人員本應如紅磨坊女郎般活躍，但卻行止過度謹慎，受制於威脅利誘什麼都不敢報，已讓這行越來越衰敗；而大家私底下發生的事，也都幾乎不會被傳出記者圈。儘管這行最基本的能力就是講故事，現在反而用來守護自己不能說的祕密。身為記者的我們喜歡報導有內容的好故事，但絕不會是我們自己的故事。

第十章　絕地救援

我的公眾存在感越來越強，政治界人士對我開始越來越熟悉了，但還是有少數的例外。先前我去參加了第九屆的帕基洛（Paquiro）頒獎典禮，那是一個由我們報社主辦，頒發給年度傑出鬥牛士的獎。我很守規矩地融入賓客接待團，團員裡還有「樞機」和新聞界「媒體三大男高音」之一的安森，此時馬德里前市長安娜・波特雅（Ana Botella）抵達了會場。她開始向在場的人一一打招呼，直到走到我面前時說：「恭喜您！我是您的鬥牛迷。」

我還真的不知道該回些什麼，因為我這輩子只有一次，受到家鄉在科多巴的前女友邀請，作為觀眾進到鬥牛場。波特雅把我和米格・安海・佩瑞拉（Miguel Ángel Perera）搞混了，他才是我們要致敬的鬥牛士。這位前總理阿茲納的妻子，直到獲獎者上台領獎時才發現她搞錯人了，獲獎者比我年輕二十歲，也比我輕十公斤。然後她臉紅地像個孩子般望向我這裡，接著走過來致歉：「真丟臉！真丟臉！」

「別擔心，」我說，「我曾被誤認為是更糟糕的存在。」

那天晚上的晚宴，將我以為已不復存在的西班牙社交圈都聚集在一起。現場混雜了一群退休的鬥牛士、做過醫美拉皮的貴族、過氣的歌星、畜牧業大地主和上流社會的代表人物，他們大多數人從頭頂到鬢角都上滿了髮膠。我開始懷念我從前的記者社交生活，但種種跡象都顯示，宴會才剛剛開始而已。

◈

大選將近，「樞機」計畫籌辦一系列以「必要西班牙」（La España Necesaria）為主題的論壇，意圖讓四位主要參選人在我們報社的活動中發表他們的政見。我們已經確認了反對黨的三位領袖：佩德羅．桑傑士、艾伯特．里維拉和巴布羅．伊格禮夏斯都會參與。就差總理拉荷義，我猜他還沒忘記我們之前邀請他出席活動時，送給他的歡迎大禮（獨家新聞頭版）：「巴塞納斯指控人民黨所有黨主席皆涉祕密黑帳」。

然而對我們有利的是，政治家在競選時期的記憶力都會變得不太好，也沒時間去怨恨。那次失敗的聚面會之後，換成拉荷義邀請我到中央政府所在地的蒙克洛亞宮進行私人會議。那時的他很平易近人，一相處就讓人感到很自在。不過在我採訪其他世界的領導人時，如達賴喇嘛（Dalai Lama）、柯拉蓉．艾奎諾（Corazón Aquino）[18]或翁山蘇姬（Aung San Suu Kyi）等人，我都會感覺到，在我與他們見面的空間裡，滿滿都是受訪者散發出的強大氣場。而與拉荷義開會時，他接連不斷地闡述國會倡議、對赤字的處理辦法，以及待追平的數目等，但他在辦公室裡的存在感反而變得越來越小，說出口的內容絲毫沒有辦法串聯成任何具啟發性的想法，完全沒有任何一句話，會讓人聽了想讚嘆地說：「真希望是我想到的。」

曾有幾個片刻，我還必須非常用力地提醒自己，我是在和總理在說話，而非產權登記專員（那是他從政前的職業）。然而，拉荷義的衣櫃裡卻堆滿了政客、企業家和記者的屍體，這些受難者都低估了他，不曉得在他看似個老實人的表面之下，可是藏匿著一個狡猾無情的政客。他幾乎沒花什麼心力地就爬上了頂峰，趁著對手們互相內鬥、逐一成了祭品出局之際，他順勢變成眾人一致同意的解決方案而浮出檯面。連任選舉到來時，他面臨的最大阻礙是貪汙事件，他所屬政黨早已因貪汙而腐敗不堪，讓他們在馬德里或瓦倫西亞等地成了投打機，開始在法庭上被不斷痛擊，最後因此賠掉政權。

本身就是會計師的路易．巴塞納斯，因藏匿在瑞士的鉅款被發現後而成了媒體的深喉嚨，在我與拉荷義開會的前幾天告訴了我，他們黨內是如何運作，如何分食這些大餅。巴塞納斯是一個受過良好教育的人，也遊歷過亞洲各地，這項巧合讓我們一拍即合。與他見面時，他的太太不在場會比較好，因為她會控制他的喝酒量和避免他肆無忌憚的揭密。他無需查看筆記，就能準確地說出暗語、數字和地點，入帳及出帳如何對沖，資料如何處理等等，種種細節都讓人覺得他不可能在說謊。過去幾十年來，國內的企業家們買通人民黨政客的意志及恩惠，利用他們換得了許可證執照、特許經營權和公開招標案。人民黨拿到的這些錢，則用於支付培養

18　菲律賓及亞洲首位民選女總統，任期自一九八六年至一九九二年。

政黨領袖的額外花費、資助競選活動，以及贏得記者的好感。身為人民黨前財務長的他更向我透露，在一九九六年大選前夕，他們如何將「三千萬比塞塔裝進公事包裡」，交給西班牙當時最知名的廣播電台主持人，就為了在競選期間換取一則友好報導。以及，他們如何將政黨黑帳的錢，偽造成增資操作，把錢注入到我們報社的專欄作家費德里科．羅桑托（Federico Jiménez Losantos）開的「數位自由報」（Libertad Digital）媒體公司裡。他們直接跑到辦公室要求政治獻金的情形太過頻繁常見，有時甚至會因黨內人士沒先協調好而引起爭議。曾經有一次，巴塞納斯去拜訪一位大銀行家要求「捐款」，對方就回答說，幾天前我和總理「都喬好了」。這些「額外津貼」的後續分贓都經過精心設計，好讓權力核心裡的人絕不會少拿自己那一份，這麼做也是讓所有人都甘心守住祕密的最佳保證。

「沒人拒絕那些不正當的錢嗎？」我向巴塞納斯提問。

「聽著，」當時的紅酒已讓他不再對我有戒心，拋開最後的保留後他告訴我，「我一生中，只認識一位完全正直的政治人物，那就是曼紐．弗拉加。其他所有人都收下了自己該拿的那份錢。」

「拉荷義總理呢？」

「阿瓦洛．拉布埃達（Álvaro Lapuerta，人民黨的前任財務長）有個朋友每次到古巴旅行，都會幫他帶回兩盒雪茄。他會拿一盒給我，另一盒就交給拉荷義，同時把屬於他的那份錢一併給他。但拉布埃達不知道的是，那些雪茄並不是他託朋友買的蒙特A級雪茄。」巴塞納斯大聲笑著說，「他朋友幫他帶的等級是便宜非常非常多的雪茄。」

◈

巴塞納斯所說的一切，與何達在他入獄前專訪他，隨後發表在報上的報導內容不謀而合，那篇文章刊登於報社總編輯與政府總理之間的角力戰剛發酵之際，最後是以總編輯被免職而告終。就如同拉荷義的某位前部長曾告訴我的那樣，我們的總編輯只差一個獨家新聞，就能把總理搞垮。前財務長還告訴我，決定性的關鍵情資是一段影片，據說裡頭拍到了拉荷義收黑錢的影像，他也曾與記者瑪麗莎・卡耶洛（Marisa Gallero）分享過這個情資，但隨著時間過去，他很可能會否認這件事。

「這是選舉前，唯一有可能爆出來且會損害黨的事。其他的資料都在我這，包含一些尚未曝光的內容。」

「是否有可能……？」

巴塞納斯笑了出來。

「我對你印象很好，但是……」他說。「不可能的。我對自己造成的傷害已經夠大了。開庭前，我不想再製造更多雜音。」

◈

當我人在中央政府蒙克洛亞宮的拉荷義辦公室裡，坐在他面前，聽著他和我訴說剛執政的前幾年有多麼艱辛時，我腦海中不由自主地浮現了雪茄事件的場景。我猜想著，那時的他應該是手裡拿著根雪茄，接著切開雪茄頭，再把打火機置於雪茄尖端，一邊開始吸氣直到點燃，在吸第一口的同時，也正把一疊鈔票塞進外套口袋裡。我質問拉荷義，難道不認為貪汙對他和他的黨來說已是個大問題嗎？連他的親信都認為應該要改革了。

他說：「這就是我們正在做的事情。在反貪汙方面，沒人比我們做得更多。」

但是總理對改革政治的企圖心，就像「樞機」對改革新聞業，或西薩．艾里耶達對改革公司一樣平庸。這三位都是國家庸才鏈裡的一分子，而人們會變成這樣是從小在學校裡便開始養成：每當有什麼批判性的想法時，會被用懷疑的目光檢視，因此靠著在操場上互相推擠打架，以贏得眾人好感。工作後在辦公室裡也持續著：職場裡的晉升是為聽話的人保留的，過度主動則會被視為是種威脅。媒體的編輯部裡也如出一轍，特權階層為了讓自己變得越來越強大，付出的代價就是，踐踏著那些最有才能的熱血記者們往上爬。他們毒害著公家機關組織，將裡頭數以千計的職位分配給黨羽去做，完全不加考慮他們的能力是否適任。直到爬到階梯的最高一階，便會有一位因貪汙而覺得困擾的總理有意願追求連任，還相信著幾百萬的西班牙人，會像盲目忠誠的足球迷般把票投給他。

我擔任特派記者時，曾寫了一篇〈庸才得勝〉（El triunfo de los mediocres）描述國家當時的景象，歸功於幽默插畫家弗格斯（Forges）的加持，文章得以在網路上流傳多年。這篇文章比我以前寫過的任何一本書或報導都要成功，它被憤怒的員工們高掛在辦公室裡，曾被錄成了影片，並在村里間的節慶裡被拿出來傳唱；當然也有人不認同地汙衊、詆毀它，這些人當中包括了前總理荷西・路易斯・薩巴德洛（José Luis Rodríguez Zapatero）。我是在「值得姐」安排的午餐會上認識了這位社會勞工黨主席，我原本帶著滿滿的偏見赴會，這些偏見都在說薩巴德洛很無能，無法預見民主政治施行以來最大的經濟危機，以致後果更加嚴重，是一個不稱職又沒有做好準備的領導人。但是這位社會勞工黨主席對國家的問題有著創新的想法與提議，而且派系宣揚的演說也說得比我預期的還更少，瓦解了他之前在我心中的刻版形象。也許他那時已準備好可以領導這個國家了，但卻是在卸下這重責大任之後才準備好，遲來的代價也太大了。跟拉荷義相比，我認為他的談話有意思多了，而且並不像拉荷義那樣聽起來很勉強。反之，他的表現總能凸顯出他是個更嚴謹、有紀律的管理者。甜點上桌的時候，薩巴德洛竭盡全力批評著我的文章，他說這些文章太悲觀主義，只會汙名化政府機關組織，根本也提不出什麼解決辦法。「庸才得勝」？

「如果在這個國家只有庸才能取勝，」他說，「你自己也成為一家大型報社的總編輯了，這你又要如何解釋呢？」

我很慶幸這次與他的交手是私底下在朗・安洽餐廳（La Ancha）發生，而非在某個公共大禮堂裡，因為我花了好幾秒鐘的時間，才從他拋出的打擊中恢復過來。

「我想，他們選上我是個錯誤決定，」我最後說，「沒多久他們就會把它改正。」

◈

拉荷義同意了，將會在我們的「必要西班牙」論壇上發表他的選舉政見。「樞機」萬分狂喜，興高采烈到像是要讓人不得不回憶起，先前邀來總理的經驗有多失敗：「答應我，這次我們不會再突發任何驚嚇事件了吧。」

「呵，」我忍不住笑道，「這些記者們都這麼厲害，會發生啥事沒人能料得到。」

總理出席演講前夕，我收到了一份與會說明指南，上面寫著活動的細節。我只看一下並沒有太在意，但也看到「樞機」將在門口接待拉荷義，並會發表精彩演說，接著依他喜歡的方式主導整場活動。我的一位副總編輯告訴我，他感覺「樞機」有意忽略我的存在，搶走專屬於我的位置，《世界報》裡的主角應是我這位總編輯。我的「核心團隊」希望我能像何達那樣，利用報紙這個平台多加自我宣傳。我們這位報社創始人何達，經常刊登與自己有關的新聞，舉凡是任何將他列入國內最具影響力人物的民調，他都會拉到頭版去登。並且用非常大的篇幅來報導自己獲得了哪些獎，此外，當有重大國際危機事件發生時，他會親自去做相關報導。何達這人本來就非常有頭腦，創建了全歐洲最重要的其中一家報社是他的傑出事蹟；只不過他也有著過於粗糙的個人主義作風，如此的粗糙個人主義固然是他能辦報成功的關鍵，但是在他離開報社之後，卻成了一種包袱。由於對他過度刻意留名的行為印象深刻，我便對自己許下承諾：要避免頭條新聞上出現自己的名字，然而即便如此，我仍舊無法完全打破這種陋習。因為如此一來，反倒多出讓別人做誇張事的空間，像是在公司晚會裡，公司高層們就為了能出現在合照裡顯眼的位置，真的動手互相推擠。我試著盡量不引起人注意，以為這樣就可早點開溜，然而卻陷入禮儀規矩的迷陣中，無法分辨坐在農業部長旁是否比坐在經濟部長旁更不顯眼。一位女性好友向我描述了在那些聚會中，我給她的感覺：「你看起來就像我穿著高跟鞋時一樣自在。」

◆

我在體制內角色的工作、市場行銷會議、廣告及發行會議、各式各樣的人請託來訪，以及回應各種允諾，耗光了我的新聞能量及時間，完全不知自己的時間是何物。當了五個月的總編輯，但卻感覺自己老了五歲。連一天假也沒有休到。早上六點就起床，凌晨一點我仍在審閱頭版封面、重讀文章、找方法撲滅編輯總部的火氣，或是想對策阻止報紙銷量下滑。我的管理方式偏向不放權，極度注重細節，工作量根本無從改善。我會對「即時快訊」部門的負責人發幾十封簡訊，不停變更新聞內容的焦點和結構。有天晚上，我帶著孩子們去看麥特·戴蒙的新片《絕地救援》（*Marte*）：每隔一小段時間，我就偷偷摸摸拿起手機，查看我們的網站，發建議並提醒他們注意哪些標題不夠整齊。我非常堅持標題一定要完美對齊，「不允許有任何漏字，並排在一起的新聞必須要有相同行數的內容」，這些都讓編輯們感到很絕望，因為他們不能理解，為何總編輯要這麼在意這些細節，而不是專心去與部長高官們討論高深的政治。我的堅持雖無什麼大道理可言，背後卻有著一個目的：我想改變編輯工作中的怠惰與馬虎文化。報社內部人員中那位美國籍的黛兒・芙斯，在她被解僱之前曾就此事提出譴責，然而一切仍照舊持續發生。要是我能親自把標題改整齊和改正錯別字，親自詢問做新聞調查的同仁是否已取得「相關回應」，或親自要求主管們確定消息來源可靠與否，或我主動與內政部長豪爾赫・斐南迪斷絕往來關係，讓我們報社與「國家下水溝」保持距離……我認真以為，若我的記者們看到我對這一切都這麼關注，他們也會關注這一切。

「即時快訊」部門的其中一位主管，卡門・席娜（Carmen Serna）對於我不停到她的辦公桌前關切，總表現出既幽默又不甘的複雜態度。

她一見到我來便問：「這次又有什麼不對的了，老闆？」

然後我們就會一起把網站從上到下全看過一遍，把每一條新聞都改好。

卡門是個優秀的編輯。她有很好的判斷力，很不好的脾氣，以及一項很難得的獨特之處，就是她不理睬「貴族們」的階級制，也不害怕和他們對抗。國內新聞版的老鳥們都很討厭她，因為她暴露了他們對數位化有多無知。老鳥們無法理解，他們寫的文字在網路上並不像在實體報紙上那樣靜止不動，也不了解更新文章的必要性，更無法理解要更改他們的平面標題是因為印刷版面考量。當他們遲交新聞，無論是停滯在他們已習慣的節奏中，或是還在吃某一頓午飯吃到五點，卡門就會做主，發出簡短的新聞快訊，值班的「貴族」看到時事新聞沒等他就更新了，馬上大發雷霆。她怎麼敢這樣做事？因此當新一波的裁員來臨時，她為她的叛逆行為付出了代價——就在我離開報社之後，「貴族們」提出要將她列入裁員名單中。

縱使管理工作已耗費我很多精力，但一天工作結束後，在我的書籍出版社編輯安赫．費南德．斐莫賽（Ángel Fernández Fermoselle）的建議下，我都會花幾分鐘時間寫一篇日記，他告訴我，我所經歷的這一切太過迷人了，非得寫成一本書不可。每週六我會著手撰寫「總編輯的信」，以便週日刊登。那是一個叫做「阿奎萊亞城記事」（Notas desde Aquilea）的專欄，名稱發想是參考神話中一處被圍困又處於防禦劣勢之地。「阿奎萊亞城記事」也是我與「樞機」之間產生嫌隙的原因之一，有一篇揭露我在西班牙所遭遇的媒體生態的文章出刊後，引發了我們的激烈大吵（是最嚴重的幾次之一）：

> 若我跟各位述說，有一個國家的情形是，政府可以任意策動操控，以解僱讓他們感到不舒服的記者，以硬塞自己人到廣播和電視的政論節目中，並施壓媒體管理高層只為避免有人批評政府，你們可能會以為我說的是個香蕉共和國。然而，這發生在西班牙。就是這個國家，在大選前幾週核發新的電視台營業許可執照，試圖制約各頻道的社論編輯走向。也是這個國家，把社會大眾出錢經營的公共電視，拿來作為私人媒體指揮所利用，說是在為政府服務，大肆抱怨沒有錢做教育或健康等議題的新聞，但把錢揮霍在宣傳上卻沒問題……

文章登出來的那個星期天，「樞機」跟我在電話上講了兩個小時。我從未見過他那麼生氣，他堅稱這是針對他個人名譽的直接攻擊，會讓他在報社編輯總部、讀者面前留下話柄，更糟的是，在他「當權派」的朋友面前也是如此。他的憤怒持續了好幾天，這期間他只跟我說了幾句感嘆的話，反覆地說我不理解他，堅持說他都是為我好，只是要引導我走上正確的道路。

那時我便得出一個結論，那就是：在對微不足道小事做決定都會被情緒起伏汙染的公司裡，沒辦法進行專業的討論。人與人之間的爭執、口角、騷動、暴怒和戲劇性場景不斷重覆發生，連小說家都難要花費心力才能想像出的場面，卻大量出現在新聞界的現場。像是我們公司裡的前社論版主管「不死拉斯普丁」，趁著我的副總編輯們不在的時候，「非法強占」了他們的辦公室，那些辦公室對他有來說有一種近乎戀物癖的吸引力。還有「壞心眼人」，他最讓人反感，也是最沒有理由自大的人，從未曾帶來自己的報導，卻總是擺出一副好似揭發了五個「水門案」一樣的姿態，在編輯總部裡大搖大擺地目中無人。以及情緒總如雲霄飛車般的「副座」，有一次在頭版會議都還沒開始之前，因故大發脾氣就自顧自地回家了。亦或是我們的「行政小差」，這是每個辦公室中都會存在的一號人物，每天一早開始工作就在整理他的筆、橡皮擦、紙張，不停弄些小學勞作般的東西。他是個獨一無二的角色，沒人知道上班時間他都在做些什麼，就晉升到了中階管理職。可以在不斷的裁員和內部肅清浪潮中苟活下來，得歸功於他總有辦法從麻煩事中脫身，及不與任何人摩擦的能力。雖然沒人能在他身上找出任何一項待在報社工作應具備的技能，但他早已經取得在其中生存的最寶貴技術：隱形。他沒有敵人，因為他是個好人，而且毫無疑問地是我們所有人之中最聰明的。他在報社裡的最後那段時間，成了「樞機」得力助手的下屬，成為「祕書男」的「祕書男」，職責裡包括了物資的批准和購置。有天我跑去找他，非常堅持要緊急更新電腦設備，因為這些設備連要作月刊都嫌速度過慢了。他已經第N次回覆我，這項目正在進行中，而且絕對是「優先處理的公司大事」。我告訴他，影像部門偏好換成蘋果品牌的電腦，因為更適合編輯多媒體素材，但我們這位資產服務經理卻跟我說，公司已否決了任何蘋果品牌設備的採購申請。

「太貴了。」他說。

我的目光直盯著他的電腦，他用的電腦有我前所未見的超大螢幕，品牌還正巧是蘋果的。

「這個？他們在新規定生效前就配給我了。」

只有那些剛進報社不久，用新人眼光觀察一切的人，才會發現我們公司的古怪荒誕之處。每當回想起這些人物，我其實不知道該說些什麼才好，因為我和他們之中的許多人在這家報社一起成長，一路走了過來，我也頗喜愛當中的某些人，並接受每個人都有自己的做事方式，即便荒唐也都是必要的，如此才得以每天都能製造出一份日報出刊。

◈

「必要西班牙」論壇開幕式那天，我醒來發現自己發燒四十度，吃了兩顆阿斯匹靈後，便穿上西裝去參加活動。活動部同仁在我辦公桌上留了資料，但我並沒有太留意內容寫了什麼，一直以為就像剛開始說好的，我的作用僅限於迎接賓客。總理抵達，「樞機」屈膝崇敬地迎接他，而我們其他人則在舞台後方等待觀眾入座，像在搭電梯時那樣，舒適自在地交談著。離開舞台後方時，我看到我的座位被保留在副總理薩恩斯．桑塔瑪麗亞和西班牙電信公司董事長西薩．艾里耶達旁邊。也許「樞機」希望我趁機和他們兩人和解。

活動組的其中一個女生走到我身旁，在我耳邊輕聲說：「總編輯，演講不要超過十分鐘。」

「媽的！」我心想。「你們在等我發表演講嗎？」

接著我聽到了自己的名字，大家開始鼓掌，我在一陣作噁和暈眩中走上了通往舞台的階梯。活動正在進行現場直播，觀眾席上的觀眾除了「值得姐」和「貴族們」，還有國內所有的大老闆和重要人物。一滴汗水從我的額頭滑落，我有股衝動，很想用跑的馬上逃走，但聚光燈讓我幾乎看不到第一排坐著誰，「樞機」在第一排正俯身與拉荷義分享機密。誰知道呢，也許「樞機」正在告訴總理：「他本人並非那麼混蛋，但讓他學會這一切究竟是怎麼一回事，有些困難。」

我好不容易想了四、五句話說出口，現場一片寂靜，接著就以感謝大家的參與來結束了演講，當我走回座位時，所聽到的掌聲，有如獻給剛開始表演臉就撞上冰面跌個狗吃屎的花式滑冰選手。我已很久沒有如此巨大的挫敗感。上次是我報導了假太空任務的太空人伊凡．依司托尼可夫和太空狗可洛卡——當時我上司打了電話給我，說他們實際上並不存在，要求我提出解釋。自從那次之後就再也沒有過了。儘管我早已在數十場書籍發表會、講座、集會活動和讀書會上發表過演說，而且場場都相當成功，但方才我還是做了此生中最差勁的一次公開演講。在哈佛大學時，我曾修過兩門公共傳播學的課程，其中一門課還是以「政治人物的養成」為主題，由民主派戰略專家史帝文．賈丁（Steven Jarding）教授我們辯論藝術和公共演說訓練。但當我抱病且心神疲憊不堪地走上演講臺，被期望著能講出當下西班牙所需的關鍵點時，那些經歷都派不上用場了，因為一切都突然消失地無影無蹤。雖然在論壇後續的議程裡，還有桑傑士、里維拉和伊格禮夏斯等人發表演說，相較之下我的表現或許還好一點點，但開幕典禮上的慌亂所造成的挫折感，仍舊持續影響了我數週。

回到報社時，亞美莉雅拿出她最美好的神情迎接我，問著活動進行得如何。

「你也已經看到了，一場災難。」

「別這麼說，你的表現沒那麼糟。但你不能再這樣下去了，你會爆炸的。你應該要放個假，休息一下。」

亞美莉雅繼續堅守在她的崗位上，儘管每隔一小段時日，她就會再次對我說，她沒辦法留在這，我必須在祕書群中再挑另一位來接替她的工作。我告訴她別擔心，我都懂，會有人幫我想辦法處理，但是隔天當我到報社時，她仍在同個位子上。或許她知道，我有多需要她。我可以坦誠地與她交流，告訴她哪些是我的弱點，發洩我的沮喪挫折。我覺得她是報社總部裡，唯一一位不會對我的任何言行加以批判的人。

「你說得對，」我一邊回覆，一邊向座位倒去，「我需要的是假期。只要我能放個假，我向你保證我一定去。」

第十一章　寒冬

我真的很需要放個假，但編輯總部裡的緊張氣氛又開始了，我無法置身事外。當時我們的義大利母集團，瑞克斯傳媒集團（RCS MediaGroup）的首席執行長被解僱了。根據以往經驗，我們知道每次只要換人當家，在米蘭的那些人就會覺得，應該要對西班牙這兒的事有新的盤算。而且都是些壞消息。

我雖然跟這位剛離任的前老闆史考特．喬凡尼（Scott Jovane）完全不熟，但與他相當合拍，因為我們一致認為《世界報》的轉型至少需要耗時三年，並且需要在數位新聞上投入明確的賭注。他在微軟公司工作過，清楚知道若不轉型，報社將只會是緩慢的垂死掙扎。除此之外，他會說英語！這一點至關重要，讓我能與他直接對話，不再只是依賴「樞機」才能與義大利總部溝通。何達以前常說，報社的一切都從「樞機」學會義大利語，並把他的「陰謀藝術手腕」帶到米蘭的那天起就走歪了。但其實是在更早的時候——當何達選了他當報社經理那天起便已開始。

一九八九年《世界報》創立後不久，義大利人便入股成了股東，他們從創始人手中買入更多的股份，因而擴大持股比例，創始人則是紛紛賣掉股份、賺了大錢。隨著公司、利潤和員工人數的增長，何達的個人主義作風，已變得毫無意義。我們的這位總編輯，同時也是廣告負責人、市場行銷主管和人力資源總監，因為即使這些職位是掛在別人名下，決策仍都掌握在他手中。義大利人認為，他這樣經營他們的生意並不專業，便要求另聘一個經理人來專責非編輯範疇的事務。總編輯想找的，是要敢於面對義大利人解決事情的人，一個僅限於體制內的角色，而且是在他影子下無關緊要的角色。他最終選了一位在商界有過經歷但沒什麼建樹，也沒有任何媒體經驗的法學教授。

多年來，「樞機」都被稱為是何達的「看門人」。沒人料想得到他野心勃勃，也沒人覺得他利用空閒時間去上義大利文課這件事有什麼大不了，但其實這跡象已相當明顯。他開始幾乎每週都去米蘭，與爭奪瑞克斯傳媒集團掌控權的不同家族都積極往來，接著再與集團內部鬥爭中的勝利者結盟；漸漸地，他變得很受義大利人青睞。而在西班牙，他則結交「當權派」，編織出一張龐大的人際關係網，想盡辦法極大化發揮那早被何達限縮的公關角色。

「樞機」一路升職，多出一些並無任何實質權力的頭銜，因為在那些年裡，他仍在創始人的影子下做事，並且看似毫無不滿地，接受自己的角色僅為職務代理人，連總編輯對他時不時的羞辱性訓斥也都概括承受。隨後我們的高層們盲目地相信了一個後來被視為「大災難」的提案，並在二〇〇六年時，說服義大利人收購了擁有《馬卡運動報》、《拓展日報》、《黛芳》（*Telva*）時尚雜誌及其他出版物的利柯勒多集團（Recoletos）。或者應該說是：迫使我們買下了所有東西，因為這根本是以金融工程盤算出的金融操作行動，讓我們必須向母集團要求貸款，收購這些我們根本買不起的資產。總編輯和他的看門人想創建國內最大的新聞集團——這個偉大夢想共花費了十一億歐元。幾個月後，金融危機爆發，我們新購入的這些資產，其價值已低於所付價格的一半。想當經理的報社總編輯，以及想當報社總編輯的經理，誰都不知如何做好對方的工作，卻設計出了一場毀滅性的賭局；在任何一個文明國家裡，這都足以讓他們倆丟掉工作。此時，有個笑話開始流傳開來，說帶領著我們報社的這兩位是大天才，因為大家都很清楚，要騙過義大利人有多難。而他們倆已第二次成功騙過他們。

接下來發生的事已是眾所皆知的歷史：金融危機持續蔓延、發行量崩潰、公司收入銳減砍半，然而我們的主管們仍信誓旦旦保證，一切都會過去，因為對社會來說，報紙是不可或缺的存在，況且我們公司正掌握在可靠的管理者手中——他們倆的手中。他們籌劃的影音專案以響亮的失敗告終，造成更多損失。他們因為不懂數位媒體就忽視了它，將我們頭條的核心價值——也就是新聞內容——拱手相讓，以換來一些無法實質貨幣化的讀者。這一切事情的發生，全伴隨著一場酬庸盛宴，獎金、公司用車，和沒有限額的美國運通卡，在他們的自負和野心強迫下，我們一步步向懸崖邊逼進。「利柯勒多集團收購行動」拖垮了我們的財務多年，因為需要盡可能地償還積欠義大利的債務，也導致我們的主要大股東陷入漫無止境的危機中。這筆帳最終以資遣和縮編記者人力來償付，致使報紙的品質下降，並且公司被迫推行更多的撙節政策；我們努力試圖擺脫這樣的惡性循環，但它還是持續著。

「樞機」不僅在這場「大災難」中全身而退，下了失敗指導棋的他甚至還獲得晉升機會。沃森多傳媒集團旗下的《ABC日報》試圖挖角他，但何達竟親自出面，飛到米蘭說服義大利人留住他，渾然不覺這是在自掘墳墓。這位經理人留下的條件，是收下含獎金在內三百二十萬歐元的年薪；而他則在同年將我們其他員工減薪，因為他說他很確定，我們領的薪水「高於市場價格」。接著，他就只要坐等他的機會來臨。歷經多年虧損，發行量急遽下降後，何達終於將他的追加賭注下在總理拉荷義身上，公布了總理傳給巴塞納斯的私人訊息，而當時「樞機」早已在西班牙和義大利都有內應，準備給他一個重擊以取得控制權。

「問題是……」何達曾感嘆地說，「他竟然自以為，能勝任那些我給他的虛位。」

◈

接替史考特．喬凡尼，成為瑞克斯傳媒集團新老闆的是勞拉．喬莉（Laura Cioli），她是一位出了名強硬的高階經理人，並且很快地來到馬德里，視察她的領地。她到訪期間，參觀了《馬卡運動報》、《拓展日報》和《世界報》的編輯總部，我則成了她的私人導覽。我們一邊走過各個部門，她一邊問著有關報社營運及組織的問題，一路上毫無釋出任何能讓人對她留下好印象的善意，直到「導覽」結束。然後她回過頭來，問了一個讓我害怕、而她一定早就知道答案的問題：「有多少人在這裡工作？」

「我們大約有三百人，」我回，「這是已加上特派記者和地方記者的數目。」

「三百人？」

「但是……」我接著說，看她好像覺得有點多。「經濟危機前是現在的兩倍。」

「喔。」

然後她就回米蘭去，構思她的「西班牙計畫」。

幾天後，我被叫去與「樞機」和「矽谷小子」開會，後者正一派輕鬆地坐在他老闆辦公室的沙發上，翹著二郎腿，一隻手搭在沙發靠背上。他們向我證實，新老闆想進一步裁員，而他們倆也同意了，因為「以我們現在的編制，是無法繼續維持下去的」。

「又來了。」我說，「他們不敢動自己義大利的媒體，卻帶著斧頭來西班牙。」

「我們的情況比他們更嚴重。」「樞機」說。

「以大規模人力團隊來辦報的模式，已成過去。」

「要裁多少人？」

「要裁多少人？」

「是時候勒緊腰帶了。」

「要裁多少人？」

「一百多個。」「矽谷小子」說。

我不可置信地笑出聲來。

「你在開玩笑吧？幹！辦不到。」

「還有過剩的『脂肪』（人力）。」

「過剩？要是真的裁員這麼多人，報紙根本做不出來，我們就無法再出刊了。完全無法接受，而且必會有人抗議。」

「矽谷小子」說：「我們必須暫停一切。擱置所有的企劃，包括報社轉型和你之後想做的計畫。在接到新命令前，我們不能做任何事情。」

「編輯總部工作人員重組……」

「接到新命令之前，什麼都不能做，對不起。」

「樞機」和「矽谷小子」在紐約時答應我的承諾，短短五個月內便已化為灰燼。不僅是我認為至關重要、必不可少的開發、影像及社群網路這部分，不可能新聘人才，也不可能找新的專欄作家或投資購入科技設備；甚至，我們更步上硬性撙節的階段，當初找我來做的企劃已不可行，讓我在編輯總部裡陷入十分困頓的窘境——而當時的我，離穩固總編輯地位之日還很遙遠。義大利堅持立即解僱十三人，並預計在春季之前提出更激進的縮編計畫。我要求他們給我多點時間，以想辦法刪減其他開支。我們當時有很多超支項目，所以我認為能找出米蘭總部要的錢，但所有我提出的論點，都與一個在「二樓」的會議上不斷被重覆提起的詞相抵觸，那就是：「人頭數」（headcount）。

他們向我解釋，這不僅僅是減少開支的問題，而是關於「人頭數」的問題——英語念起來好像很好聽，但如果把它翻譯成西班牙語，聽起來就像在說牲畜的頭數。而我們報社顯然「人頭數」太多了。銀行紛紛圍攻義大利母公司：再次融資的條件，取決於母公司提出的還款計畫能否讓放款人滿意。而銀行的會計和財務顧問們最喜歡的計畫，莫過於承諾減少「人頭數」。我被找去與人力資源部開會，會議上他們向我解釋，支付我們薪水的財主是義大利，我們怎麼抗議都是沒用的。在年底之前，我們必須解僱他們堅持的十三個人：馬德里兩人，安達盧西亞分部五人，另外六人在瓦倫西亞分部。人資部負責人建議我保持距離，以免遭池魚之殃。

「裁員的條件還算不錯，該做的事這家公司一向都做得很好。你把名字開出來，我們就會處理好一切。」

我問他，以前的總編輯都是如何處理？何達在任時，曾有過兩次大規模集體裁員和一次全面減薪。

「在通知裁員的那一天，他會找報社編輯總部外的事情去做。」

我想著，如果在一家公司工作多年後，你被解僱了，而你的主管無法給你任何解釋，只任由「二樓」辦公室裡的管理人員，拍拍你的背說「完全不是針對你個人」，然後就給你一個箱子裝你的東西，那是多羞辱人的一件事。或者更糟糕的情況是：消息由「祕書男」傳達給你；他絕對和大家一樣都有良心，但他表現出的是飢餓鬣狗般的同情心。我告訴他們，馬德里的部分，我會親自通知被解僱的員工，並會指示其他兩個受影響分部的總編輯，也在他們的編輯總部裡這麼做。然而當聽見自己脫口而出的話時，我才意識到，我剛剛做了一個連自己都不確定能否實現的承諾。

◈

歷史上第一份報紙，是由史特拉斯堡的一位牧師之子，約翰．卡羅勒斯（Johann Carolus）於一六〇五年所創辦。約翰．卡羅勒斯把他的這項發明命名為《各方要務實錄：所有傑出與值得紀念的新聞匯集》（*Relation aller Fürnemmen und gedenckwürdigen Historien*⊠ *Colección de todas las noticias distinguidas y commemorables*）。只有一個專欄，每週出刊一次。這個做法傳遍了整個歐洲，根據歷史學家莫希．勒維（Maurice Lever）的說法，這是第一批試圖以「犯罪、強姦、亂倫、怪物、自然災害、天象、鬼魂和各種魔鬼」等內容來撰寫新聞，以吸引讀者注意的小冊子。無論是讀者們的胃口，還是眾編輯們意欲滿足讀者的意圖，都沒有太大的變化。這些報刊的成功，令出版品種類、批量印刷及每份頁數全都增加。各家報紙以更早露出新聞、且講述得更好的方式互相競爭。一八五四年，《泰晤士報》（*The Times*）的總編輯約翰．德蘭（John Delan）派了一名記者到克里米亞戰爭採訪，塑造出了特派記者的角色形象，威廉．羅素（William Russell）便是從那兒發回壞消息，使英國人得知了他們的帝國並非戰無不勝。他寫道：「十一點三十五分，連一個活下來的英國士兵都沒有，在莫斯科的血腥炮火下，只剩死人和垂死之人。」十九世紀末，出現了第一批加上照片的報紙，不久之後，編輯部的支出便開始由廣告買單，不再單純依靠報刊銷售量。帳目損益改善了，隨之增加新的專欄，報社間為了吸引最好的記者和專欄作家而相互競爭，並在調查事件上投入資金，進而贏得了影響力：最終包括總統等級的人物，都有辦法被他們弄下台，理查・尼克森（Richard Nixon）就是一例。電腦取代了打字機。彩色取代了黑白。以電子郵件將報導發送到各編輯室的做法，取代了浪費祕書們時間的人工口述抄寫方式。但報紙在本質上，仍舊如約翰・卡羅勒斯的《所有傑出與值得紀念的新聞匯集》報刊一樣，持續不斷地如此製作：蒐集資訊，再將取得的資訊印製在紙上，接著將實體報刊分派到讀者手中。好幾個世紀以來，這一直算是個安穩的行業，儘管社會變遷及創新已迫使其他行業必須自我改革，都還是與它不甚相關。這行業活在傳統的舒適羽翼庇護下，從前的記者根本沒必要提升自己的能力，或學習什麼新技能。但後來，一切全變了調。

一九九六年的某天，我來到編輯總部，看見我們的資訊圖表組組長馬利歐・達斯恭（Mario Tascón）換了位子，正猛盯著電腦螢幕工作。我走到他旁邊，問他正在做什麼。

「航行。」他說。

「不用去海上就能航行嗎？」

「在網路上。」

「網路？」

「對，這東西將會改變新聞產業，你等著看吧。」

我當時沒有太在意他說的話。幾個月後，網路區改成了兩張桌子，而不是一張。然後又變成三張。瀏覽網站主頁頭條的讀者每天都在增加。報社決定為馬利歐和他的團隊成立一個部門，級別低於「院線電影廣告部」、「天氣部」或「訃聞公告部」。網站部門越擴越大，迫使其他部門必須搬遷他處，引起包括我在內的不少人猜忌，因為我們認為，自己致力做的「能看一輩子的實體報紙」，才是真正重要的大事。這是個關鍵的時刻，因為我們原本可以把新事物的到來看作是個機會，但我們卻決定將它視為威脅。我自己也加入了抵抗陣營，從在馬德里時就開始，到成為特派記者時也是。我拒絕替網站寫文章，堅信我寫的故事只有刊登在紙上才能大放光彩。我嘲笑那些，說著我們的未來將取決於數位化，不然就沒有未來的大師們。那時的我熱切倡導著，讓讀者親手拿著剛印好的報紙、手指因翻閱頁面而染印上油墨，那才算得上是好新聞。

事實上，我們面臨的是一場不可逆的革命，而我第一次意識到自己真的錯了，是我正前往採訪另一場革命之際。那是二〇〇七年的事，來自世界各地的六、七個記者成功進入緬甸，報導由佛教僧侶領導起義，反對軍政府的「番紅花革命」。網站團隊最終說服了我，運用我是當時唯一在緬甸現場的西班牙記者的優勢，將我的新聞報導發布到網站上。我的新聞報導從來沒有被那麼多人讀過，或是得到過那麼大的迴響。以前從未對我的文章發表過評論的朋友，紛紛告訴我，他們已經看過我的文章了。以前無論從哪裡發新聞回來，自巴塔哥尼亞到澳洲，甚至更偏遠之地，都未曾令我的「記者」身分認同有過如此的滿足。網路的可能性似乎是顯而易見的，所以我改變了信仰，轉而加入支持網路新聞的那方，然而當時抗拒任何創新做法的情況仍無法動搖，因為「貴族們」總站在最前方阻擋著。多年後我成了總編輯，本以為實體報紙和數位報之間的老掉牙爭論早已結束，但令我驚訝的是，它仍然在那挾持著報社，將報社困在欲重建舊秩序的烏托邦裡，懷念一去不覆返的過去，所有工作都因此受限。無論是讀者數、瀏覽量下滑，或是「貴族們」堅持的模式根本已無法支付員工薪水，種種鐵證仍都無法打破他們的錯誤期待，他們認為只要期待的意志夠強烈，實體報紙的光輝歲月就會重現，而網站則會退回那被世人遺忘的角落，馬利歐．達斯恭只能繼續在他人的冷眼中工作。那是一種否定現實的思維模式，可拿某位編輯在經歷極不順的一天工作後所說過的一句話為代表：「我真的很希望，這他媽的網路趨勢趕快過去！」

媒體主事者們的野心、貪婪和缺乏遠見，成了我們衰敗的關鍵主因。政治人物和大企業家們暗中破壞我們的自由，利用我們的弱點來攻擊報社的獨立性。我們的讀者或許也已變得更派系分明且心胸狹窄，所以要求我們端出更符合他們期望的真相，而非符合新聞道德的事實。這一切可能都真的發生了，雪上加霜的是，還有許多使我們處境愈加惡化的決定，正源自於編輯總部裡那些害怕失去地位的菁英記者們。新聞工作的本質是去到新聞所在地、離開舒適圈、發現新事物，但這些年來蒙受的恐懼已麻痺了我們，讓我們喪失了記者的本能，就如被近光燈照到眼盲而糊塗地停在馬路中間的鹿。害怕失去身分地位。害怕新的事物和改革。害怕又必須要再重新學習。那時的大家，身處於要不與離去的同事告別、要不就是自己被裁員的無止境困局中，幾乎沒有時間能做出其他反應：但我們必須動起來，不然就會被卡車輾過。

◈

我不得不從這個連我都快不認識的編輯總部裡解僱十三個人，而其中兩人就在馬德里。我擔心會挑到那些其實並未做出什麼負面影響而令我們陷入目前處境的人，所以詢問了「核心團隊」的意見。每個人都有自己的人選，但我無法確知他們的喜好背後是否都考量了這些人選的功勞。因此我決定，在馬德里將被解僱者都是擔任主管職的人，他們離開之後，工作仍可由同部門其他同事頂替，能有連貫性。但當我終於列出名單，卻開始覺得自己無法勝任執行裁員的這項工作。先前我曾解僱那位捏造女模與足球教父之間不當戀情的特派記者，解僱很少出現在公司的主管們，或是解僱頻頻騷擾編輯們的部長，那些都已讓我覺得很難受。他們當中某些人，曾滿是淚水地進到我辦公室，說著他們可以失業，但還是堅持著自己的立場。包括解僱薩瓦多．索斯特斯也是，就算他是我們的「受啟發者」裡最常食言的一位。他選在錯誤的時刻，用一篇拍馬屁的文章慶祝我的上任，裡頭寫著，很確信我這個人對追求真相的承諾是「以一種超凡的方式，能讓成千上萬的潛在讀者感同身受」。

不同的是，此時的我卻必須毫無理由地資遣記者，就僅因米蘭總部的一個命令，原因只有一個：「人頭數」——這名稱似乎還是取自德州某個牧場裡的用字。期限將屆之際，我不斷接到「二樓」打來的電話，質問我是否已經通知了將受影響的人。

「還沒有。」我回答。本已寫下要對他們說的話，又決定把它丟棄。我拿起電話，又掛上電話，無法下定決心是否該撥通他們的號碼。

過去的我，是個在塔利班包圍下中仍能穿越開伯爾山口，也能奔向福島核災難現場採訪的記者。但這時的我，卻不斷地徘徊在總編輯室裡，找不到勇氣開口，或者說，懦弱得不敢告訴這兩位同事，在他們為報社付出了最精彩的歲月年華之後，現在要他們收拾東西回家吃自己。下班時間快到了，我終於打了電話給第一位說要見個面。他和我同齡。在西班牙工作多年後，他被調去了數據團隊，而正好我想在這部門有所改革。我剛進報社工作時就認識他，知道他是個好編輯，但卻待錯了地方所以才受此波及。他盯著我看，好似我剛才說出口的話並非當真。

「你要趕我走？」

「相信我，若我跟你說……我絕不會……如果我有別的選擇……」

「你他媽的要把我扔到大街上，是這樣嗎？什麼理由？」

「一個理由我都無法給你，因為就是沒有理由。他們要求撙節……」

「這些年我為公司付出了一切，現在你卻要我離開。就這樣？你可知這對我意味著什麼？你看你對我做了什麼爛事。」

同樣的場景，在通知第二位國際新聞版的同事時，又重複了一次。我也知道，不論說什麼都無助於減輕傷害。解僱的消息在編輯總部裡傳開，還在報社的記者們紛紛集中到我的辦公室外。我沒辦法說話，因為情緒非常激動，但我還是走出了辦公室試圖解釋：「對此次裁員比我更難過的只有兩位，就是失去工作崗位的兩位同事……。」

「值得姐」覺得有義務講出自己的意見，開始指責這件事的處理方式。「副座」回了嘴，兩人便大聲地吵了起來，而我則是試著繼續說下去。

「這世界上沒有哪位總編輯，會希望一起工作的記者人數越少越好。沒有！當我接受這份工作的時候，我從未想過，解僱同事也是我工作的一部分……」

我停了下來，深吸一口氣，想繼續說下去，但我做不到。我走回總編輯室裡，哭了一分鐘，擦乾眼淚後又走了出來。那時我已經崩潰了，而且是在那些我應該展現自己承受能力的人面前。不管是，裁員根本不是我做的決定，或我已經盡多大努力要避免裁員，或我上任這個職位才幾個月而已，都已不重要。通知裁員時，我已把裁員視為我自己的事，「你他媽的要把扔到大街上」是我的事，我覺得我必須對受影響的人和他們的家人負責任。我已經夠混蛋，夠格帶領一間報社了嗎？是否已如「樞機」對我的期望，已調整好自己並準備好面對權力了嗎？他們已把我同化成他們的其中一員了嗎？我說完最後幾句話後，辦公室外的人群便陸續散去，我因此可看見，遠處那位國際新聞版的同事正收拾著他的東西，垂頭喪氣地離開了報社編輯總部。那是我第一次，覺得自己並非帶領《世界報》的合適人選。

第十二章　系統

在夢想被某些人的野心和另一些人的恐懼毒害之前；在投機主義者趁人之危，使得沉默的多數被喧囂的少數拖走之前；在「大記者」和我都對彼此失望之前（但也只有我倆這種好友才能如此容忍對方）；在亞美莉雅最後一次後悔沒盡早裝修總編輯室之前——電話已不再作響，取而代之的是持續墜落的沉默。在崩潰發生之前，往往在某個特定的時刻，事情就已開始走偏，雖然你都只能在日後才會發覺。十二月的裁員風波，就是那一刻。

「值得姐」來找我，為她剛剛在編輯總部裡的行為辯解，說我應該要理解，在歷經多年的撙節後，大家的耐心已達極限，並痛心疾首地抱怨著對於我「裁掉這一個人」很不滿。我很訝異她竟用單數來形容這件事，因為明明馬德里就裁了兩個人，而安達盧西亞和瓦倫西亞加起來則共裁了十一人。

「他是我們的一分子。」她說著並澄清，痛苦的裁員是一回事，無法接受的裁員又是另一回事。

已在「國內新聞版」耕耘發展職志的主管被迫離去，屬於後者。不是只有「貴族們」是「絕不能碰的人」。那些曾如行星繞著他們，在運行軌道上轉呀轉的一分子，或受他們保護的人，也絕對碰不得。

裁員風波在瓦倫西亞和安達盧西亞的分部中，也鬧得沸沸揚揚。我已下令指示分部的總編輯，請他們在離開分部到馬德里之前，先通知受影響的人離職。但安達盧西亞分部的「小人先生」，並不喜歡弄髒自己的手。我們這位派駐在南方的男子，將所有精力都投注在公關、建立人脈和雞尾酒會跑趴上，他在這部分的能力完全無人能及。有一個世代的總編輯，不親自上街採訪，只需在城市中的各個辦公室中遊走就能作出新聞，而且每到一站都要先收點好處，然後再來發表感人演說，感嘆著記者已不做實地調查報導；而「小人先生」，就是那一代總編輯的其中一人。他在馬德里的風評很差，尤其在上次安達盧西亞選舉之後，評價更黑。因為就在選舉之夜，當他的編輯們正賣力地工作時，他竟擅離職守，跑去參加電視政論節目。

「小人先生」違抗我的指示，還選在裁員的前一天，就搭了特快火車抵達馬德里，讓他的職務代理人滿是淚水地傳達了解僱一群優秀記者的消息。當我在報社總部的走廊裡遇到他時，我質問他，為何不依照我給他的指示留在塞維亞。他結結巴巴地吐出了一個不知所云的藉口，我隨即找他到「樞機」的辦公室裡開了一場緊急會議。

「你在安達盧西亞分部幹了二十年的主管，卻在宣布裁員的前一天就離開？你絲毫不在意報社總編輯的命令，甚至沒有膽量敢站在你的人面前，好好面對他們？我要你坐火車回去，在下班前趕到，承擔你的責任。」

「樞機」和「矽谷小子」從我的語氣中，聽出我是認真的。他們倆都點了頭同意，確認了此命令。但「小人先生」始終沒有坐上那列火車，反而在幾天後就跑來我的辦公室，自以為所有事都已被遺忘，問我，要把他安排在馬德里的哪裡工作。

「我沒有任何職務要給你。你最好到樓上的人力資源部去，讓他們安排你離開報社。」

「樞機」在最後一刻救了他，幫他在「二樓」找了一份工作，擔任集團各式活動間的協調人。「樞機」有大布局讓他做，就因為他們倆都極度保守又懦弱怕事，把新聞拿來當作恩惠交換的機制，將忠誠視為一種會讓人變得更加衰弱的病。「樞機」把「小人先生」安置在他辦公室旁的辦公室裡，讓他成為自己的看門人，就像二十年前何達對他那樣。

「你想怎麼處置他，都隨便你，」我告訴他，「我在二樓沒有決定權。但我不想在編輯總部再看到他。」

「你錯了。」他回我。「如果你願意，他可以幫上你的忙。」

「你才是錯的那個人。懦夫不適合幹這行。」

「祕書男」在此爭論中站在我這一邊，但並非出於對我這個總編輯的聲援，而是因為他被嫉妒攻陷，擔心自己將失寵被換掉；這點反倒讓我覺得他終於多了些人性。他會跑來我辦公室，對他的新敵人胡亂批評一番，荒謬地抱怨著對方的奴才作風——其實他也一樣奴性重。這兩人開始吵了起來，互相競爭想當看門人，「樞機」任性地對他們一下好，一下壞，讓他們對峙，接著又要求他們別表現得像孩子般，迫使他倆在「二樓」地毯上彼此拖行幹架，有如一場平原上的尊嚴爭奪戰。或許每個辦公室裡都有像他們那樣的人物，但很少有地方，能像我們報社這麼容忍，才使得他們如此誇張；因為「樞機」在這建立了一種文化：想要爬到頂，就必須先降到最底。

十二月的選舉活動，與其他所有選舉幾乎如出一轍，某些政客開始攻擊其他人，卻很少提出政見。政府討好我們，希望我們支持它的一些暗示都被我推辭了，我執意堅持我們的報紙必須保持獨立性。我的拒絕，致使人民黨的重點成員開始散布謠言，說《世界報》的總編輯是個危險的左派激進分子。助長謠言的，不僅是我們對人民黨貪腐事件的苛刻報導路線，還有實際上我的作風也不像一般大型媒體主管應有的樣子。我們社裡最資深的專欄作家勞爾．德波索（Raúl del Pozo），在我打電話邀請他共進午餐時，他的回話中就對我傳達了這種認知。

「樂意效命，總編輯，」他用他一貫的諷刺風格說著，「你打電話來是想裁員，還是要減薪？」

「前者是不可能的，但後者……。義大利人很會施壓，你也知道的。」

「這我聽說了。如果需要勒緊腰帶，就有人要勒緊它。」

「我想請你吃午飯。」

「我的總編輯，」他回我，「這是我的榮幸。但傳聞說你都帶你的客人去朗薇嘉（La Veguita），就是報社旁邊那個便宜的簡餐店，我的年紀已經老到，沒有辦法去某些地方了。」

「我只帶不好的專欄作家去那裡。我們去你想去的地方。」

當年已年屆八十的勞爾．德波索對這個行業，有著連那些年紀可當他孫子的記者們都已拋棄了的熱情。「受啟發者」們有文學光彩和街頭巷尾的政治八卦，但他們當中沒有任何一人，像他一樣仍對新聞充滿渴望。他會在截稿前打電話給我，告訴我他拿到了第一手消息，或跟我分享國家機密，請我把他的文章放到頭版裡，因為那是個來自權力背後的最新鮮「獨家」。

「如果還有位置的話，再刊登就好，我的總編輯。」

而我總是會盡可能地照做，為了讓他持續懷抱著這樣的新手熱情，繼續打電話給我。將專欄作家描述為「疲憊的記者」的說法，至少就他的例子來看，並不正確。

◈

監督我們可以黨表現的新聞出來了，其中還包含一系列由該黨執政的各市政府運作管理相關報導，於是，說我是民粹主義臥底者的論調隨之逐漸消逝。取而代之的是，該黨進而指責我為「當權派」陰謀集團的一員，跟他們一樣冥頑不化地逃避改革。該黨的黨魁巴布羅．伊格禮夏斯，從電視政論節目闖入政壇，掌握住那些被經濟危機激怒了的人民選票。你很難不對他的分析研究產生共鳴，他是這麼說的：自私且腐敗的政黨政治，與自「經濟大衰退」中活過來且越挫越勇的經濟菁英分子相互勾結，已經嚴重汙染西班牙的各機關組織，讓西班牙的民主體制更雪上加霜地惡化，再加上，還有一家媒體選擇對此視而不見。問題是，他所提出的解決方案，大多都取材自舊共產主義教本，而且所有曾採行過那些教條的國家，全都越變越窮。

在我到職後不久，伊格禮夏斯就來過報社，進到總編輯室裡拜訪我。我告訴他，雖然我們的新聞編輯路線與他的理念不同，但我們會以嚴謹的新聞準則去報導他們黨的新聞。我自認已履行了我的承諾，但他並不那麼認為，更在康普敦斯大學（Universidad Complutense）的一次活動中，公開點名我們派去採訪他的記者，指責這名記者用他的新聞來謀求升遷。伊格禮夏斯說：「若我在《世界報》工作，我是絕不可能爭取到，將『我們可以黨全都做得很好』這種新聞登上頭版。我必須把『我們可以黨什麼都做得很差勁』這種內容寫進新聞裡。」然而事實上，我們的記者從未報導過他們多好，或是他們多差勁。有關他的新聞內容，都十分乾淨俐落地提供了純資訊報導，也許正因如此，才讓伊格禮夏斯感到特別不舒服。因為比起那些已遭意識形態荼毒，或進而捏造新聞的媒體們，我們的做法完全背道而馳，我們的報導寫的是事實的敘述，是政治家做的決定及他們的實際行動。而這位政治家最大的弱點，就是他說的話和做的事並不一致。

我們的義務是竭盡所能地，揭發保守黨在政府內的濫權行為，但同時也要探究那些欲篡位左派人士的優點、企圖及所提議題。然而，這樣的做法也不免可能有錯。在選舉投票之前，我們開始刊載一系列有關女法官維多莉雅．羅賽兒（Victoria Rosell）的新聞，她是我們可以黨的議員，若所屬政黨能上台執政，她很可能成為下任司法部長。「內線調查師」連續數週報導了這位女法官的疑似違法行為，因為何希．索利亞（José Manuel Soria）部長早先投訴過她，指控她在一起稅務訴訟案件中，為了讓自己伴侶的公司合夥人在官司中更有優勢，而惡意拖延司法程序，有司法瀆職行為並收受賄賂。我們拿到的資料，大部分是以法官薩瓦多・阿爾巴（Salvador Alba）的訴訟內容為依據，他是接替了維多莉雅・羅賽兒於大加那利亞群島拉斯・帕爾馬斯（Las Palmas de Gran Canaria）八號審判法院的位子後，才提起訴訟。這位女議員打了好幾次電話給我，語帶譴責之意說著，那些都是阿爾巴法官與索利亞部長策劃的陰謀，但「內線調查師」否定了這個說法，而我也覺得可信度不高。一名部長和一名法官合謀，對付另一名遠在加那利群島的女法官？時移事往，在我離開報社後，羅賽兒的投訴案件結案了，結果最終是阿爾巴法官以包括司法瀆職在內的五項罪名被起訴，因為證據證實了，他提出的訴訟行為，只是為了要使羅賽兒名譽掃地。但為時已晚。羅賽兒當年不得不辭去職務，她的從政機會已受挫。當年我們報導那些新聞，是以已進入司法訴訟程序為依據，但這並非是個夠充分的藉口。身為總編輯，我沒有及時提出必要的質疑，也沒有理會被告身旁的人認為有疑點的事——他們的確曾試著警告我這是一場陰謀。雖然我可以安慰自己，這只是尋求真相的過程中又摔了一跤而已，算是職業傷害了；但事實是，我當時的新聞判斷力已被蒙蔽，因為我想消除人們對我將報紙風格向左派靠攏的看法，也想要阻止隨著這些看法而加速下滑的報紙發行量。

◆

中央政府看到我們的新聞也開始攻擊我們可以黨，便將我們歸類為與佩德羅・桑傑士在搞曖昧——那時身為社會黨領袖的他，應該做夢都沒想到過，自己日後會成為總理。桑傑士還曾發過一些充滿情感的訊息給我：「發生什麼事了嗎？我注意到已經有好一段時間，有關我們的報導全都是負面的，要不就沒人寫。」自以為我對他們正施以不公平待遇而加以抱怨。如果《世界報》的新任總編輯非屬人民黨，也非我們可以黨，又好像不屬於社會勞工黨，那麼他無疑是公民黨分子——這個由艾伯特．里維拉帶領的政黨，威脅將會搶走人民黨的選票，而它遭受非議比較少的原因很簡單，僅因它還沒有在任何地方執政。有次我和經濟部長路易．德京拓（Luis de Guindos）在查馬丁（Chamartín）網球俱樂部不期而遇，他即向我暗諷了那種曖昧關係。我從小就在那裡打球，而他去則是為了要釋放壓力，因為他得修復已滿是傷痕的國家經濟困境。當時我正在球場上準備發球，部長從遠處看見我，連忙招呼道：「你不是有報紙要辦嗎？」

「那你不也有一個殘破不堪的國家要救嗎？」

之後當我們在球場外相遇時，他指責我變成了公民黨最愛的媒體。在我看來，德京拓其實是當時政府裡最正派的人，他比其他內閣成員更勤快，而且，與國內大多數政治人物、企業家及記者都不同，他可以理性超越「兩派西班牙」[19]的思維。幾十年來，這樣的分裂，一直是兩派政黨的完美推諉藉口，他們都無視群眾利益，沉淪於侍從主義而獨厚自己的擁護者，並逃避任何需要革新的事。既然所有問題的根源都是另一個派系，我們為什麼要革新？司法、警察、政治、各機關團體及新聞界，都各自被劃分到無從和解的陣營裡。就連我們報社的編輯總部，在我印象中從不參與意識形態鬥爭的，現在卻也有了派系。「值得姐」代表的是左派，每每談起「我們可以黨的男孩們」時，就變得益發和藹可親，這可是與從前的她完全相悖，因為她曾在西班牙實行民主制度以來最保守的總理阿茲納的內閣新聞處工作過。右派則有「副座」自命為隊長，堅信他的人生重要使命之一就是保衛報紙，還有祖國，以免受到共產黨、女權主義者以及不同派別激進分子們不可告人的行動所影響；以他之見，這些人都會玷汙正統西班牙的純粹性。我剛到職時，在與此二位開的前幾次會議上，他們都無法理解我對他們所提出的要求：「不許在茶水間搞什麼密謀鬥爭。」

還有與他們理念不同者。無論報社總部內或外，這群人相信的是一個沒有時代宗派主義的「第三派西班牙」，他們那處於貧血狀態的意識形態血統，及無咖啡因式的中心主義思想，都被大肆詆毀；批判者無法理解，在自己挖的戰壕之外還住有其他人——那裡也正是我最終被批判者扣上大帽子的所在。

在我說出會堅持讓我們報社保有獨立性，執意批評「兩派西班牙」的那些無稽之談、荒唐和腐敗之時，我其實已心知肚明，知道決不可能說服任何人相信，我是認真要這麼做。而且，當艾伯特·里維拉在我們的「必要西班牙」論壇上提出他的政見時，我仍然堅決要這麼做。我宣告將要打破，過去我們報在選舉日前夕請託將票投給某一特定政黨的傳統；儘管之前連續七次選舉，我們報都是支持人民黨。但那時我在論壇上當場說出：「我必須承認，最近經常有人問我，《世界報》在這次的選舉中要支持哪個政黨。而且有很多人都認為答案會是公民黨，

19 指「人民黨西班牙」與「社會勞工黨西班牙」，當不同黨執政，西班牙就變成完全不同樣。

認為我們支持的候選人是艾伯特．里維拉。既然現在他聽不到我說話（其實里維拉就坐在第一排），我要向他說個壞消息：我們並不打算為他拜票。也不會為其他任何一位候選人拜票。《世界報》不是一份政黨派系報，而是一份有原則性的報紙。我們不會支持政黨，但會支持提案。我們不怕刊出會讓讀者感到不舒服的想法，不過我們也不會忘記，他們才是我們真正的老闆，我們對讀者有責任。」

幾天後，「警網雙雄」來找我，帶來了他們加入調查團隊後的第一個「大獨家」。國會議員佩德羅．德拉塞納（Pedro Gómez de la Serna）和西班牙駐印度大使古斯塔沃．亞黎特基（Gustavo de Arístegui），這兩位人民黨員，多年來一直收受回扣，給西班牙公司方便，讓他們在簽訂海外合約時更順利。他們倆主導的這些戲碼已成功收取了數百萬歐元回扣，並藉此賄賂阿爾及利亞或赤道幾內亞等國的政客和高層官員。

「很好，」我說，「你們都確認好了嗎？」

「確認好了。」

「我們正值競選期間，這內容將會挑起事端。消息來源如何？」

「來源很優。」

「你們打電話告知受影響的人了嗎？」

「打了。」

我已料到政府會將競選期間刊出的這則新聞，視為是意圖破壞拉荷義連任。「警網雙雄」

的這篇大獨家，傷害了人民黨釋出的革新形象，並使得總理拉荷義與反對派領導人佩德羅．桑傑士的決定性大選辯論更為艱辛。當我們正準備著這場對決的報導時，我們的記者帶著最新的調查資料出現了，那是一段錄音檔，更足以佐證亞黎特基與德拉塞納這則新聞的真實性。亞黎特基當時已離開駐印度大使一職，政府也每天都在想辦法要讓德拉塞納卸下他在國會的席位，就為了讓總理在辯論會中能夠說出，他已著手清理黨內的爛蘋果。但這位國會議員當時已隱匿行蹤，他們找不到他。握在我們手上的錄音內容中，德拉塞納正與一位前合夥人以及一位祕書，談論著他與財政部的問題，當中有一句話足以總結這場醜聞，而我們也將這句話當作禮物收下，拿來作為新聞報導標題：「他們給了我一大筆錢！」

我告訴「警網雙雄」，要他們準備這則新聞報導，接著要音效編輯們將此段錄音加進新聞內。拉荷義和桑傑士的辯論即將在一個半小時後進行。新聞報導已完成，都準備好了，就差按下發布的按鈕，然而我的「核心團隊」中卻爭論了起來。是否應該要等到電視辯論結束後，再發布新聞？或將這則新聞作為次要話題提出，以免給人留下我們想影響選舉結果的印象？或者以最高規格大肆刊載我們這則獨家？我們的國內新聞版主管「沉默頭子」認為，最好把它作為次要話題提出，如此一來我們可履行新聞報導的本分，且不會被認為是企圖偏袒任何人。患有斜頸症的「詩人維提」，總是盯著編輯總部柱子上掛著的收視螢幕，他則傾向火力全開。「警網雙雄」根本就不用問了。

「我們開全版報導！」我說。

然後，我們這則新聞開始在其他媒體間被反覆放送，身處二樓的「樞機」，則正試圖平息來自政府的爆量電話攻擊及怒火。隨後舉行的辯論，可稱是國家實行民主法治以來最艱難的辯論會之一，這場選舉裡最具代表性也最尖銳的時刻，就是當佩德羅・桑傑士用一句話質疑總理的名譽：「您不正派。」

◈

投票日到來時，我們已經一切就緒，準備報導這場近年來最重要的選舉。我們有數十名記者分布在全國各地，這是全國普及性報紙的優勢之一。分析師們被通知，要寫出他們的第一手選情評估。攝影組和資訊圖表組也已計畫好，會以圖表解說選舉。我的糖果供應商梅拉（每週五她都會袋一包糖果給我）所帶領的社群網路團隊，已開始用影片來彌補我們新聞的不足之處：他們準備了一則特別報導，內容包含現場採訪多位編輯與評論家。梅拉所做的事，和大多數推動數位企劃的人一樣，完全不被感激，因為當時大家無法理解。她追著資深前輩記者們開設 Twitter 帳號，要求他們同意製作直播影片，或接受培訓了解如何使用這些工具，來增加他們故事報導的影響力。她把我們的社群網路團隊，從我到任時的只有一人兼著做，變成了全西班牙媒體界裡，最具創新精神且有效率的團隊。

我們報社已經準備好了，這將會是我們首次，把我們的編輯實力結合影像、音效、數據及社群網路，全面整合起來報導這場選舉，也是薇希妮亞精心籌備了數個月的計畫。晚間八點一到，各校園投票所隨之關閉，計票就會開始，我們唯一擔心的是，網站可能無法承載瀏覽量的增加。

公司還是沒有把錢投資在我們需要的技術設備上，沒人信得過那「最不受控的電腦系統」，這個決定我們能否正常運作的神祕資訊個體，像個神話般地存在著，因為它的能力反覆無常，很會搞砸截稿期限規定。網站這東西，剛出來時是全世界各地的創新象徵，但我們的網站每個月至少當掉一次，停電時更可能當掉長達數小時。大家的電腦仍舊持續龜速運作著，除了我們「行政小差」的蘋果電腦是唯一例外。科學版的主編巴布羅．豪勒其，他的脾氣就像阿波羅十三號上的太空人一樣，我已經二十年沒見他發過火了，但幾天前他很憤慨地跑來找我。

「我們不能再這樣下去了，」他說，「我有西班牙媒體界裡最優秀的健康和科學團隊，但他們用的電腦，不是無法開機，就是速度比烏龜還慢。」

「只許成功不許失敗！」是我們的座右銘，但若是提到這「最不受控的電腦系統」，則不能算在內。

我們網站的瀏覽量，從下午就開始上升，在開始計票前的幾分鐘裡，瀏覽量倍增到平時的三倍。網站的頁眉處，我們設計了一個會即時更新開票結果的計票器圖表。經過數月的政治緊張局勢後，終於開始計票了，但此時我們的計票器卻仍寫著零票。我以為是計票上出了什麼問題，便也打開競爭對手的網站看了看，但我看到的是，只剩我們家沒有更新最新計票資訊。我跑去「即時快訊」部門，在那裡的「詩人維提」正雙手抱著頭，而編輯們則像是美國太空總署

NASA裡，遭遇任務失敗的工程師們一樣地面面相覷，互相對視不知所措。

「發生什麼事了？」

「我們不知道，但有個東西出了狀況。」

「幹！幹！必須盡快修好它。」

我們的數位副總編輯薇希妮亞，神色凝重地向我們奔跑而來。她做事很有效率，我希望自己也能像她那樣條理分明。儘管只在報社編輯總部待了幾個月，還受到其他長官和同事的敵視，但她卻像是已和我們共事了一輩子，盡心盡力地工作。在風雨將至的艱難時期裡，她讓我看到了另一種人品：堅定不移的忠誠。

她說：「我去地下室和技術人員談談。」

我們網站的瀏覽量曲線，在本應是一年當中表現最好的這天，竟開始快速下降。

薇希妮亞從樓下打了電話我。

「widget 小工具出了問題。故障不能用。」

「請他們修好它！快點！」

我要求與《世界報》的技術支援部門負責人通話。但卻被告知，他在幾個月前就離職了，一直沒有人來接替他的位子。「矽谷小子」為集團所有的報刊首頁建立了一個跨領域的技術服務小組，但工作滿載，根本無法處理我們當時所遭逢的緊急事件。數個月來的策劃及準備，為了保持我們的新聞獨立性，以及調查每位候選人所付出的努力，包括亞黎特基和德拉塞納收受回扣的那則大獨家，一切似乎就此付諸流水——因為我們連做好一件最簡單的事的能力都沒有，那就是：提供選舉結果。

內部調查發現，我們電腦系統的 widget 小工具上必須加一個編碼，才能連線到計票中心的數據，但似乎有人忘了這件事。本該做這件事的技術人員，正同時進行著集團旗下《馬卡運動報》的改版設計，還要處理其他幾十個企劃。我一氣之下，打了電話給「矽谷小子」。

「我們鬧了個天大笑話！」

「我們會查到底，找出究竟發生了什麼事。我已經開始調查了。」

「有這個需要嗎？」我問。「我們的技術部門簡直是個災難，好幾個月前我們就已經提出警告了。網站每隔一陣子就會掛掉，系統常常當掉，還有人從家裡帶電腦來用，因為公司裡用的是舊石器時代的電腦。你答應過會給我資源，但我現在卻什麼都沒有。我們不能再這樣下去了。」

這場選舉的結果，使得西班牙兩黨獨大情勢正式結束，更是對這些傳統政黨的一種懲罰。人民黨雖贏了選戰，但卻因貪婪腐敗而失去了多數優勢，和近四百萬張的選票。社會黨遭逢重擊，拿到的是該黨史上最慘的選舉結果。我們可以黨以六十九個席次，高達二〇%的支持率，成功闖進國會。至於公民黨，雖一度被視為是人民黨的替代選項，仍在最後衝刺中敗下陣來，僅剩四十名席次，屈居第四。我們開始準備當天要發的新聞，我也已請「值得姐」寫一篇初步選情評論，預計要放到網站上，但是當我抬起頭望向編輯總部裡的電視螢幕時，居然在其中一個螢幕裡，看到她人正在第六台的錄影現場。我便跑去找「沉默頭子」。

「她在那裡幹什麼？今天是近幾年來，最重要的政治決戰日，她人卻不在編輯總部？」

「她有告訴我們，晚一點會把要放在實體報紙上的評論發過來。」

「什麼？那是要等到明天才登嗎？《國家報》都已經登出他們主力專欄作家寫的分析了！不可以等到明天！我們現在，此刻！就需要我們的政治線記者把評論生出來！」

「貴族們」還是什麼都不懂。我們要競爭的是現在，他們卻還妄想著明天。當我們的資深記者們還在以八〇年代的節奏工作，彷彿什麼都不曾改變，口中甚至說著「我真的很希望，這他媽的網路趨勢趕快過去」時，同時間已有一批年輕記者用不同的形式在做新聞，寫出一篇篇好故事。其中有一位，是剛從瓦倫西亞分部來的新血。這位「瓦倫西亞人」做事迅速且精確，可以自己剪輯影像、做街頭報導、準備分析報告，或為了完成一份深度報導連續工作好幾天。他是那群新生代優秀記者裡的其中一員，他們寫的東西甚至比我們一些資深記者寫的還更好，這些新血記者能不厭其煩地用寫新聞稿的精神來講寫文章，敘述一場國會辯論時，有如在寫柏林圍牆倒塌一般。我們報社裡最優秀的某些寫手，有些缺點明明有機會補救，卻要拖到無可挽回；他們在下筆的時候，若能用點心思稍微編輯一下，或者聽從華特・李普曼（Walter Lippmann）[20]的警告就好了：「被自命不凡給毀掉的記者，可是比被酒精毀掉的更多。」還有一些人是根本無藥可救，即便是耐心加倍的海明威，也無法教會他們寫作。有一天適逢週日，我人在家時收到了「貴族們」其中一人發來的文章，那還是篇我們原先計畫要放上頭版的文章。

然而，我卻不得不在第三段停下來，打了通電話到編輯總部，因為我真的完全看不懂。

「唉，你不知道嗎？」值班的主管說，「他的文章，我們這二十多年來，每次都要全部重寫過才行。」

從各個地方分部來的記者們，沒有什麼奢侈華麗的裝飾能美化自己，這對他們來說是件好事。他們習慣在極限邊緣工作，在幾乎沒有任何資源的情況下，一天要寫三篇報導，此外還能有時間可以編輯同事們的文章。他們可以一隻手敲著鍵盤打標題，另一隻手一邊把午餐放進嘴裡。他們一來到馬德里總部後，我們的「貴族們」更相形見絀，「貴族們」看到他們如此有衝勁就越覺反感，費盡心機要讓他們慢下來。「瓦倫西亞人」是一顆鑽石，所以我們決定讓他去和「即時快訊」部門的人坐在一起，以防止「貴族們」像馴服那些落在他們手中的有為年輕人一般，也將他同化了。我親眼見證著這一切：編輯們的才華開始萌芽；中階管理人員處理新聞的方式更開放，各版面及副刊變得煥然一新；記者們不再跑去上政論節目或大肆譁眾取寵，而是更精準嚴謹地工作；在一天的辛勤編輯工作後，「即時快訊」部門團隊仍能量不減地，繼續加班寫著沒人要求他們報導的故事；影像、資料或社群網路呈現出大膽創意；女性記者們推出嶄新又與眾不同的故事……看著他們這樣，都在為一家很少給予他們相應反饋的公司奉獻自

20 美國作家、記者、政治評論家，為傳播學史上具重要影響的學者之一，代表作為一九二二年出版的《輿論學》（*Public Opinion*）。

己，我深信我們還是有一個很獨特的機會，去做一些偉大且不尋常的事。

第十三章　編輯總部的鼠輩

一家報社的編輯總部，也可能變成糧食短缺時期的非洲塞倫蓋提（Serengeti）國家公園。其他行業裡有鬥爭，報社裡有的則是掠奪與殘存。也許是因為，報社裡的工作不僅是暴露在老闆和同事的目光底下，還有成千上萬的讀者檢視著。為了在有限的空間裡出線，自命不凡的人想搶奪聲望，便露出尖銳的獠牙彼此追逐競爭著。

我以實習生身分進入報社後沒多久，馬上就學到了一些不成文的「領地規矩」。我的其中一位上司堅信，記者的必讀書目不是沃爾夫（Wolfe）的《新新聞主義》（*The New Journalism*）[21]，而是西班牙《國家官方公報》（*Boletín Oficial del Estado*，*BOE*）：「它裡頭的故事比聖經還多。」

於是，每天早上我都會花半個小時的時間，溫習《國家官方公報》裡的成文法律、法令和訊息，直到有份資料的內容極度引起我的關注。該份資料顯示：衛生部宣布，停止使用某些已

21 由湯姆．沃爾夫（Tom Wolfe）和E．W．約翰遜（E. W. Johnson）於一九七三年編輯的新聞選集。

施用於數百名患者的瑕疵假體。經過進一步調查，我發現公共衛生部門的主事者似乎為了節約成本，沒有進行檢查並及時預警相關風險，此舉已危害到病人健康。我寫好報導後，卻在同事們的辦公桌之間飄移不定，直到東西到了主編桌上，我確信等著我的，會是主編給我的一個鼓勵性拍肩，占兩頁內頁版面，甚至登上頭版。結果，我被訓斥手伸得太長了。

「你並不是負責健康衛生版的人。」主編如此告訴我，「你覺得，負責這條線的同事會怎麼想？」

負責的同事確實非常生氣，而且因為他算是第二大主管，所以他讓我的日子開始很不好過。他派我去參加一些沒有什麼新聞價值的記者會，並讓我負責撰寫那些明知很有可能不會被發表，或者最終會被放入「冰箱」裡的新聞。「冰箱」是個專門儲存「非急件」文章的資料夾，只在民眾都放假去時，或只剩一些不痛不癢的新聞時，才會被用上。冷凍的期間長短不一。在「冰箱」裡已放了兩年的文章，有時會在新聞乾旱期被找出來用，只要有人打幾個電話把文章從灰塵裡找出來，最後甚至還能排上報紙頭版，因為主管們在「魚缸間」會議上，會把它當成是新的情資提出來。另外有些新聞報導則是落入被遺忘的下場，甚至遭汙名化，導致永遠都無法見光，其實正是因為這些新聞已太多次差點就被刊出。那個文件夾裡，多少有兩、三個故事早已深深刻化在記者的潛意識裡，即便它們都沒得過普立茲獎。我就記得有一篇是關於大學內賣淫的故事，裡頭還搭配上我們墨西哥籍插畫家尤里賽斯（Ulises）的一幅大作，這些文章或許平淡了點，但也沒差到非得被凍死不可的程度。

◈

領地文化依舊毫無動搖地存在，老獅子繼續吞噬著踩進牠們領地的幼崽。主管們相互競爭，看誰能將最多下屬綁到自己的繩索上，再以這些小團體及慣性制約，打造出一座座權力島。不論從前或現在，他們最厲害的，就是故意加班這件事；對報社的忠誠度，不是以交出來的工作品質來衡量，也不是以你花了多少時間才完成這件工作來衡量。有時候明明所有事都做完了，版面也截稿了，但就是沒人想當第一個下班的人。如果你運氣不好，剛好落在一個家庭功能不健全不想回家的主管麾下，你的工時就會冗長得有如身處地獄。於是，當時的編輯總部簡直成了牢籠，解脫的唯一方法就是逃走，離開得越遠越好，去當特派記者，或者去有固定上下班時間的機關團體新聞處工作。

我們報社總部裡沒有良性競爭，這對新人來說也算是學習的一部分。不正派的鬥爭或友情攻勢造成的悲劇，是每家報社的編輯總部裡都有的共通點，但無論哪種惡劣狀況，都完全不及於我聽聞過卻總拒絕相信其真實存在的某一物種：編輯總部的鼠輩——某些同事自以為是地認為，只要事情變得越糟，對他們就越有利。他們的生存本能，讓他們總有辦法從爛事中脫身，甚至因而高升。我們的老鼠們都躲在停車場的柱子後面，向各方「機密情報員」洩密，造謠散布假傳聞，擴散速度之迅速，比在鄰里中庭裡講是非傳得還要飛快許多。有天，我聽到了個「超級明確肯定」的消息：在我總編輯室的抽屜裡，擺著一份列有我將開除人士的黑名單。某天又有別的流言跑出來，說我「超級明確肯定」要僱用一個（我連他名字都沒聽說過的）人。然後隔個兩三天，就又聽說我又有個「超級明確肯定」的祕密計畫，預計將收掉我們的實體報紙，因為實體報紙的銷量持續下滑（但總還是能有點進帳，若真沒了它，報社會付不出員工薪水，包括我自己的也付不出來）。或是，從「二樓」傳出了一個很差的報紙銷售數字，「《ＡＢＣ日報》已超越我們」的假消息就在走廊間流竄著；但其實銷量是普遍性下降，因為那天剛好下雨了。謠言可能也是憑空產生的：某位機伶狡猾的記者曾說，「總編輯神色很不滿地離開了辦公室」，隨後就衍生出多種超現實的臆測，有關內鬥、根本不存在的清算及麻煩事紛紛被憑空捏造；如此自相矛盾的情形讓我十分驚奇，因為報社編輯總部應該是大家致力於清楚劃分虛構和現實的地方，那些超乎尋常的謊言，怎麼會就這樣在此蔓延？

編輯總部裡的鼠輩最讓人不悅的部分是，他們竟向伸手幫助競爭對手。在大選前夕，何達新創的日報《西班牙人報》公布了我們委託西格瑪．多斯（Sigma Dos）民調公司進行的一項民調結果——在被他搶先公布之前，我們一直將此視為機密加以保留。何達搶先刊登不屬於他的新聞內容。這件事早不足為奇，他仍是那個緊咬獨家不放的布萊德利，雖然現已大不如前。他也還是那個會毫不客氣，從競爭對手那裡偷走東西的華特．布恩。讓我完全無法理解的是，可能是我們內部的人把消息傳給了競爭對手。那個民調數據曾在一次頭版會議上討論過，所以很可能是某部門主管洩漏出去的，會是他們之中的誰呢？編輯總部裡的鼠輩都是偷偷摸摸地隱祕行動，很少留下線索，雖然你可能有預感，甚至已確定他們在哪，但你並沒有證據能與他們正面對質。接下來的幾個月，他們將會找到一個量身打造的棲身之所：隨著新的撙節縮編公布，一些員工與「二樓」起了衝突，再加上有幾個主管開始搞更深層的陰謀詭計，讓鼠輩們下定決心，只要能在即將來臨風暴中的存活下來，犧牲任何人都在所不惜。

◈

選擇在總理拉荷義和反對派領袖的辯論會開始前幾分鐘，公布德拉塞納的錄音檔，是我們與人民黨決裂的關鍵點。人民黨的大頭們不再打電話來，因此我猜想他們已經放棄我了。該黨的國會發言人拉斐爾．赫南多（Rafael Hernando），大概是我私底下見到面的最後一位人民黨特使，但那次見面也並沒有一個好的開始。那天早上，赫南多就打了通電話給我，詢問著我們的飯局是否還要進行。

「當然，」我說，「為什麼不呢？」

「因為你今天正好在你的報上賞了我一巴掌。」

我翻開報紙，又是「人民之聲」那個小版面，上面會有當天主題人物的面孔，而那天登了赫南多的照片，旁邊還有一個往下指的箭頭，並對他某次的經常性爆發言論做了嚴厲的評論。

「真是的，」我說，「這版面常幹這種事，午餐見面時我再向你解釋。」

企業人、政客、名人對「人民之聲」版面的重視程度，與我對這版面的關注程度有很大落差。幾週前，我才剛認識了弗洛倫蒂諾．佩雷斯，他身為皇馬主席及ＡＣＳ跨國集團的老闆，是國內最有權勢的企業家之一。但他對我很反感，因為我們批評了他的管理方式，而且他也屬於那群「絕不能碰的人」之一，所以不習慣被人指教。那是場「樞機」安排的餐會，他訂了艾恭瑟莊主餐廳（Señorío de Alcocer）讓我們見面聊，地點就在皇馬的聖地牙哥伯納屋球場附近。在我看來，佩雷斯是個有趣而聰明的傢伙。他將皇馬當成公司來專業化經營，使得它的價值倍數成長，收獲皇馬在體育賽事史上最精采的階段。但是他同時把皇馬俱樂部當作自己的私人莊園在經營，想盡辦法無情地摧毀敵人，並以看似友善的方式，讓媒體心生恐懼。過去他曾經向我們的「米蘭大使」施壓，要他撤換《馬卡運動報》的總編輯奧斯卡·坎比佑（Oscar Campillo），然而他可是一位不諂媚奉承的好記者。佩雷斯雖然是「樞機」的好友，但是在坎比佑還掌管著我們的體育報時，他可是全盤否決了皇馬與我們集團旗下報紙的所有宣傳廣告協議。

「你怎麼可以把《馬卡運動報》給一個支持巴薩（Barça）[22]的總編輯來管？」佩雷斯在餐會時重複提起，「樞機」傻笑著，接下受了這位足球老大的斥責。

我為坎比佑感到難過，因為雖然我們不算是朋友，也幾乎與他不熟，但知道他就此成了行屍走肉，我卻不能告訴他是什麼原因。他們在紐約的會議上邀請我來當《世界報》總編輯，而在會議的最後一刻，波哈·埃奇巴利亞這位記者也加入了，因為「樞機」和「矽谷小子」想找他來帶領《馬卡運動報》。我們的高層們，幻想著要讓集團的兩份大型報由「哈佛男孩」來掌管（波哈和我都曾獲美國哈佛大學的尼曼獎學金），就像「矽谷小子」說的，這組合將會是西班牙媒體圈的「夢幻隊」。他們也向波哈說明了同樣的相關戰略、編制和未來的企劃，但是，在還沒對這位未來可能聘用的人，問出他真正在意的問題之前，「樞機」是不會離開的。

「你支持那一隊？」

我的眼神不由得盯著地面，因為我了解波哈的為人，而且我知道他的足球魂，早已分給了畢爾包競技（Athletic de Bilbao）[23]和巴薩。「畢爾包競技。」為了能趕快結束話題，他回答道。

波哈在辦公室的經驗上，比我更老練。他那時在邁阿密擔任環球電視網（Univisión）的副總裁，那是份很好的工作，他並不想改變現狀，另一方面是因為他已在報社工作過很多年，當年他與辛德．朗伏恩特，因為拒絕加入將馬德里三一一連環爆炸恐攻視為陰謀論的陣營，而被何達清理門戶攆走，而且他知道集團運作已有困難。但幾個月後，坎比佑還是被解僱了，取而代之的是他的副手。於是，皇馬主席的衣櫃裡又多了一具屍體，他隨之下令重新簽訂皇馬俱樂部與我們公司的宣傳廣告協議，此舉更加讓人看出，在西班牙，什麼鳥事都有可能決定一家報社總編輯的命運，唯獨工作表現好或壞，與他能否繼續在位完全無關。

與皇馬主席餐敘過後，由於即將出發旅行，我決定趁這時間先進報社編輯總部看一下頭版的狀況，並做了些指示。然而一如往常，我又忘了檢查「人民之聲」版面。第二天打開報紙時，

22 西班牙甲級足球聯賽的巴塞隆納（FC Barcelona）隊簡稱。
23 西班牙甲級足球聯賽的創賽球隊。

我就看見弗洛倫蒂諾・佩雷斯的臉——他也是被選中的其中一位主題人物，旁邊還配著一個向下的箭頭，以及針對他管理提出的新評論。「樞機」把佩雷斯讀到該則內容時想對我說的話，柔化後再轉述給我聽，他語氣中堅信這件事是我故意為之。

「我想跟你說的是，」我將那個故事告訴了赫南多，然後對他說，「那個版面，最會的就是幫我製造麻煩。」

這場會晤並沒有談出什麼結論。我多次向發言人表示，我沒有要與政府對立，其實政府的政敵們也都很氣我，因為基本上我們的工作就是這樣，會讓有權勢者惱怒。「警網雙雄」拿著德拉塞納和亞黎特基的故事來見我，是因為貪婪腐敗的味道已從這兩位當事人的辦公室裡傳了出來，並不是因為我曾下令要打擊人民黨。「水門伍德華」也沒有算到，他何時才能取得巴塞納斯的自白，指控總理拉荷義知道黨內有黑帳存在；他能拿到手終究是因為他從以前就一直追著這件事，而那天早上這麼剛好就讓他找到了，並非是因為我想破壞「樞機」與政府的和解。貪汙事件經常能登上報紙的頭版，並非因為那是我偏好的題材。相反地，我其實更希望在頭版上刊登更多的科學新聞、國際新聞或社會報導。而且事實上我也告訴赫南多，如果他的黨能一鼓作氣，一次把衣櫃全都清理乾淨，我的日子會輕鬆很多。

政治力量正在運作，想要對我不利的跡象開始出現。加泰隆尼亞的一位警察局長曾透過親近我的人士告訴我，政府正在採取行動，醞釀要逼我離開。《公眾明鏡》節目的主持人蘇姍娜・格里索（Susanna Griso），在一次與她的工作團隊舉辦的聖誕晚宴上，也警告我正面臨的風險。

她說：「我是不知道，你究竟清不清楚那些人是怎麼運作的。但你樹立了很多敵人，他們很快就會來找你。」

「你認為我正在重蹈覆轍『西班牙在位最短國王』（El Breve）[24]之路嗎？」

「有些事情，例如在競選期間挖出德拉塞納的收回扣事件……很勇敢，但他們不會原諒你的。」

我們吃完晚餐後，格里索建議我們分頭離開餐廳。她是一個知名人物，隨時有一群狗仔隊跟著她到處跑。

「不然明天你就可能會看到，有個女主持人和《世界報》總編輯搞外遇的封面故事了。」

「正合我意，現在只缺把我妻子也加進對我生氣的人名單裡。」

我們走出去時，多位攝影師就等在那。我們互相道別，大家各自往不同的方向離開，此時格里索又再次對我重複說了一次她的勸告：「你好好考慮一下，也許你應該煞點車了。」

《世界報》近來的記錄並不容我樂觀。他們既然有辦法成功地讓何達去職，那麼對他們來說，我一定只是道小菜。把卡希米洛．賈西亞踢走這件事，對他們來說也從不是難事。作為何達的副手，他一直被視為是與「當權派」維繫良好關係的樞紐，並在總編輯失控時，適時扮演著「好人警察」的角色。但他坐上總編輯的位子後，就把「樞機」嚇壞了，因為他不斷刊登會

24 指一七二七年上位的路易斯一世（Luis I），在位僅七個月即駕崩，為西班牙在位最短時日之國王。

危害「樞機」朋友們的新聞。一位《國家報》的前總編輯告訴我，他曾參加過一場各大上市公司企業家與政客們的會議，當中有人丟出了一個問題，總結了他們對卡希米洛的不滿，和他那時的脆弱處境。

「我們大費周章地把另一個弄走，是為了要讓他這樣搞嗎？」

「另一個」，指的當然是何達。揭露貪汙事件所要承擔的後果，他親身經歷過，而且沒人比他傷得更重。就在我啟程前往亞洲的前夕，我們這位報社創辦人成了一場陰謀事件的受害者，有人傳出了大量的性愛影片要毀掉他，影片中似乎可見，他與情人艾蘇沛蘭·拉普（Exuperancia Rapú）發生了性關係。這名女子被前國家高層官員收買，設下陷阱陷害何達，在他倆當時所在的公寓衣櫥內裝了鏡頭偷拍。隨後，這些影像經由郵寄（當時的網路仍處於起步階段），發送給多名政客、企業家、記者、官員、學者及某些特定人士。一九九七年的夏天，我去馬德里的歐盟執委會總部採訪時，發現一群公務員圍坐在電視機前看那則影片。我像是被邀請去看一場足球賽般受邀加入他們，一起來「看你老闆幹了什麼事」。當時的我，轉身摔門就離開。編輯總部的工作人員前所未有地團結起來，捍衛總編輯，反抗那些利用他私生活來攻擊報社的意圖。有時我們很擔心何達會自己棄旗投降，因為傳聞還有更多的未公開影片；我們眼看著他在報社裡痛苦踱步，整個人因親密關係被暴露在世人面前的磨難而衰耗心神。然後，他決定要扭轉醜聞，直接承認了影片確實存在，並讓我們最優秀的幾位調查員去查出這陰謀背後的主使者。當他拿到情資後，馬上在報上大開五個欄位做專題報導：〈維拉、提朗普、及前總理龔薩雷茲前助理，共謀設局陷害《世界報》總編輯〉。至此，新聞講的不再是總編輯在空閒時幹了什麼事或沒幹什麼事，反而演變成是講述權勢衰敗及告發風險的專題報導。

◈

我這樣劃清界限，太過了嗎？還是太快了？我自認這麼做能夠捍衛我們報社，但實際上，這麼做反而會害了它嗎？也許是時候了，該總結一下損失，給傷口時間去慢慢癒合，讓一切平靜下來。「樞機」對我主要的批評，在於我不控制我的記者，也沒有帶領他們走向他所謂的正途。對他而言，我就像個毫無章法的足球教練，堅信自己有一支強大的球隊，卻只告訴球員，上場好好開心地玩。

他曾說：「你的前輩們，沒半個人像你這樣做事。他們跟你做一樣的新聞工作，但他們會衡量時空背景。你做的這些事，對誰都沒好處。」

「樞機」開始利用第三方對我進行強制整頓。每隔一小段時間，他就會在報社裡的「小酒窖」辦餐會，這是一個位於報社總部地下室的私人空間。它所處位置有著巧妙的戰略性考量，藏在大樓裡一個看似廢棄的地方，還可以從後方進出，能為那些不想被人看見的訪客保留隱私。很多公司員工並不知道它的存在，儘管它就離員工「自助」餐廳幾公尺之外而已，不過對那些很懷念舊總部附近酒吧及餐廳的同事而言，那間自助餐糟透了。在一扇不引人注目的隱密拉門後面，是個裝飾典雅的會客沙龍，裡頭會接待著有權有勢的菁英們，並準備好全馬德里最優秀的外燴餐點招待他們。但沒過多久，我便開始厭惡這個行政酒廊，因為對我來說，來這裡，就等於是要來做我工作職責裡最不喜歡做的事：巴結奉承廣告商的無聊會議，連續工作好幾天已精疲力竭時仍不得不參加的晚宴，或者那些討論著報業未來但總以聾子對談般告終的閉門會議。「樞機」始終無法理解，他的總編輯想繼續做記者做的事，而我也無法理解他的行為舉止。就這樣，每次晚會結束，我們心照不宣地道別離去，即便心懷同樣結論，但並沒有向對方坦白：我既不是他想要的報社總編輯，他也永遠不會成為我想要一起工作的發行人。

我們這樣的關係，對我來說還算可以忍受，是因為我仍然對報社的編輯走向有控制權，而「樞機」即使與我意見分歧，也從未放棄過以他無懈可擊的作風跟我過招。曾有一次，他非常臨時地要我去「小酒窖」參加一場晚上的會議，我回他沒辦法赴約，因為那天是我妻子卡門的生日。但他還是整天都不停地想說服我，向我保證這個會議真的非常重要（但事後回想應該也沒那麼重要，因為我已不記得那時討論了什麼，或有誰在場參加了會議）。

他說：「你不來的話，我們也沒辦法開會，那就只能跟所有人取消會議。」

最終我留下來參加了那場會議，接著第二天，我妻子收到了「樞機」送的一束鮮花，並附有一張紙條，為前一晚耽誤我回家而道歉。慢慢地我發覺到，這種做事方式是他的最佳利器，因為不會被人看出他真正的意圖是什麼。那時的我已心裡有數，斷定他不是個特別勤奮或出色的經理人。他缺乏個人魅力和思想深度。他並沒有做好準備，不知道要怎麼來領導這麼一家需要整體改革的大公司，也不打算去學該怎麼做。他模仿著從別人那裡聽來的想法，然後把它變成是自己的。他很努力地假裝，表現出大家認為像他這種身分地位的人應該有、但實際上他根本沒有的美德。他假冒熱情地操縱人的情感，疏遠那些發現他不足之處的人，親近那些假裝沒有看到他缺點的人。他就靠著偽裝的天賦，以及從馬薩林樞機主教（Cardenal Mazarino）[25]陰謀指南手冊裡學來的技巧，彌補了他所有的無知，他支持在上位掌權的男人要會妝點自己的心，就像「在臉上化妝一樣」。「樞機」的敵人們，甚至我們這些沒必要與他為敵的人，因為看不清面具底下真正的他，一次次反覆犯著相同錯誤。他淡定的性格會讓你覺得他無害，以為自己在一隻善良的海豚旁邊游泳，因而降低了警戒——然而當你發現他其實是條鯊魚時，為時已晚。

那次晚餐過後幾天，我對他說，我們兩個之間這樣行不通：「我只要求你一件事。哪天你要讓我離開，就直接告訴我，我不會給你添麻煩。我不懂要怎麼耍詭計或搞陰謀，那些事讓我厭煩。我只要求你打個電話告訴我，然後我們談一談，把事情處理好。我絕不會做任何傷害我們報社的事情。」

「你怎麼會說這些話？」他說，「這案子是我們要一起做下去的，而且我們會把它做好做滿。」

25 法國外交家、政治家，法國國王路易十四時期的樞密院首席大臣及樞機。任內結束三十年戰爭。擅長外交與談判，替法國獲得許多外交果實，為路易十四的霸業打下初步基礎。

「好吧。」我堅持說著，「但如果情況有變，或是你想法改變了，就告訴我。就這樣。」

大選結束後，我們再次接到義大利新老闆勞拉．喬莉的消息。她想要我們報社採訪她，並要我們的記者在訪談裡，詢問她對公司有何規劃：「我認為是很有雄心壯志的，同時也顧及了務實與現實。收入雖沒有大幅度增加（每年累計一．五％），但可節省相當大量的成本（六千萬歐元，其中一千五百萬是勞力成本，分別是義大利占三分之二，西班牙占三分之一）。」

我們把採訪內容發回米蘭並建議做些修改，如此一來，員工就不會從報紙上發現自己的工作已危在旦夕，但是喬莉說就這樣登，她不要改。她的話就像是一顆炸彈從天而降，那天，我例行性到各部門巡視時，看見大家臉上盡是悲傷和恐懼。不論我問的是當天的主題，還是天氣如何，他們回的總是同一句：「這次裁多少人？」

我不知怎麼回答，儘管只需查看一下喬莉發來的數據，就知道會是很多人。也許義大利是對的，我們需要削減開支。問題是該從哪裡減少開支？我們不可以再辭退任何負責做出報紙內容的人了，反倒是「二樓」那些造成我們走下坡的人，卻仍抱著特權地位不動如山。「樞機」和他的朋友自組了一個「董事會」，這些朋友會指示他所有他們想做的事，並給他相當慷慨的回報。他們在「經濟危機中卻能拿到三千多萬」的新聞被《機密報》（*El Confidencial*）公布出來，讓編輯總部的人十分錯愕，也進一步拉大了報社總部兩層樓之間的分歧。在那些行政管理人員之中，某些人的生產效率、職責和辦事能力，對我們這些真正在製作報紙的人來說完全是個謎。例如我們的一位主要行政管理人，他是個為人和藹、穿著無可挑剔的義大利人，從佛朗哥將軍時期開始，他就在西班牙做生意，但他除了擔任「樞機」在米蘭總部的聯繫人之外，誰也不知道他的工作內容究竟還有什麼。

「義大利佬」有一間辦公室，但他從不在裡頭，我們甚至曾好幾個月都沒他的消息。但是我們這位義大利花花公子，絕不會錯過任何雞尾酒會或報社的慶祝活動，而且由於他極度自負，他非常堅持要我們只刊登他最上相的照片。他第一次進來總編輯室見我，是為了表示他的憤怒，因為在「必要西班牙」論壇的其中一張照片裡面，他是閉著眼的。

「你可知道，」他說，「這樣我會給人非常不好的印象。」

我忍住不笑出來，並告訴「義大利佬」，這的確是個無法容忍的錯，負責的人將會受到適當的告誡。我去拜訪了一下攝影師們。剛開始在報社工作的頭幾年，我就曾與這些資深攝影師一起報導過洪水和社會事件，與他們有相當程度的信任度，不過這並無助於讓他們認真對待，只因照片沒表現出我們管理人為公司做了什麼巨大努力的「深深失望」。

「你們看看，例如這一張。照片裡『義大利佬』是閉著眼睛的，彷彿對自己參加的公司重要活動不感興趣。用這個登報紙不好吧。」

「嗯，老闆您說的是。」其中一個人冷笑著說。

「好吧，好吧……別讓這種事再發生。」

「了解，老闆。今後不會再有閉眼睛的照片。但是老闆……」

「嗯？」

「我們會盡力在『義大利佬』眼睛睜開時，再按快門……。」

「好吧，你們了解就好。」

「但是，你能不能要求他在活動中保持清醒些？這樣我們工作起來也比較輕鬆。」

我們互看，一起大聲笑出來。

回辦公室的路上，剛剛那一幕讓我心中湧現出疑惑：我到底是誰？是公司主管？還是編輯總部的記者？我跟編輯或攝影師們的相處情形，比起和「二樓」的管理高層的相處，要更舒服自在許多。但我領的是主管的薪水，還配有一輛公司車，我必須代表集團參加很多公開活動，我的責任不僅只是決定標題或封面要登什麼。「一樓」和「二樓」，這兩個世界如此截然不同而又日趨對立，他們不斷拉扯著我，往一場不可避免的衝突去，而我，很可能最終敗下陣來。

第十四章　王后

先前在國慶宴會上，我與國王約好再找機會碰面，為此他邀請我到薩爾蘇埃拉王宮（La Zarzuela）聚聚。剛在王宮的入口處一停好車，我就懂了，沒有司機這件事會帶來什麼不便。工友打開我的福斯Golf車後門，他等了幾秒，見沒有人出來便把頭探進車內。他以為我是司機，接著問道：「《世界報》的總編輯呢？」

「我就是。」

「啊，抱歉！沒有司機的賓客，不能把車停在這裡。」

我將車開到他們指定的地方停好，再步行到入口，然後從那裡再被引導前往國王的辦公室。

十八年前，我曾負責到埃爾帕爾多王宮（El Pardo），報導他姊姊克莉絲汀娜二公主和手球運動員伊納基．烏丹加林的求婚儀式。當時的王室，聲望如日中天。前國王卡洛斯一世曾是頗具領導者魅力的人，他成功居中協調、阻止了二二三政變（Estado del 23F）[26]，自此領著國家俸祿度日；儘管王室新聞仍占據八卦報刊的篇幅，不過媒體基於對王室的禮遇，多少蓋掉了這位曾受人尊敬長者的狂歡派對、不忠出軌及貪腐作為。王室享有新聞豁免權這件事，使得成員們自以為可為所欲為，駙馬爺烏丹加林更肆無忌憚，利用自己是王室成員的身分中飽私囊。他不費吹灰之力，就讓那些蠢蠢欲動想拍馬屁的機靈政客們向下沉淪，讓他們送合約給他，用國家的錢塞爆他。

司法部門終於開始調查時，《世界報》的何達再次展現出他最優秀的一面，他打破了王室是「不能碰的」不成文規定，做出報導，醜聞才曝了光。駙馬爺烏丹加林這件案子，是前國王卡洛斯一世在位時期地位衰落的開始。當西班牙蒙受「經濟大衰退」影響，度著最艱苦的日子時，時任國王卡洛斯一世卻被發現正與情人，也就是德國公主柯琳娜·維特根斯坦（Corinna zu Sayn-Wittgenstein），躲在波札那（Botsuana）享樂獵象，此事對他的形象造成了決定性的重擊。國王摔裂臀部的這一跤，讓他這趟顯然得隱匿不提的旅行曝了光，也迫使他公開道歉。但為時已晚，種種醜聞已讓波旁王朝家族陷進了托爾斯泰式的情節，有如托爾斯泰書中所寫：「幸福的家庭都是相似的，不幸的家庭各有各的不幸。」那些衝突對立的忠誠，王室間的爭吵與家族責難，被幾十年來一直保持沉默、給予禮遇的媒體們鉅細靡遺地揭開。君主制度大受撼動，為了補救，卡洛斯一世決定退位，將王位讓給了他的兒子菲利浦六世。

新國王登基屆一年之際，在公開發表演說時，宣布國家往後將會是「新時代的新型態君主制」，試圖要整頓秩序。他的計畫是，讓王宮體制恢復正軌，並在可容忍的範圍內進行改革，因為此君主制度能否存續取決於改革，但又不能讓改革演變為以革命告終。國王同意提高王室帳目的透明度，大幅度減少貴族頭銜的授予，並向從前並不受王宮歡迎的團體——包括同性戀社群代表在內的人士——敞開了薩爾蘇埃拉王宮的大門。最能考驗菲利浦六世是否真有改革決心的莫過於，咎責他姊姊克莉絲汀娜二公主涉嫌的稅務罪，以及他姐夫烏丹加林涉嫌的諾歐斯案貪汙罪。新國王試圖說服他的二姊放棄繼承權，卻無功而返，結果迫使他必須在家族和王室之間做出抉擇。從小到大他所受的教育，都教導他要選擇後者，因此他與姊姊決裂，並撤銷了她的帕爾馬女公爵頭銜，雖然姊姊和母親一直是他在家裡最親的人。

可以肯定的是，無論是新國王，還是他的妻子——沒有王室血統的記者蕾蒂西亞（Letizia）王后，都無法獲得如前任國王夫婦剛上位時的聲譽；由於新國王替王室裹上了一層保護的簾幕，此舉惹惱了負責報導王室的媒體們。菲利浦六世在公開活動中表現出疏離的官方態度，與前國王卡洛斯一世的親民不拘小節形成鮮明對比。不過他的保守性格在近距離時便會卸下，轉變為一位不做作且有趣的對談者，也許就是為了彌補官方活動上的疲憊感及種種正式禮節規定。我手臂夾著一本我寫的《被遺忘的亞洲碎片》走進菲利浦六世的辦公室，把書送給他時，他請我在書上題獻。

「嗯……我不是很確定，要怎麼題獻給一位國王。」我說。

26　一九八一年時值西班牙民主化初期，意圖發動政變的軍方於二月二十三日下午攻占國會綁架人質，中斷新首相人選的投票表決過程；而國王卡洛斯一世在隔日清晨以全國三軍統帥身分，透過全國電視直播方式，強調王室捍衛民主憲法與西班牙法治，下令全國軍方效忠。此番公開談話致使政變軍解散，政變未遂，事件發生不過十八小時便和平收場，未有人員傷亡。

「就像給一個普通人一樣吧。」他笑著說。

「一個普通人，當然。」

我送給國王的書，故事起源於我倆都去過的國家不丹，我是為了採訪不丹前國王吉梅·辛格·旺楚克（Jigme Singye Wangchuck）登基二十五週年紀念活動，在九〇年代末第一次到訪。在喜馬拉雅山旁的這個小國，當年藉由將國家向全世界開放，允許網際網路的到來，以及解除公民觀看電視的禁令，來慶祝這個大日子。七年後我再度回到不丹，發現那次的開放已經改變了他們的社會：像是《海灘救護隊》（*Los Vigilantes de la Playa*）影集裡，穿著比基尼的模特兒和她們的速食愛情，終結了從前不丹人對厚片女子的偏愛，年輕人學會了吸食大麻（在那之前，大麻是用來「讓豬開胃」的東西）；在我第一次造訪時連一個紅綠燈都沒有的首都，卻開始會塞車了；好幾家簡陋小酒吧開張了，裡頭的青少年反戴帽子隨著饒舌樂跳舞，女孩們則是換掉傳統服飾，改穿上偷藏在包包裡的迷你裙。但是每當我詢問不丹人，不丹真正的改變是什麼，他們便開始流著眼淚說，是前國王決定結束君主專制，讓國家走向民主；從來沒有任何一位國王，是以如此共和的主張讓位給兒子，這位國王說：「如果人民幸運的話，將來會有一個肯付出且有能力的人登上王位。但另一方面，繼承人也有可能只是一個能力平庸，甚至毫無才幹的人。」

菲利浦六世似乎並不屬於任何一種，從認識他的朋友那裡得到的印象是，他是個好人，而且無庸置疑地，比任何一個至今我曾來往過的政治家都更有才能。他會說多國語言、見多識廣，會開戰鬥機，也能跟人談論文學，辯論地緣政治學以及知道如何平衡預算。能有這些技能，都源自於出生在享有特權的家庭，這也是他無從逃避的自我矛盾。談到不丹的前國王，以及他自願放棄王位的做法，他告訴我，他也能過著遠離王宮、不停的吻手禮儀和官場活動的生活。

「這是個民主國家，如果有一天多數人不要我了，要我走完全不是問題，我會離開去做其他事。」

從他回答這些話的樣子，我可以看出他真的是這麼想的，而且在他低潮的日子裡，這可能正是他求之不得的。在我看來，儘管享有特權及關注，但王宮永遠不會是世界上最幸福的地方，對國王來說是如此，對蕾蒂西亞王后來說也是如此，她並不是在那種壓抑氛圍中長大的人，曾很不適應擔任公眾要職的乏味。

◈

我與國王會面完的幾星期過後，在一個新聞乏善可陳，沒有任何東西值得放到頭版的日子裡，「內線調查師」手裡拿著幾張紙，走進總編輯室。他說裡面是國王夫婦發給哈維．洛佩茲．馬德里（Javier López Madrid）的私人訊息紀錄，這人是菲利浦六世年輕時就認識的朋友，他也是比亞米爾集團（Villar Mir）的執行長，而此集團可是西班牙數一數二的房地產公司。這些私人訊息是交換來的，以揭露洛佩茲．馬德里和班基亞公股銀行（Bankia）的其他董事，利用所謂的「黑（帳）卡」向銀行報帳請款的新聞作為籌碼，在新聞爆出後的第五天才拿到手。那些

「黑（帳）卡」被用來支付夜場派對、奢侈品、藝術品、滑雪旅遊的費用和現金提款，等於是向財政部詐取錢財。國王的這位朋友洛佩茲・馬德里還不算是他們之中最揮霍浪費的人，但也用了銀行的「黑（帳）卡」，支付了總值高達三四〇八七歐元的私人開銷。

投機客充斥的年代引發「經濟大衰退」，而且主要涉嫌人還都能逍遙法外，這其中最具代表性的，便是班基亞公股銀行這件醜聞案。數十年來，政黨、工會和企業家不停地安插自己的樁腳到董事會裡，縱使那些人對銀行業務一竅不通，最後演變成是國家不得不出手營救這家銀行。當年數以千計的銀行儲戶，包含患有癡呆症的老人們，全被哄騙認購了高風險投資產品而賠掉辛苦錢；在此同時，那群銀行經理人則是紙醉金迷地開著奢華派對，這些花費最終還都是由納稅人買單。在此大環境之下的媒體，卻選擇將目光投向事情真相的另一邊，不願去調查那些房地產掠食者、銀行家和及地方政客組成的「分食小團體」，原因很簡單，就是因為我們媒體已從中變成為最大的受益者。新的房地產促銷廣告，和「好到不能再好的」的貸款條件廣告，塞滿了我們的報刊版面。所以當政府推動班基亞公股銀行上市時，縱使它的帳目早被動過手腳，提出的種種承諾也不可能做到，新聞業界完全沒人有興趣去調查探究，導致最後成千上萬投資者落入陷阱。當時的中央政府召集了全國最主要報刊的總編輯，要求他們支持推動這次銀行上市，其餘的事會以「協議條款」來處理。各家媒體以「成功」作為標題，來形容班基亞公股銀行在股市首度登場的這件事。然而事實上，如果只針對政客、企業家、經理人和我們的廣告部門來說，的確沒錯，是成功了。

「內線調查師」拿到手的私訊內容裡，蕾蒂西亞王后特意淡化「黑（帳）卡」花費的重要性，字裡行間透露出對洛佩茲．馬德里的支持，並不忘侮辱我們報的社交名人副刊「名流另類報導」。

◆

「我寫訊息給你，因為看到垃圾『名流另類報導』登出有關『黑（帳）卡』的文章，你知道我是怎麼想的，我們知道你的為人，你也知道我們的為人。我們相知，相惜，相敬。其他人都是狗屎。送你一個吻，瑜珈好夥伴（想你！！！）。」

（而王后訊息裡所指的，正是我們某篇寫到菲利浦六世和洛佩茲．馬德里兩人關係的一篇文章。）

「非常感謝你們。」（洛佩茲．馬德里在訊息裡回道。）「今後我會格外謹慎小心，我們活在一個很艱苦的國家，我將會更加注意自己的行為。」

（這時，國王菲利浦六世也加入了聊天室對話：）

「沒錯！我雖然加入對話了，但我更希望在沒有電子軟體或電話的中介下，跟你直接聊聊。我們明天一起午餐吧？送你一個擁抱。」

我們拿到手的是顆新聞炸彈，而且這次我不確定是否該發布它。接下來的兩個小時裡，大家在我的辦公室激烈辯論著，針對國王夫婦隱私的底限、有利害關係的洩密事件是否該發布、是否展開新聞調查，以及總編輯不僅要對報紙發布的內容負責，也要對他想發布卻不該發布的內容負責任。當時只有我們的副刊負責人兼「名流另類報導」編輯的「李察吉爾」，贊成進一步公開報導這件事。他從前是派駐巴黎的特派記者，回國後一路升職到擔任何達的副總編輯，承擔了無法用金錢衡量的巨大工作壓力。這些心路歷程，讓他變成了無神論者，駐外記者回國後，要重新適應編輯總部裡的例行公事時，會遭遇許多必須改變自己的事，這就是其中最經典的一項。「李察吉爾」被何達耗盡了精力，卡希米洛．賈西亞到職後，他就被降為副刊主管，這讓他能過著比較舒適的生活，但代價是，就此遠離了新聞的第一線。從前他還是我上司的時候，我就和他相處得很好（國際新聞版曾是他負責的領域之一），他會用特別指派我去報導澳洲網球公開賽，或採訪新加坡一級方程式賽車等活動，來彌補我報導工作的艱辛。

「這是讓你別忘了，你幹的可是報社裡最讚的工作。」他曾這麼說。

「李察吉爾」是個好記者，而且他還有一個附加優點，就是他是少數幾個不拍「樞機」馬屁的人之一，這讓「樞機」看他很不順眼，時不時就要我拿他開刀。而他最大的缺點，是因在何達手下工作太久，而染上了相似的行事作風：對詭計騙局的容忍度太寬鬆，以及對依循良好新聞規範並不感興趣。我曾花一整天的時間跟在他身後盯他，請他管好他副刊團隊中幾個像流彈般不受控的記者，他們雖然有辦法在週末端出最厲害的新聞報導，但也很會犯下讓我們律師感到絕望的錯誤。每次我去見「李察吉爾」，提醒他現在時代已經不同了，或者說，早該開始改變做法了，他總是盯著我看，好像在說：「去他的新總編輯，要我們給出最勁爆的好故事，卻不許我們弄髒鞋子。」

我們的週末版主管提議說，照樣發布這則新聞，但只寫國王夫婦向洛佩茲．馬德里發送了幫他打氣的訊息，不要透露內容寫了什麼。

「我們僅報導件事，並沒有侵犯到他們的隱私。」

我們的社論版主管，同時也是編輯總部裡道德指標人物之一的貝德羅．華探可，那時以捍衛的語氣說，即使是國王夫婦也享有隱私權，除非談話內容有透露他們犯了罪，或做出不道德的行為。這與拉荷義在巴塞納斯藏匿瑞士的鉅款被發現後，私下發訊息給這位前任財務長的那件事，有很大的差別，因為後者不僅暴露出總理意圖包庇貪汙行為，而且也顯示出他與支付「額外津貼」給他的人早有勾結。儘管我們可以譴責王后的行徑太過輕率，但沒有任何跡象可看出她是否早就知曉，洛佩茲．馬德里是否真有媒體刊載的那些花費，或她是否有意要保護他的作為，或者是否打算幫他脫罪。至於她個人是否有從中獲得什麼好處，就更不用說了，根本看不出來。「副座」也反對刊登。「沉默頭子」則是多提出了一項擔憂，最後使得討論內容往其他方向走偏，他說：「感覺蠻像是『國家下水溝』會幹的事。」

內政部長豪爾赫．斐南迪，趁著警察間的派系鬥爭失控之際，順勢利用他的各警察局長及局處長官人脈，試圖剷除人民黨的異己。警察能涉入的「平行業務」，沒人幹得比彼亞雷霍警長還更精彩，在我決定與他斷絕關係之前，多年來他一直是我們報社的情資來源。他藉著向數十家公司提供「服務」而致富，當時司法部門也開始調查，一個警察怎會坐擁如此財富。曾被他服務過的眾多公司裡也有名氣不算小的，例如商務交易專屬俱樂部（CENYT）。彼亞雷霍的祕密警察們以及某些警局局長，會準備好所謂的「情資」報告，讓他們的客戶拿去用在公司內部鬥爭、商業競爭或個人復仇上。包含了市場買賣的消息、錄音檔，以及任何能讓有權有勢人士搞陰謀的素材，其中還有彼亞雷霍自己所稱，透過被買通的妓女及模特兒，從菁英人士臥房中竊聽機密，及暗中窺探政客而取得的「陰道消息」（información vaginal）。

在某個時空背景下，曾僱用過彼亞雷霍警長為他們服務的客戶裡，囊括了國內的三大銀行：桑坦德銀行、凱克薩銀行和西班牙對外銀行；以及大型能源公司：像是西班牙國家石油公司（Repsol）和伊比德羅拉能源公司。還有巨額財產的繼承人：例如蘇珊納．賈西亞（Susana García Cereceda），就曾為了爭奪拉芬卡（La Finca）奢豪住宅區的家族遺產，委託他去監視她的妹妹尤蘭達（Yolanda）；還有電視明星安娜．蘿莎．金塔納（Ana Rosa Quintana）的丈夫，出身自塞維亞的企業家胡安．穆紐斯（Juan Muñoz）也是。如果說，不同黨派執政的政府都對彼亞雷霍警長的行為視而不見，他在十一位不同的內政部長任內都有辦法逍遙法外，那絕對是因為，他手中握有四百多份檔案，裡頭的主角各式各樣，包括多位國內政客、企業家、記者和重要人物，甚至還有前國王卡洛斯一世情婦德國公主柯琳娜．維特根斯坦的錄音。她在錄音中聲稱自己充當了人頭，隱瞞退位國王在國外藏匿的鉅額財產；這份錄音檔最終仍被公諸於世，重創菲利浦六世父親的形象。「國家下水溝」潛入的範圍，已從各內閣辦公室，擴散到各大上市公司的高級辦公大樓，也從君主們的王宮，滲透到各家報社的編輯總部。

◆

國王的朋友洛佩茲．馬德里舉發，說他的家人和朋友接到了數十通匿名騷擾電話，那時他將彼亞雷霍警長視為是自己的救星。這位身兼OHL建築公司顧問的比亞米爾集團執行長，懷疑那些騷擾電話背後的始作俑者，是馬德里上流社會的皮膚科醫師艾莉莎．萍朵（Elisa Pinto）；幾個月前，他曾到她的診間去切除一顆痣，自此與她展開一段複雜的「情事」。他們的分手變質為一場公開大戰：艾莉莎．萍朵指控彼亞雷霍警長，受洛佩茲．馬德里的委託，在她十歲的兒子面前用刀刺殺她。

企業家的指控和皮膚科醫師的反控，最終引發了國民警衛隊的介入，甚至連洛佩茲．馬德里的手機都被帶走。我們收到的洩密情資內容，是這位企業家已刪除卻被國家警衛隊破解還原的，其中一個對話訊息記錄副本。如果是像「沉默頭子」所言，這是「國家下水溝」的人幹的，那在我們尚未調查到底，還沒搞清楚背後的企圖之前，就不能公布這個訊息。涉入警察平行業務的警局局長們，開始受到司法系統的追緝，他們便恐嚇訛詐政府，威脅若不停止那些對他們不利的動作，他們就會把有權有勢人士的私人對話散布出去。他們再一次地，跑去找那些不提問就願意先刊登新聞，而後再驗證的記者們。

我做了決定，我們報社先不公布那些對話訊息，但要繼續追蹤對話內容透露出的線索，並調查國王夫婦的朋友以及「國家下水溝」的勒索細節。隨後我上樓去見「樞機」，將這些狀況都告訴他。

「我認為你決定不公布，是正確的做法。」他說。

但他馬上就自打嘴巴，破壞了當時大家堅持的專業新聞決策（無論正確與否），因為他表示將致電王室，讓他們知道我們幫了大忙。在「恩惠遊戲」中，絕不能浪費掉任何一次可以邀功的機會。所有的敏感消息都有它的價值。而且最珍貴的，莫過於那些被保留在抽屜裡不能見光者。

兩天後，網路媒體《每日報》（*Eldiario.es*）公布了國王夫婦的那些對話。不過我們社內的人當時猜錯了——我在兩年之後才知道，洩密者原來是皮膚科醫師身邊的人，而非來自「國家下水溝」。當年編輯總部內的大多數人，不知道我們也曾掌握那些對話，但「副座」卻非得確保大家都知道不可。我這位副手，發了一則訊息到群組郵箱，裡頭有全部版面負責人的郵件地址，內容並加上警告，提醒說「總編輯」不希望報導那些對話。他非但不提我們在會議中所討論的動機，也不提我們對情資來源有疑慮，更沒有提到，他也是做出這項決定的主要捍衛者之一。當我要求他解釋這是怎麼一回事，他回說是個錯誤，他以為他只發給了網站編輯。我並不相信他的說詞。他的種種背叛作為如此頻繁發生，而且從諸多面向朝我襲來，讓我毫無疑問地確信，他是在企圖引發一場，最後真的會燒起來的大火。

那天我剛好必須去威斯卡（Huesca）為第十七屆數位新聞研討會開幕，當我在火車上複習演講內容時，報社裡正瘋傳著總編輯不願意公布這則獨家新聞的各種謠言。王后在他們的對話中，稱我們的副刊是「垃圾」這件事，使得我下的這個決定，變得更加令大家無法諒解。但對我來說，那並非最重要的事。「名流另類報導」為此，嚴厲批評了王后一番，當中對她批評最重的，是在此副刊上有個每週專欄的海曼．貝納非爾（Jaime Peñafiel）；但其實在報社總部的走廊上，每天都聽得到有人批評，說著這八卦副刊的評價有多糟糕。

後來那些訊息引發的醜聞，已幾乎被所有的媒體都報出來了，我便要求引用網路媒體《每日報》的報導，也登一篇我們自己的。「李察吉爾」將以副刊編輯及副總編輯身分，撰寫一篇文章來回應蕾蒂西亞王后。王后侮辱我們副刊的那些話，被以一篇充滿諷刺的文章回敬，我們這位「名流另類報導」的編輯，更是選了一些酸澀的文字挖苦她，意圖點出她有多荒謬。這篇標題為「我是『垃圾名流另類報導』責編，希望陛下您能繼續閱讀我們」的文章，被我們決定放上頭版。「樞機」暴怒似地打電話來，我其實很少見他發脾氣，但那就是其中的一次：「你明明告訴過我，你不會公開那些對話訊息。」

「它們早已被公開了，所有的媒體都在報。都到這地步了，還說什麼尊重隱私已是多餘，我們不能再漠視不報導。」

「你根本就不懂這代表著什麼。我已經打過電話給王室，跟他們說對話訊息不會被登出來。」

「你難道還沒發現嗎？在這國家裡，已經沒有一個人不知道，王后稱我們副刊是『垃圾』的這件事了。我們必須有所回應，而且我們選擇以『名流另類報導』編輯的專欄回應，這是最適合的方式了。」

我人在威斯卡發表完演講，但腦中卻仍想著馬德里的事，急著想回去了解情況。隔天一早坐火車回去時，到了半路，我看見一通未顯示號碼的來電出現在我的手機螢幕上。我接了起來，電話那頭的人說：「你好，我是國王。」

我本想掛斷電話，當時的我真的沒有心情開玩笑。但又覺得聲音聽起來很熟悉。確實是菲利浦六世打來的電話。

「大衛，你好嗎？打這通電話給你，是想代表我自己和王后向你道歉……。」

「嗯，沒有必要。」

「那些對話訊息的內容並不得體。」

國王向我解釋了，他與洛佩茲．馬德里私訊內容的前因後果，並告訴我，他知道我一開始是拒絕公布它們的。我回他說，因為我認為那是私人對話，如果當中有透露任何出違法或犯罪行為，我還是會公布。

「我了解，我了解。王后在我旁邊，她也想和你說話。」

蕾蒂西亞王后說，她為自己針對「名流另類報導」說過的話感到抱歉：「我知道貴社的編輯總部，對我感到不滿。」

「是的，有一點。」

「我不是有意的……」

我們還談了新聞工作，談到生活在媒體放大鏡下有多困難，頻頻過度檢視她，挑剔她穿的每件洋裝、外型裝扮（有真有假）、容貌、交友關係、反應和姿態。幾天前，「名流另類報導」就曾刊登一篇報導，寫說她正在接受二氧化碳嫩膚治療。王后告訴我說，那件事不是真的。但我知道她說的並非真話，因為我認識那位據傳就是對她進行治療的皮膚科醫師，而且我也已取得醫師的證實。

對她而言，薩爾蘇埃拉王宮並不是世界上最幸福的地方。王后活在一個經典童話故事裡，一位普通人為了愛情，踏入一個原本並不屬於她的世界。那裡頭的封閉保守及煩瑣規定、百年傳統與強加的禮節形式、宮廷假面具及虛偽親切，只有像菲利浦六世這種從小就接受訓練和教育要接王位的人，才真的有辦法適應。她傳那樣的訊息是做錯了（也許我不報導她的訊息也是錯的），但她身處其中也真的不容易。貴族鄙視她，是因為她不屬於他們的世界；人民鄙視她，則因為她屬於平民世界，卻拋棄身分進入貴族的世界。無論她做了什麼，以我們國人天生的心理情結與嫉妒來說，大家永遠都不會原諒，是她當上了王后。再加上，媒體更不會放過她，因為從前媒體對王室保留的沉默，終於在她身上找到了救贖的出口。

第十五章　工會人

「副座」在國王夫婦事件期間的舉動，讓我更加堅決確定要解除他的職務，讓他盡快離開報社。我們對辦報的意見分歧已經高漲到另一個層次：我這位副手帶頭抗拒種種內部改革，想盡辦法破壞我正努力想要推動的企劃，並試圖營造自己是最適合的候選人，以趁時機成熟時，占領那個他自認應得的總編輯大位。當年我決定找他當副手時，「值得姐」就曾警告過我：「沒有人比他更想要你現在的位子。」

「副座」懷有如此不成熟的野心，並不代表他對於我的管理，拿不出合情合理的不平。他說最主要問題是我的「孤狼症候群」，據他所言，這導致我不跟別人分享我的決定。

有次他曾對我說：「你多年來都是獨自旅行，除了自己，誰也不顧。但這裡是團隊合作，有時我都要聽到別人說，才知道你做了什麼決定。你讓我在編輯總部的人面前出洋相，他們無法理解，我為什麼不知道他們說的是什麼。」

我承認是我的錯，向他解釋那並非是在藐視他，而是太糊塗大意，是個我以前當記者時常犯的失誤。我從前總是必須在記者會上向同事們借紙和筆，在重要的採訪中忘了打開錄音機

（之後我就開始帶上兩台），甚至是在跑去印尼報導推翻了蘇哈托（Suharto）政權的叛亂事件時，連電腦都忘了帶。有時候，我去找某個版面的負責人聊天，順便也給了一項指示，但一回到總編輯室後，我就忘了剛剛那件事。「副座」說的也沒錯，我的糊塗，有一部分原因是當駐外記者的經歷，讓我變野了。出差時，我總是盡量避免與一群記者同行，大家在這類旅行裡常常無法取得共識，不論是要去這個村莊還是那個村莊，在一個地方待一個小時或三個小時，還是去採訪這一派或另一派的指揮官。我也從不覺得自己屬於所謂「戰地記者族」的一分子，他們是一群在衝突戰事中能不謀而合的記者；而我進入新聞界，正是為了不要被歸類為屬於哪一個組織。我對記者們常住的飯店有一種近乎病態的排斥感，因為那讓我聯想起學校的學生食堂，裡頭充斥著無法抑制的八卦閒話，以及記者們沒完沒了漫無止境的爭論，比著誰的（獨家報導）最長。我們這行的所有職位裡，駐外記者也許就是最自由、最能隨心所欲的人，因為你老闆遠在千里之外，當下你只要對自己負責。

然而這一切，都在我接手管理三百名鬥志昂揚的記者後變了調，他們當中有一大群人堅信著，人生（以及報社）沒有賜給他們應得的待遇。我那時的管理方式仍有改善空間：發生問題時，常常便怪罪到我的「核心團隊」上，但這些人都是我找來的，有什麼事情無法正常運作的話，我必須負全責。我不夠會下命令以及不夠堅定堅持，造成我所做的決定無法真正滲透到職場文化裡。我對陰謀詭計不感興趣，讓我遠離了內鬥，但也讓我偏離了我必須要知情的事件關鍵。對於我們正在做的事，我在溝通上下的功夫還不夠充足，這個缺口最終卻被謠言趁機占據，頻頻扭曲現實。

我在非常短的時間內，就必須學會怎麼下命令，而且是要命令那些，認為我能力還不夠坐上這位子的資深記者們。我必須在內部派系間做仲裁，而不能讓他們覺得我偏袒哪一方。我還必須要激勵那些，從前見識過他們能耐、如今卻已江郎才盡的記者們，同時要保護新進記者不要落入他們的圈套。我也必須對付編輯總部裡的鼠輩及無用的主管。必須調停「祕書男」和「小人先生」之間的鬥爭，因為他們爭著要當「樞機」的看門人。必須想辦法說服義大利的高層們把賭注繼續押在我們身上，儘管他們嘴裡總是只重覆吐出一個字：「人頭數」、「人頭數」、「人頭數」……。

我曾將何達視為是總編輯職位的參照人物，他在不順的時候，就會拿出《金甲部隊》（*La chaqueta metálica*）裡哈特曼士官長（sargento Hartman）[27]的作風來辦報。我在社會版的上司斐南迪・麥斯（Fernando Mas），是我有史以來共事過最優秀的上司之一，有一次他叫我代替去他參加晨會，那是一場總編輯會逐頁審閱印刷版報紙的會議。

那時，體育版選了皇家馬德里隊以四比二擊敗瓦倫西亞隊，以及克羅埃西亞籍球員達沃・蘇克（Davor Suker）踢進三球，作為當天頭條新聞。全版的標題是「Hat trick 一路領先」。何達看到這則新聞時立即臉色大變，雙眼彷彿快從眼窩裡蹦出來，接著出拳頭重搥桌子，使得我

27 一九八七年電影中的角色，以高壓訓練方式新兵，給予身心嚴酷的打擊和考驗，以求增強新兵戰力。

們在場所有人都從自己座位上小小跳動了一下：「你們這些蠢蛋！寫『hat trick』[28]到底是他媽的怎麼回事？為什麼你他媽的不能用西班牙語來做標題？操你媽的……」總編輯的吼叫聲越來越大，體育版編輯的頭也越來越低（以前還有人激動到跑去廁所哭），直到他的頭差點就快碰到桌子。他的身體顫抖著，而其他版面的主管們，則只能向記者的主保聖方濟沙雷氏（San Francisco de Sales）[29]祈求自己別誤淌混水，因為幾乎沒人能安然無恙地躲過那些風暴。

我有一位貴人，在我未上任前就已離開報社，曾經建議我從到職第一天起就開始大吼大叫。不但要對桌子出拳，而且要看什麼都不順眼。他的理論是，記者都是些「犯賤」的傢伙，而且編輯總部已讓何達獨裁統治太久了，不太能接受另一種領導作風。

他告訴我：「你去過阿富汗還是緬甸的叢林，對吧？報社裡頭的陷阱跟蛇，可是比那些地方還多！你只要一不小心，就會被他們吃掉。還有，你到底在搞什麼東西，自己說不要司機是怎麼回事？」

「我不需要司機。」

「你看你！那就是我講的。他們必須把你當成是總編輯看待，總編輯不管去哪裡，就是都要有司機跟著，不會搭公車去上班。」

「我認識許多其他國家的總編輯，都沒人有配司機。《紐約時報》的總編輯就會搭地鐵。」

「但是你帶的報社並不是《紐約時報》。若你認為你是來帶《紐約時報》，那你在這位子上的時間，可是會比一節電視新聞的時間還短。你不是他們當中的一分子。絕對別相信你能成為他們當中的一分子。如果他們將你視為一分子，那你就死定了。」

幾個月後，我開始覺得他說的話，部分確實有道理。我並沒有聽從他的建議大吼大叫，或敲打桌子，我認為那種帶人方式太過時而且沒效率，對成年人沒有必要那樣做，然而我卻開始對自己的耐心失去了耐心——因為有些事我實在無法理解。我用親切的語氣向當班編輯提出某些要求，他卻解讀為那項要求是自發性的、做不做都沒差，所以我得再重複提醒他。不給解釋的決策，比那些給了解釋理由的更容易被接受。保持辦公室的門敞開，想讓人感覺平易近人，卻被誤解為是在邀請發起抗爭作亂。「樞機」在這些細節上是箇中老手，他的辦公室一直是用密碼門禁系統密不通風地鎖著。這時我才開始理解，為何安森要在《ABC日報》的辦公室門口設置一座紅綠燈。我花了好幾個月的時間調適，才不再過度客氣地對同仁下指導棋，但當我終於下定決心要那這麼做時，或許已經太遲。「阿根廷奇女」持續拼命地開發著我們首次見面時，我要求她做的「來自總編輯的信」電子報，她曾對我說，她覺得我變了。

「什麼變了？」我問。

她說：「你不再浪費時間在『客套廢話』上了。我覺得你更變得直接，更無法容忍胡說八

28 「hat trick」中文翻為「帽子戲法」，這個詞是指同一位球員踢進三個球，當時這說法尚遠不如今日如此為人所知。

29 天主教內有所謂的「主保聖人」，緣由通常是該位聖人與某件事有特別關係，故相關從業者可尋求其護佑。聖方濟沙雷氏為作家，所以是天主教新聞業和出版業的主保。

道。會議時間也都變短且直接。」

「所以呢？」

她笑著回：「也該是時候了。」

我不想再浪費時間在情緒化的討論上了，因為那只會讓一切更糟，我甚至告訴「副座」：「我們不是夫妻。」對於那些不願意改變的守舊者，我也已放棄說服他們了解，我們在數位化上的賭注有多急迫。我的結論是，他們抵制並不是因為缺乏遠見，而是因為他們決心要守住自己的特權，只要什麼都不變，他們就能繼續抱著特權不放。我也不再和「樞機」繞圈圈，而是明確地告訴他，我不用「副座」的決定是不可能撤銷的，我也已經約了「副座」，要告訴他這決定。然而，我們這位「馬薩林樞機」每次總是藏了一張王牌在袖子裡。我約了我的副手在阿根廷餐館彼夫普雷斯（Beefplace）見面，預計在那裡告訴他要辭退他的事情，但當我快抵達餐廳時，接到了「矽谷小子」的來電：「中止。」

「你說什麼？」

「人力資源部跟我們說，不可以這麼做。」

「這是『樞機』的另一招障眼法，不用再騙我了。我已經到餐廳了，一分鐘後就會見到他。」

「不，不。我向你保證，我們已經仔細研究過了。我們正在申請另一次集體裁員，所以現在不能解僱任何人，否則集體裁員申請可能會被撤銷。但是我們向你保證，一旦流程走完，你就可以組你自己的團隊。」

「副座」到餐廳時，並不知道他剛被「球賽補時規則」拯救了回來，雖然我有預感，「樞機」一直都有同步知會他正在發生的事。用餐期間，我們互相坦承地，把對彼此的失望全部攤牌。他對我的糊塗、缺乏組織性，以及堅持一種清教徒似的新聞純正主義感到失望，他認為那會使報社變得黯淡無光，當國家需要眾人明確表態時，我們就會被晾在一旁。我對他失望的部分則是，他的強烈意識形態、他把個人意見跟實際新聞混雜在一起所做出的意圖性新聞，以及他選擇將精力投入到陰謀詭計中，以上種種都是我們決裂的原因。

「做我的副手必須遵守的條件，我們都討論過了，但你都沒有做到。第一項是，你必須遠離茶水間的密謀鬥爭。第二，是要忠於工作以及忠於你的總編輯。」

「你認為我想要你的位子？」他問。「你真那麼認為嗎？我有滿滿的雄心壯志，但我並不認為，有人比你更適合那位子。我根本一點都不想要你的位子。但是關於編輯總部是如何運作的那些事，你還不夠了解。」

多年來我們對彼此抱有的專業尊重以及個人情感，都因此消逝了，取而代之的是猜忌和譴責。「副座」現在比以前更加危險了，因為所剩日子已倒數中。他清楚知道，當時機變得越糟，他生存下來的機率就變得越大。

◈

初春時，一個美國顧問團，帶著數位化轉型的研究資料、勞動生產率圖表、協同管理及「重組工作流程」等計畫，空降到報社總部。「矽谷小子」聘請了美國顧問公司 FTI Consulting，來協助集團讓「編輯總部的工作業務轉型」。此舉激怒了公司同仁，公司員工工會出面提出質疑，要求知道這個「歡迎馬歇爾先生」計畫，包含請他們吃的晚餐中所端出的最高檔橡果西班牙火腿和里奧哈（Rioja）葡萄酒，總共會花我們多少錢。我守住了這個祕密，避免大家一時激動，放火燒了「二樓」的管理高層辦公室。

我提醒「矽谷小子」，當初他說服我來坐這個位子，就是要執行這項數位化轉型，至少以《世界報》的例子來說是如此，一旦獲得義大利母集團的批准，我們也能在不需任何人幫助的情況下自行處理好。然而我們的高層，希望的是美國人幫我們做出一份漂亮的報告，來提醒自己是多麼地落後，以及有多需要砍掉多餘的冗職，好安慰自己，才不會對裁員感到太內疚。我同意有些協同管理方法，的確可以幫我們降低成本，但讓我感到驚訝的，其實是管理高層們的無知：他們完全無法理解，他們提出的某些建議若真的做下去會導致什麼後果。例如「樞機」提議，由一個體育版團隊做出一份新聞內容，然後同時放到《馬卡運動報》和《世界報》的體育版上，我們就能省錢。為此我們不得不向他解釋，若照他的意思去做，將會危害到我們在網路搜索引擎中的定位與單一用戶瀏覽量，在數位廣告的收益也會有減損。相較之下，「矽谷小子」懂的還比他多一些，但他從未在媒體圈工作過，其實並不清楚業界是如何運作。我們這位「華爾街之狼」，想要成立一個專屬的美編排版團隊，以便統整設計集團裡所有出版物的頁面，這主意還算有點道理。但是《拓展日報》、《馬卡運動報》及《世界報》，這三家的編輯總部分散在不同處，而且每家報社原本就有稿件堵塞及意見相左的老問題，因為在截稿前，各自都有許多長期累積起來的需求要處理。

我跟他說：「不是不能做。而是不能只因為辦公室的某人說了什麼，明天就必須開始做。」

美國顧問團成員和三家報社的「核心團隊」，開了好幾場重大會議，我們就這樣浪費了好幾天時間討論。對談中，他們試圖想了解我們是怎麼工作的，而我們則試圖了解他們究竟為何而來。他們「遊覽」了整個報社，但每個「景點」都讓他們感到驚訝錯愕，看著每個部門都用自己的方式做事，精神氣力還持續投注在我們已萎縮虧損的實體報紙上，各部門的辦公室圍繞著編輯總部分布排列，而設計部所使用的過時工具，則是他們在同等規模的美國報社裡前所未見。

「大藝術家」感覺到他們可能會縮編他們的團隊時，說著：「他們的要求，根本是要我把我的工作做爛，那會讓報紙的設計變糟。我沒辦法那麼做。」

這群美國人證實了一些我們早已知道的現實：我們的組織結構失靈，一家現代化報社需具備的條件我們都沒有，我們的技術過時，編輯總部的文化仍然停留在過去的思維。數位化程度落後，是西班牙所有行業的通病，然而媒體界改善這個問題的意願更是低落，因為有「協議條款」在，就足以補強公司的損益平衡表。若是年底可以透過安排，以友好報導或對某不可告人之事保持沉默做為交換，向某大公司的董事長要到贊助協議的話，那麼，轉型計畫便總是會被推遲到下個年度再做。

這個「歡迎馬歇爾先生」計畫，最終以在報社總部禮堂搞的一場盛大表演秀落幕，舞台上，一位「勵志訓練」專家使出渾身解數，去說服那些抗拒者相信：自己的恐懼都是沒有根據的捕風捉影，只要我們拿出心裡的勇氣，勇敢去擁抱接納改變並重塑自我，一個處處充滿機會的新天地，就會在我們面前敞開。當〈我們是冠軍〉（We are the champions）歌曲響起時，「樞機」登上了舞台，那時我真的非常擔心，他們會要求我們互相擁抱彼此。然後，大家帶著比入場之前更驚嚇的情緒，回到自己的工作崗位上，因為這讓人感覺到，我們是被一群荒唐的傻瓜帶領著。但「二樓」的管理高層們卻互相使著得意的眼神，彷彿在說「我們怎麼可以這麼厲害！」，而且很有自信地認為，他們這場推動數位化的布道大會，成功到連他們自己都無法置信。

那場「秀」結束之後，我在茶水間裡遇到「工會人」，我們的公司員工工會代表。

他說：「那到底是他媽的怎麼一回事？」對於那場「訓練課程」及兄弟情布道會，他仍舊感到相當困惑。「你已經知道他們想開除多少人了嗎？」

「你知道的，就算我已經知道了，也不能告訴你。」我提醒他，依據法律規定，在談判開始之前，我不能透露集體裁員報告裡的任何消息。

「大家都非常緊張。」

「我只能跟你說，我會盡力阻止這件事。我認為我們可以去爭取，自願離職方案、不錯的離職條件及提前優退等等。我承諾絕對會捍衛每一個職位，而且這正是我要著手去做的事。」

「好，好。『樞機』他也不想裁員。」

「你說什麼？這句話是他告訴你的嗎？」

「這些都是『矽谷小子』跟那群老美搞出來的事。他們以為這裡跟美國一樣，帶著斧頭來，就想把我們趕出門。但他們終將了解，我們不會允許這種事發生。」

對於裁員這件事，「樞機」在會議上所表現出的態度，和「矽谷小子」一致或甚至更為擁護，但他其實已暗地開始傳達一個說法，那就是義大利母集團、「矽谷小子」，甚至連我都算進去，說在我們這些人所策劃的計畫裡，他僅只是一個旁觀者。隔天，國王夫婦預計將到我們在「拱之大展」（Exposición Arco）[30]國際藝術展的攤位停留觀賞，在等待他們到來時，我與「樞機」和「矽谷小子」兩人當面對質，我說：「編輯總部有種感覺，就是你們倆並不在同一陣線上。連我自己也感到很困惑。」

我這番言論，戳破了他們不願面對的事。

「我們當然在同一陣線。」「樞機」回著。

「當然，是同一陣線。」「矽谷小子」也說了一遍，目光卻盯著地面。

◆

30 為馬德里國際當代藝術博覽會，每年二月在西班牙首都舉行，是國際巡迴演出的主要當代藝術博覽會之一。

公司提出的解僱人數消息，有如炸彈落下般震撼：《世界報》九十四人；《馬卡運動報》二十四人；《拓展日報》十六人。管理部提出的補償是，每年度年資可得二十天的賠償，加上十二個月的月薪，與法律規定的最低門檻如出一轍。當時我正和「值得姐」，以及人民黨未來的黨魁巴布羅・卡薩多（Pablo Casado）一起用餐，然後我接到了亞美莉雅打來的電話，但她的聲音聽起來斷斷續續。大家約好了下午五點，要集結在我的辦公室門口前抗議。一些同事憤慨地發訊息給我，寫著：「前幾次集體裁員時，他們根本沒有這樣對付何達。怎麼能不去『二樓』高層提出嚴正抗議！」

我也無法理解。只要爬個二十階或搭個五秒鐘電梯，就可以抵達那個辦公室，但辦公室裡頭的那個人，竟是讓我們更陷深淵的罪魁禍首，而且還能因此坐領上百萬報酬。

◈

在總編輯室裡頭，我就能聽到大家的抱怨聲，超過兩百位記者紛紛聚集到我門前。我收到薇希妮亞的一則訊息，詢問我，從辦公室出來時是否要她陪在我身邊。我沒回覆，因為她自己的處境也相當堪慮，大家都視她為那些極不受歡迎的改革的推動者，儘管所有的改革其實都是必要的。但當我一走出辦公室，她很快地就站到我身旁。

「你不用……」

「這種時候，我不會放你一個人。」

其他所有的「核心團隊」成員，包括「副座」，都已逃走或躲在辦公室裡。我對他們這態度，更多的是責備自己而不是他們：因為我做錯了，我沒有等到真正認識了編輯總部之後再任命自己的團隊，所以要為此付出代價，不然圍繞在我身邊的，本該是忠誠且願意做事的人，而非這些只想著如何拯救自己屁股的人。

「工會人」一如既往地，站在第一線。他是公司的版面美編，一個只與紙本印刷版報紙有關的職位，對「數位化轉型」有著一種近乎病態的敵意。版面美編負責繪製「大藝術家」設計出的封面、各個副刊的首頁，和一些特別報導的封面設計。他們會與各版面的主編或報導新聞的記者一起合作，討論照片要放多大多小，將標題加到一行、兩行或三行字，以及根據文字內容來增減適合文本的空間。這份工作，未曾有過記者的強悍光環，也沒有攝影師的浪漫主義，但在從前是絕不可或缺的職位。然而我們的上頭已決定要拋棄他們，讓編輯們自己從電腦系統裡存儲的幾十個頁面版型中，選擇要用哪個版面。美國顧問們認為，這項縮編應該擴大適用到馬德里，「工會人」所在的職位因此面臨危機，使得他在勞資衝突中，被推上擔任總指揮。他的辦公桌成了訪客數最多的地方，讓人看得出來他的重要性正擴張中，同事們殷勤地款待他，想從他那知道公司的談判狀況。他開始擺架子，說那些是機密或什麼的，接著再透露一些小道消息，大家一傳十，十傳百，傳得越來越誇大，最後都成了假消息，徒增員工們的焦慮。

◈

我走出辦公室，見到的是愁眉苦臉的記者、攝影師、版面美編、設計師、插畫師和祕書們。在「二樓」管理高層們眼裡，他們只是些應該被裁掉的「脂肪」，但對我來說他們是夥伴，是在我實習時合作報導暴風雨的攝影師，是費盡心思畫出我頭幾篇報導的版面美編，還有，是當我人遠在喀布爾（Kabul）、替我打電話回家報平安的祕書。公司提出要開除這些人裡的三分之一，同事們看著我，心裡想的是：「你是我們的一分子，你是在編輯總部裡長大的，而非在那些辦公室裡。」他們期待著我說出狠話：比如，我們被一群婊子養的無良爛人控制在手裡了；若有人要對哪個職位開鍘，必須先跨過我的屍體。

但是我並沒有那麼說。

減少裁員人數的抗爭，早已在報社總部的後台開戰。若與「二樓」的管理高層徹底決裂，只會讓我的談判者角色失去效用，而且我的提議——用自願離職和提前優退計畫代替硬性的集體裁員——也會因此變成一張廢紙。

我對同事們說：「還有很大的轉圜餘地，能改變公司的提案。」但無法提供更多談判細節。我這些話，並沒有減輕他們的恐懼，我說完時，來抗議的大家紛紛露出失望神情。下午，我沮喪又惱火地，與「樞機」、「矽谷小子」和「祕書男」開了一場會。我告訴他們，「核心團隊」在大家集結抗議時，全都成了縮頭烏龜躲了起來，並跟他們說，如果「莊園」裡不裁人，大家也絕不可能接受被裁員。

「樞機」說：「什麼莊園？這裡沒有什麼莊園。」

「這樣行不通，你要解僱《世界報》的九十四人，但這層樓的人卻碰都不碰！」

「這些年來，很多人都走了。我可以給你看已離職的管理高層人員名單。這層樓裡都沒人離開，是個錯誤的說法。」

「不能總是要《世界報》承擔大部分的縮編裁員。大家的耐心已經耗盡。我無法壓制住了，外頭正準備罷工，我們會無法出刊，沒辦法將報紙送上街。」

我提議把集體裁員改為自願離職方案。我相信來登記的人數應該足夠，而且這麼做，消耗掉的情感成本會比較低。結論是，他們會去研究一下我提出的這個方案，我便和「矽谷小子」一起離開了辦公室。

我堅持地說著：「我覺得你們不懂，樓下的人過的都是些什麼日子。如果你們不縮編這層樓的人，我就無法合理解釋必須裁員的理由。」

「管理高層也會裁人。」

「這還不夠。我們無法接受的是，眼看著一個個好記者被炒魷魚，而你……你的朋友卻還安逸地待在他辦公室裡。」

「矽谷小子」的態度強硬了起來。

「什麼朋友？」

「『美國人』。整個網站項目，我們的技術設備，上次選舉計票時發生的慘況。我們一直竭盡所能地，在修補那場災難帶來的後果。現在我們能有這點成果，簡直是個奇蹟。人們失去工作的時候，朋友也不用當了。『二樓』真的沒有可以砍掉的『脂肪』了嗎？我很坦白地告訴你。上面的人有保護，而下面的人卻要被犧牲掉，這種事完全沒人能理解。」

我們之間陷入了尷尬的沉默，「矽谷小子」很勉強地道別後就走了。若他曾是跟我站在同一陣線的盟友，那麼就在剛才，我已失去了他。

第十六章　英屬澤西島

午後，每當需要從情緒漩渦中逃離幾分鐘時，我會上「二樓」去喝杯咖啡。一樓的大家總是工作到很晚，而行政管理部門這裡，一向最先熄燈，週圍會變得很安靜。我正準備按下自動販賣機的其中一個按鈕時，一位經理走了過來。

「好喝的不是那個。」他說。

「不是嗎？」

「是另外一個。」他一邊說著，一邊也幫我按下了另一個按鈕。

我買了杯咖啡請他，當作支付推薦費，而且我們還聊了一會兒。我們對彼此都完全不熟，但曾在一些場合上有過幾次交談，我感覺他與「二樓」的其他管理高層們相比，調性差很多。說到公司，他的言語間都是憤世嫉俗，但也有令人困惑的幽默感。有時你聽了會笑出來，但原來他是認真的。或有時你很認真在聽，但他卻只是開玩笑。他問我樓下的情況如何，我告訴他，氣氛很緊張，我很擔心同仁和公司之間的矛盾，最後會演變成衝突。談話中我們互相坦白，他告訴我，即使是在樓上的人，也普遍對「樞機」的管理、陰謀和結黨等事感到厭惡，但沒有人敢提出異議，因為從過去的歷史來看，那麼做對反對者完全沒好處。不僅僅是《世界報》或《馬卡運動報》的總編輯被解職，被拔除的經理人、廣告部門主管、各部門經理，幾年來被弄走的人，名單列出來有一大長串。

「大衛，我不清楚你有沒有發現，他們針對的是你。」他說。

「你這話什麼意思？誰？」

「他們要利用集體裁員這件事搞死你，這樣他們就能自保了。事情就是這樣，他們早晚會背叛你。」

我這位新朋友的論點是，發布《世界報》裁員人數只是策略的一部分，「樞機」意圖利用此事讓編輯總部陷入混亂，藉此趁機把我做掉。

我說：「再辭退一個總編輯？不會吧，我不這麼認為。」

「若我是你，會更小心一點。」

我與「樞機」的關係雖然惡化了，但我很難想像，他會想再解僱一位總編輯，尤其我才剛上任沒幾個月，什麼企劃都還無法上正軌。雖然「樞機」很不認同我的理論——我們該把殘存的賭注，押在強力維持編輯獨立性，和執行深度數位化轉型上，但他偶爾也有令我驚訝之舉：有些建議雖然讓他不悅，但他並不會過分反對，進而肯接納採用。

選舉過後五個月了，各政黨持續阻撓新聯合政府的組成，使得國家落於無政府狀態。我告訴「樞機」，現在是時候了，該寫一篇社論呼籲總理拉荷義和反對派領袖桑傑士辭職，以為此局勢解套，並要求各政黨改革，與其他黨的領袖再重新舉行一次選舉。「樞機」接受了我這提議，而他之所以接受，大概是因為他各大上市公司的朋友們，開始對政治局勢的「僵局」感到絕望；或是因為他在總理身上的投資也都回收得差不多了；亦或是因為他某天看見了獨立新聞的光輝，就像內政部長豪爾赫．斐南迪在拉斯維加斯受到感召，找到人性美德之路一樣。

他說：「就照你說的做，但這是一次冒險的賭注。」

我們用了頭版五個大欄位刊登這篇社論，並樂觀地期望它造成迴響，執著地幻想著傳統媒體仍具往昔般的影響力。然而時代變了，在這資訊及輿論大爆發的時代洪流中，報紙社論的重要性已被稀釋，因為成千上萬的媒體和用戶，都在浩瀚無垠的網際網路大海裡爭奪關注。

我們要求總理辭職的訴求惹怒了政府，不過依舊很難動搖到總理的地位。國家再次舉行了大選，然而參加的又是同一批候選人。我們只能開始接受現實：無論過往我們曾多麼重要，此時的彈藥都已不如從前那樣有影響力。我們對大眾應有的「影響力」，在經濟危機那幾年裡，幾乎成了所有事情的藉口，甚至因此利用「協議條款」去壓榨各公司行號。對，一直都是這樣，儘管事情發展並不順，我們失去了讀者和收入，但我們仍有著影響力。沒錯，影響力，很大的影響力，非常大的影響力。那時我們還沒有意識到，隨著印刷量的日漸遞減，數以百計新型態數位媒體的出現，追尋獨家報導的記者人數越來越少，我們報導內容的影響力也以自由落體形式墜落。我們報導的東西，只剩對馬德里的經濟界、政治界、官僚體系、學術和文化界菁英裡的一小部分人有意義。我們之所以只與首都的「當權派」息息相關，部分原因是幾十年來我們一直都只寫有關他們的東西，以及只為他們而寫。儘管不願承認，但我們其實早已是他們的一分子。

◆

很多事都已發生劇烈變化的證據，不久後就出現了。當時，十四年前創立的本土數位報《機密報》，和一家常被政府視為專搞破壞的電視台「第六台」，爆出了近年來最大條的獨家新聞。那就是「巴拿馬文件」，一份由國際調查記者聯盟（International Consortium of Investigative Journalists，ICIJ）主導，並獲得普立茲獎的調查報告，揭發了我們所有人都曾經懷疑的事。全世界的富豪，從運動員到歌手，從政客到權貴，都利用了旁門左道，藉由避稅天堂的空頭公司，來隱匿並保護自己的財產。

整件事是源自於一家名為莫薩克・馮賽卡（Mossack Fonseca）的巴拿馬公司，有多達一一五〇萬份祕密文件遭大量外洩，而且這些文件更被送交到德國報社《南德意志報》（*Süddeutsche Zeitung*）手上。隨後在國際調查記者聯盟的協調下，有來自八十個不同國家的上百家媒體機構，祕密進行了長達一整年的一連串調查工作。「協作新聞」[31]是一種新興的報導模式，我們報社其實也早已開始試水溫，與其他報共同創立了「歐洲調查協作組織」（European Investigative Collaborations，EIC），這是除了國際調查記者聯盟以外的另一個新聞合作組織選項。我們的歐洲調查合作組織，成員還有德國的《明鏡周刊》（*Der Spiegel*）、義大利的《快訊週刊》（*L'Espresso*）、及丹麥的《政治報》（*Politiken*）等，成立不久後，我們便開始對足球世界中的逃漏稅、不正常合約以及中介經紀人等，展開大規模調查——這就是後來被稱為「足球解密」（Football Leaks）的新聞報導。我們挑選了一群年輕記者去執行相關調查，並在報社地下室保留一個空間，讓他們在裡頭解析著我們報社被分配到的數千份檔案及數百萬筆數據資料。薇希妮亞也已經與報社的律師見面開了會，以了解做這些事之後的潛在影響，並與技術人員溝通好，將所有資料都保存在設有特殊保護的伺服器上。這種新興協作新聞模式的關鍵在於保密，因為是跨組織地運作執行，由互相不認識的記者共同參與，任何一絲大意，都有可能毀掉整個專案項目。就連「二樓」的管理高層們，當時都不清楚我們在做些什麼。「樞機」和皇馬主席佩雷斯有交情是件麻煩事，因為在那些因調查而受影響的人之中，包含了球隊的明星球員C羅，他的事後來被我的繼任者貝德羅·華探可公諸於世，兩年後C羅最終因詐欺罪名，被判處兩年徒刑和一九〇〇萬歐元罰款。

在報社頻頻削減編輯總部人員和缺乏資源的情況下，這種協作新聞的結盟，已成為參與重大國際事件調查的一種方式。然而，傳統媒體仍舊對這種合作模式不屑一顧，當國際調查記者聯盟拜訪國內多家主要報社的編輯總部時，他們給予的反應都相當冷淡，也因此給了《機密報

31 協作新聞（collaboracíon periodística，journalistic collaboration）的好處在於，由於單一的新聞製作者不全然具備所有的背景知識或相關資料，若能集結隸屬不同媒體的記者、機構以及公民的通力合作，透過網路等科技輔助，則可望讓新聞變得更完整。

機會，使得《機密報》成功加入國際調查記者聯盟行列。後果就是給了新聞界一記響亮的耳光，因為連續好幾天，我們不得不吞下自己的傲慢，從這個多年來一直被我們看不起的媒體那兒蒐集新聞消息，而這個媒體此時已嶄露頭角成為競爭對手，不僅在閱讀率方面足以與我們相互競爭，連在此之前一直由我們報社獨占的媒體影響力，也是如此。

「巴拿馬文件」裡出現的西班牙人名單當中，有退位國王卡洛斯一世的姊姊，波旁王朝公主碧拉（Pilar de Borbón）、麻煩事已一大堆的前副總理羅德利哥・拉多，以及工業部長何希・索利亞。當時我們的競爭對手《國家報》因為其公司總裁塞伯利安也看似受牽連，選擇漠視，盡可能以最低限度處理這則新聞；而我們則著手開始探尋其中的漏洞，看看是否有能讓我們跟上這股新聞熱潮的漏網之魚，以及可以主導「巴拿馬文件」某些調查路線的線索。

我們把重點火力放在追查索利亞部長身上，也許是因為，在出現在巴拿馬文件上的人之中，他是花費最多精力堅決否認與避稅天堂有任何關係的一位。他首先是出面聲稱，他不知道為什麼，他的名字會出現在一九九一年至一九九七年期間一家註冊在巴拿馬名為「UK Lines Limited」的公司祕書長職位。後來他又自己承認，該公司與他家族成員的公司有關聯，但他並沒有參與其中。最後，他開始挖掘自己的政治墳墓，在一次公開發言中，將自己的名譽擺到檯面上，保證他與「設在巴拿馬、巴哈馬，或任何其他避稅天堂的公司都毫無任何關聯」。

我們的記者開始自問，質疑關鍵點是否其實並不在巴拿馬，而是在「其他避稅天堂」的可能性。雖然不可能拿得到全世界所有地方的相關記錄，但英屬澤西島（Jersey）的某些數據資料庫允許登入檢視，可以查詢到在島上經營公司的有哪些人，以及幕後老闆是誰。而且只需要支付五十英鎊，就可以獲得一組密碼登入網站查看。負責跑銀行線新聞的編輯，是我們報社裡口風很緊的優秀人才，他提出要求，請我們允許支付這五十英鎊，接著就順利登入了資料庫，並用索利亞的名字搜尋島上的公司經營者。我看著我的記者們圍繞在電腦前，然後就聽到一陣興高采烈的歡呼聲，我朝向他們走近，看見他們的臉龐閃耀著光，就像是剛剛中了彩券頭獎。

「我們找到了！」

「索利亞嗎？」

「他在英屬澤西島有開過另一家公司！」

索利亞部長公開說謊，而且我們找到了他說謊的證據。他和他的弟弟路易・貝托・索利亞（Luis Alberto），借由人頭掛名註冊了一家不可告人的公司，名為機械貿易有限公司（Mechanical Trading Limited），並在二〇〇二年之前一直都是持有狀態。他的簽名，就出現在我們上網買到的文件裡。此刻的我們，一分鐘都不能再浪費。若是只要進入這個資料庫，就能找到這份文件，那麼其他媒體也都找得到，如此一來我們這條獨家就毀了。我決定不預先通知「樞機」，他已經被我們的新聞報導折騰了好幾天，因為部長不僅是他的朋友，而且部長的辦公桌上還有份我們公司的申請書，請求同意我們將自家的其中一個電視頻道轉讓給另一家運營商，因為我們急需這筆資金挹注。如果提前告訴「樞機」，他很可能會要求我給他點時間打幾通電話，但真的沒時間了。我們隨即在網站上，以全版大標題登出「索利亞部長在避稅天堂英屬澤西島曾有另一家公司」——「樞機」與我們的讀者們，是同時間得知有這條獨家新聞。

這則新聞馬上就被全世界各地媒體轉載，此時的政府慌了，我的電話也響個不停。「樞機」發了一則訊息給我，要求刪掉這則新聞並警告我，我如此的魯莽舉動，將會導致我們損失慘重。我等到隔天才回覆他，請他別擔心：部長剛剛辭職了。而那天下午，我從第六台新聞部主管西薩．岡薩雷茲（César González）那裡得知，我不先諮詢「樞機」意見的這個決定，挽救了這則獨家新聞：因為他們早先同樣拿到這份英屬澤西島的文件，也都準備好要發布了；但我們比他們搶先了一步——提早五分鐘刊登出來。

索利亞事件處理過程所發生的這些事，讓我更加深信不疑，「樞機」永遠不可能會站在新聞業這一邊著想，而且要辦一份具獨立性的報紙，不可能不損及公司利益——若談及公司這我還可以理解，但無法諒解他擔心損害自己和他朋友們的利益。在這國家之中，從特務機關到法官，從政客到企業家，再到王室及國家各主要機構組織，「樞機」手裡握有的關係網絡，無人能及。無論我們的新聞箭靶指向何處，都一定會觸及到他周圍的人，或是當他遇到麻煩時能保護他的人。他沉迷於維護好層層的關係網絡，這與他在職務上必須對報紙出版內容負責任的立場相互矛盾，他非但無法認清現實這造成了多少局限，也不願專注在經營管理上，仍然只想著要怎麼拿下集團裡三大刊物的編輯主控權。《拓展日報》和《馬卡運動報》在上一任總編輯被解職後，便已成為他的囊中物，現在只差《世界報》，他最夢寐以求的領土。

索利亞這種政治式的切腹自殺行為奇怪至極。根本沒有任何一則公開消息，曾指控部長犯了哪些罪行（財政部展開的調查，僅會判定他是否有逃漏稅），而且實際上，這些曝光的文件，所涉及的是很久以前曾發生的商業活動。這位出身自加那利群島的政治家，其實有充分的時間去準備一份具連貫性的論證反駁，因為在他的名字出現在「巴拿馬文件」這件事曝光之前幾天，他就已被告知新聞要登出來了，他大可在記者會上端出事實，以尋求政府同僚支持。我們這個國家，儘管執政黨的財務長被發現在瑞士藏匿著一筆巨款，而隨後發訊息給他表示支持的國家總理都還能沒事似地繼續留任；內政部長也可以僅為了摧毀敵人而自行設立政治警察，而不必被追究；法官們將執政黨形容為堡壘中的「犯罪組織」，因為他們都不需弄亂自己的頭髮，就可以繼續贏得選舉。所以，索利亞的作為，其實不足以迫使他請辭。然而，他決定公開扯謊，大概是他相信新聞圈裡所有的猛獸都已經被馴服了，只剩下幾匹不受控的野狼，也僅需打幾通電話到「二樓」的高層辦公室，就能加以制伏。

部長辭職後，馬上就冒出了是我意圖掌控《世界報》的新陰謀論。對某些人來說，這消息會被公布出來，是副總理薩恩斯・桑塔瑪麗亞搞的計謀之一，目的是打擊政府裡與她作對的其他派系，而索利亞正是他們的一分子。還有一些人繪聲繪影地說，是特務機關在一個陰暗的車庫裡將那份文件交給了我們，彷彿就像是電影《大陰謀》（*Todos los hombres del presidente*）[32]裡

32 一九七六年的電影，根據同名著作改編，以「水門案」為情節。

發生的場景。善於搞這種事的慣犯們則是認為，這是又一次有人想要扶持我們可以黨，好讓年輕的里維拉能入主蒙克洛亞宮中央政府。後來，我在我的週日專欄「阿奎萊亞城記事」寫了篇〈因為五十英鎊而失去了天堂的部長〉，文中說明了其實一切都非常單純：只要有一個頭腦清醒的記者，一張信用卡，以及西班牙新聞界反應最迅速的編輯總部，就能達成這件事。

這條獨家在報社總部裡就像香膏一樣擴散著，雖然我知道它的效果是短暫的，依舊把這當成可能是最後一次，持續品味了好幾天。沉浸在此集體自豪感和懷念過去輝煌時光的氛圍中，對裁員的恐懼及對未來的焦慮，好似因此消失了。

「值得姐」來找我。

她問：「感覺如何？你真的辦到了！搞垮了你任內的第一個部長。」

「我正準備把他的頭做成標本，擺在辦公室裡。其實，這都是……」

「是，是，他們都跟我說了。恭喜你。今天這一切就跟過去一樣，對吧？像是在帕迪佑街上的舊總部時一樣。」

「會有更多好日子的，你等著看吧。」

「當然，當然。」

最近幾週以來，我們的互動關係變了，變得較以往更為冷淡。從我到任後，她就一直抱怨著，報社裡大多數的專欄作家都是男人。她說的沒錯。從報紙這東西問世開始，女性就一直是受到歧視的那方，尤其，社論版更全是男人的天下。幾週後，我告訴她，我決定要向政治分析家伊斯特·芭洛玫拉（Esther Palomera）提出邀約，因為我欣賞她撰文的獨立性和嚴謹態度。「值得姐」告訴我，她和芭洛玫拉做的事情是一樣的，所以她認為我們並不需要找她來。這樣的答覆我聽過好多次了，大家都口口聲聲想改變報社現狀——只要他們的地位不要被動到。當時我最不缺的，就是再有內部鬥爭發生，因此便放棄了那個念頭。

我告訴「值得姐」，當一切平靜下來之後，報社會有很多重大轉變，我想組一個新的「核心團隊」，而且不會讓「副座」涉入其中。然而，告訴她這事是我做錯了，這重新喚醒了她的野心，讓她以為自己能在「核心團隊」中擔任什麼要職，而實際上我並不打算提供她任何要職。她對報社的價值，我認為在於她的政治評論專文，因為她總能越寫越好。我對她的能力有時感到困惑，她有辦法對同一件事提出兩種相反的觀點又自我辯護，也能像個叛徒般跟我談論她遇過的所有老闆（包含現在的與過去的），還有她對待某些同事的態度，甚至會在編輯總部大喇喇地高聲譏諷他們。我們與保守派將來的領袖巴布羅·卡薩多共進午餐時，一同收到了公司發出的裁員公告。隨後我坐她的車一起返回公司，她在車上向我重申，她對我曾提起的計畫有很大熱忱，以及有決心捍衛我的計畫，共同面對前方等待著我們的「艱難時刻」。然而幾個小時後，她卻跑來我的辦公室告訴我，我最好是自己辭職，以止住這次裁員：「你不可以接受他們要砍掉你編輯總部的三分之一人力。」

我說：「我並不打算接受。我們要想辦法扭轉公司的裁員提案。」

我需要時間去談判協商，進而談妥我們要的條件，我相信我們有機會擋下這次的集體裁員。我若自己辭職，那就正好順了「樞機」的意，太便宜他了。

「你要我現在離開？然後，讓報社淪落到讓他的狗腿打手『祕書男』和『小人先生」』來管嗎？」

「別說是編輯總部了，就連我，也永遠都不可能接納他們倆進入管理高層。」

「他們是備胎。他們想結束掉這家報社過去三十年裡成就的一切。有些事情我無法直接告訴你，我只請你相信我並助我一臂之力。如果一切都能維持原樣，我願意是第一個離開的人。但現在我需要時間，找出解決辦法。」

「大家要罷工了，你知道嗎？」

「那是個錯誤的決定。只會讓事情更糟，你去跟他們說說。他們會聽你的。告訴大家那是個錯誤決定。要給我們機會去協商。」

「太遲了，已經阻止不了。」

◈

索利亞的獨家新聞爆出來後，「樞機」更加頻繁地跟我唱反調。幾天之後，他來找我並告訴我，已經安排好了一系列的聚餐，要與編輯總部的「重要人員」聊聊，藉此看看團隊的士氣，並會向他們解釋，人員縮編後隨之而來的，就是更能保障未來的公司轉型計畫。我建議他，將薇希妮亞也加入他的聚餐與會人員名單裡：「你沒有理由不與她見面會談。她是副總編輯，也是我們報的數位化轉型計畫負責人。而且她其實做得非常好。」

儘管薇希妮亞是個孜孜不倦投入工作的員工，「樞機」仍舊對她滿是偏見。她在我們意圖反轉數位傳媒受眾趨勢上扮演著決定性的角色，並且還從我這接下多項非常令人厭惡的任務，包括刪除不必要開支的內部審計工作。那時我以為，只要能省下越多錢，就有越多職位能被保留下來。我這位數位專案副總編輯所負責的事，「樞機」大多都不了解，部分原因是他對那些專案的認知很愚昧，甚至將數位化太緩慢歸咎於網站上所謂的左派轉向。我已經數不清，究竟向他解釋了多少次，「詩人維提」才是每天負責新聞內容的人，若連他被都會被懷疑成是左派，那「樞機」豈不就是帶頭領導社會勞工黨的人了。

薇希妮亞被邊緣化的情形越來越嚴重，讓她根本沒什麼時間去管每天新聞登了什麼，因為總忙著處理公司的各種麻煩重擔，譬如：解決我們技術層面上的缺失，為網站策劃大型報導，纏著「二樓」的管理高層以推進停滯不前的專案，執行內部重組，與廣告部門諜對諜拉扯（以防他們又把廣告偽裝成新聞丟出來），找尋提高讀者數的方法，以及一步步將我們網站整頓好的無數大小事務工作，這些種種，都是讓我們日報能在數個月後與《國家報》對抗時，重新搶回領導地位的關鍵。然而，那時的其他高層主管都蔑視她，只要我不在，便不找她參與會議討論，意圖讓她自覺她並不屬於俱樂部的一員。後來「樞機」終於與她共進了午餐，之後並打電話告訴我，驚訝於她不是支持列寧主義的間諜，並沒有要破壞「他的自由派報紙」。無論她是否為左派（儘管她曾經是），薇希妮亞具備了我們在加速數位轉型計畫上所需的養成訓練、經驗和知識。

我質問「樞機」：「從什麼時候開始，我們是依據意識形態來選擇人才是否適任？」

「米蘭大使」繼續著他的關係維繫跑攤，接著與資深記者、會拍他馬屁的主管們、及一些「古人詩社成員」聚餐。然而參與過他餐會的人卻告訴我，他們覺得很奇怪，因為那會議留給他們的印象是，他主要用意是想了解我的記者中有多少人是支持我的，而非是要解釋公司接下來的計畫。我完全不想花時間去解讀他的意圖和兩面手法。若他打算出賣我，我能做的其實並不多。他花了二十多年的歲月在羅織同盟、收買人心、犧牲棋子和提拔馬屁精，為的就是在這個我不懂得如何運作的世界裡，永遠得勝。我願意與他的陰謀詭計正面對決，並再給他一次機會，一同找出不會使報社留下創傷的出口。但「樞機」對於我所指出的，他利用集體裁員和「貴族們」讓編輯總部和我作對，感到生氣。

他說：「全是胡扯！有人想害我們，是那些人不信任我們想做的這些事。我們不該理會他們。我當然希望你繼續幹下去，而且我們要一起把這些案子搞好。我說過我們倆是在同一艘船上，你還記得吧？最糟的狀況很快就會過去，我們就要開始革命了！」

當他重提那個承諾時，我更加篤定了，因為我知道那有違他的本性，看著他用一層層的偽裝包裹住自己，戲劇化的神情加上緊張的笑聲，我很清楚知道他在撒謊。他早已決定，要再次擺脫掉另一個總編輯。

我無法理解的是，當初他為什麼選上了我。如果他想要的是編輯控制權，那麼編輯總部裡，願意毫不反抗地把編輯權讓給他的記者大有人在。如果他不要改革，那麼他就應該捍衛著說改革都是不必要的。如果他需要的是一個「地下新聞部長」來潤滑與有權勢者的關係，為他的朋友們服務，有很多人會擠破頭地搶著自願擔任《世界報》的總編輯。他為何要飛到世界的另一端，去說服一個對那一切極度陌生的記者，還向他提出虛假的承諾，以及不會實現的大型新聞計畫？也許他太相信他的傳道能力了，自認為可以感化我、把我塑造成他的另一位看門人。而我這個人，一旦坐上位子後，就會承擔起這個職位必須維護的道德承諾。也許，全然只是一個很單純的原因，紐約的那場會議讓我們誤會了彼此。僅僅就只是：一個小小的天大誤會。

第十七章　路障

索利亞部長辭職一週後，我們因這條最新獨家而發酵的樂觀情緒，便已消失殆盡。公司同仁以壓倒性的投票數決定罷工，大家將在連續三週的星期二罷工，以遏止裁員。《世界報》的同仁比《馬卡運動報》或《拓展日報》的同仁更激進，他們決定採取一項非常措施：若在抗議的最後一天雙方沒有達成協議，這次罷工就會延長成無限期的罷工。同仁們對管理高層的憤怒我可以理解，因為他們要解僱三分之一編制內員工，卻又抱住自己的退休金和特權不放。然而，我也認為我們的讀者們，不該為我們這場衝突的後果付代價。

我們的義大利老闆勞拉．喬莉，跑來西班牙召開了一場會議，在那次會議上，我提醒她，之前我就警告過她，事情有可能會發展成這樣。無論是來自米蘭的她，還是辦公室就在編輯總部的「樞機」，都不了解真正的《世界報》。我們報社的編輯總部，是由一群已習慣面對權勢的記者所組成。公司以為可以用壓力讓他們屈服，卻沒評估清楚他們有多少實力。喬莉將我對此情勢的分析解讀為是種軟弱，進而詢問我，是否自認有能耐可承受住此壓力。

「那並非問題所在。比現在更加艱難的處境我都曾遇過。大家的士氣很低落，想知道再裁員一次真的有用嗎？下一次裁員又會是什麼時候？盡頭究竟在哪？大家都看不見。公司找我來坐這位子，是為了執行一項為期三年的轉型計畫，但是每次開會，就丟給我一個三個月內要達成的目標，一邊威脅著若達不到，會有更多人被裁掉。三年的轉型計畫和每三個月要達成的目標，我們不可能兩者同時兼顧。即使是《華盛頓郵報》（*Washngton Post*），這個國際知名、且擁有大筆資金支持的報紙品牌，也是不得不經歷了三年的艱難時刻，才得以扭轉情勢。」

「但我們不是《華盛頓郵報》，」她打斷我的話，接著說，「而且我們沒有三年的時間，也沒有傑夫．貝佐斯（Jeff Bezos）的金援。我們有的就只是債務、想要收回帳款的銀行，以及一項必須遵守的財務計畫。」

我很難反駁喬莉說的「我們沒有傑夫．貝佐斯」。他提供了資金給《華盛頓郵報》，但並沒有干預《華盛頓郵報》的新聞報導內容，連打一通電話給報社總編輯下達指令這種事都不曾有過，因為據他所言，那麼做就像上了飛機後，跑進駕駛艙裡告訴機長：「你讓開，讓我來開。」

「我想說的是……」我強調：「《華盛頓郵報》的策略才是正確的，我們需要一個包含轉型、投資和新聞賭注的中期計畫，才能擺脫這種局面。」

喬莉說：「我們處境危急，只能接受短期的。計畫必須馬上執行。」

◈

公司要求集團的三位總編輯各自列出一份名單，並註明解聘人員的職位分布情況，以確保數目正確。重點不是給出姓名，而是給出受影響者的職位，因為要計算裁員人數，以檢查是否能夠達到義大利母公司提出的成本縮減要求。輪到我的時候，我提出了一個讓十八位主管離職的方案，其中包括「核心團隊」四人。我們不能為了保住辦公室裡的人，再犧牲掉任何真正帶回新聞內容的記者了。這場風暴來襲的當下，我與薇希妮亞利用週末的時間，在我家廚房繼續工作，為編輯總部重新設計出一個精簡階層主管的工作模式。編輯總部主管結構將縮減為三個層級，也就是只有總編輯、副總編輯，和各個版面的主編，各部門間的隔閡都將被打破。我的想法是，將我剛到任不久時曾想改造編輯總部的計畫重新拿出來做：那時我委託了一家建築師團隊，想將編輯總部改成一個開放式、無阻礙的空間，會議室都是開放共享的；並讓「魚缸間」消失，打造出一個能夠容納新想法的共同討論空間。然後設立一個品質控管的會議桌，目的是嚴格審查每篇文章，未通過者都不會被發表出去。公司裡的美國籍異議分子黛兒．芙斯，因建議我們需要這個制度而被解僱，她絕對會同意我這麼做。所有工作將大致區分為三種速度去處理，並各自配有負責的副總編輯，分別是：突發重大新聞、當日深度報導、重大調查及報導。並且將會有一組特定團隊，專責編輯紙本印刷版的日報。我們也計畫在哥倫比亞的波哥大（Bogota）設立一個小型代表處，以重新在美洲地區再次推出我們垂死的美洲版報。而那些在過去幾個月中已用實績證明了自己價值的新生代記者，將被拔擢到主管職，取代那些試圖阻止變革的報社貴族們。

我請薇希妮亞負責執行的內部審核，揭露了我們究竟還有多大程度的成本其實可以節省下來，用以投資在提升報紙的品質上。我們從中發現，不少我們持續花錢購買的服務，例如網站上的汽車搜索引擎，已經多年沒有使用。我們還撤掉三十多個部落格，因為根本已沒人去閱覽，或者作者（幾乎全是「核心團隊」的朋友）早已停止更新內容。儘管沒人知道，但在我的管理作風下，第一個被解職的人是我的妻子，她甚至在我解僱薩瓦多・索斯特斯之前就已離開。我的妻子卡門經營一個部落格，並為旅行專欄撰稿多年，這是當年我們還住在曼谷時，她在沒有我介入的情況下開始的合作案。如果我想終結公司裡的裙帶關係及侍從主義文化，我就不能讓家族中的任何人領公司的薪水——這些陋習從報社剛開創時就存在了，主管們的子女、侄子、外甥和伴侶，都能被安插進報社編輯總部或「二樓」管理高層的某個職位。

我要求人力資源部提供，所有外包合作者（包括明星專欄作家、插畫家和漫畫家）的薪酬資料。我馬上就發現了一個錯誤。

我指著所有人當中收入最高的那位說：「你們把數字多打了一個零。」

「這個數字沒錯，金額是正確的。」

「他賺的比總編輯還多？」

「他賺的比總裁還多。他最近才被減薪了。這並不正常，我們知道。」

同事們告訴我，我們這位撰稿人幾年前宣布他要出走到《國家報》，離開的理由是因為，他的做事原則與我們報的編輯路線相互矛盾。何達為此下令提高他的薪資，到他被說服願意留下來為止，並且禮遇他給予特權，包含可以繼續與我們報社之外的人合作。所以他留了下來，畢竟，問題不在於如何與我們的做事原則共處，而是願意付出多高的代價。

從前荷包賺得滿滿滿的專欄作家們，面臨了不得不接受減薪一半以上，要不然就得離開的現況。這麼做換來的是，能幫更多提供原創內容的獨立記者和撰稿人加薪，讓他們提供更多精彩的好故事給我們。我捨棄了一些名人，例如安東尼歐．加拉（Antonio Gala），他是我們二十多年來完全不敢動的人之一。我對這位《土耳其激情》（*La pasión turca*）的作者沒有任何偏見，他不但是位傑出的作家，更總是超出我們預期地，會在截稿日期前完成所有工作（他會在七月三十一日就把八月份的所有文章全數寄出）。但他那只比一個段落還長一點點的每日專欄，與他領的薪水並不相稱，無法合理化其正當性。我們其實早就懷疑已經沒人閱讀他的文章；而當某天我們犯了錯，連續兩天刊登了他的同一篇文章時，這個懷疑得到了證實——因為只有一位讀者打電話來投訴：安東尼歐．加拉他本人。

「矽谷小子」看見了我打算辭退的人員職位清單，他說：「這就是我所說的去除脂肪。我們需要的正是這個。」

我語氣堅定地告訴他：「不能只有《世界報》被裁，這個裁員人數是絕對不會被編輯總部的人接受的。大家必須看到『二樓』也有做出犧牲。」

「『二樓』的管理高層也會有。」

「這還不夠。我提前告訴你們，這次將是大規模罷工，報社會無法正常運作。」

「有些人還是會來上班吧？」「矽谷小子」問道。

「沒有人會來。我不知道你們懂不懂，如果公司沒有拿出一個合理的姿態，我們都不會來上班。我們需要的是一個具鼓勵性的自願離職計畫，以不造成創傷的情況下縮減編制員工。」

◈

葬禮般的氛圍籠罩著報社，我們的讀者應該也逐漸注意到了，因為報上的錯字倍數增長。正常情況下我們會飛快衝去捕捉的新聞，都放任它們從眼前溜掉；主管們在頭版會議上也都拿不出什麼能刊登的新聞，因為他們的記者正被懸而未決的罷工、談判和裁員牽制著。各個版面的負責人紛紛跑去「冰箱」挖東西，從那些早已被遺忘的文章中，搶救出即將被凍壞的幾篇來用。報社總部猶如流言的溫床，也像是下賭注的賭盤，等著看這次被犧牲的會是誰。氣氛糟到不行，大家都非常敏感，甚至連工作結束時，口頭上常說的一句「回頭見」都可能會被誤解。公司醫師傳來警訊：到他辦公室求診的人數暴增，而且大多都有焦慮及憂鬱的症狀。有幾位編輯是一天工作剛開始，就要先服用鎮靜劑樂平片（Valium）。還有人則是黑眼圈大眼袋都跑出來了，就好像昨晚是在拳擊場裡過夜一樣。但沒半個人請病假，因為怕請了假可能會被踢走，沒人敢冒這風險；或者更糟的是：根本沒人注意到他不在。當時的我們有如走進沒有任何出路的垂死境界，一旦被辭退，能復職的機會微乎其微。甚至，就連把自己如「政治走狗」名嘴般出賣給意識形態的鬥爭，都已無法保證能在那個時空環境裡倖存下來。自願躲到權力麾下尋求庇護的人數，已超過了有限的缺額，而且薪水報酬也已減半。

我投入最多心力想連根拔除的新聞陋習，包含僅取得政客的聲明和反駁聲明就做成報導，那類令人厭煩的政治新聞，再度故態復萌地回來了。大選過後，因人民黨未取得足夠的多數席位，為了組建政府內閣，國家陷入了一次次無限循環的談判；儘管那些談判毫無進展，卻占滿新聞版面。若我在會議上批評了這類安排好的聲明稿新聞，「貴族們」就會表示不滿，並將原因歸咎為總編輯不喜歡政治新聞。事實上恰恰完全相反，就因為我對政治很感興趣，所以才無法忍受它沉淪為搬弄是非的工具，僅僅重述著聲明稿跟沒故事內容的文字，以及只取新聞稿中的激昂敘事去寫文章。

我感到迫切需要投入更多時間在編輯總部裡，很憂心過去的惡習再出現。儘管如此，「二樓」的管理高層仍不斷召集會議，要求我參與以討論公司的未來，然而這些會議的結論，總是以我們必須再次開會討論而告終。有時候，我連當天的關鍵新聞資料都還沒全拿到手，就要進「魚缸間」開會，到晚上再看我們的頭版時，我幾乎認不出它在寫什麼。「大記者」曾答應我不加入馬屁精的隊伍，他說過：「如果你願意聽，我會繼續像以前一樣，直來直往地告訴你我所有的看法。」他也履行了他的承諾，提醒我，當年我們在十九世紀吉拿棒店裡擘劃的《正直報》已迷失了方向。他發了一則訊息給我，摘錄了一段我送給國王的那本《被遺忘的亞洲碎片》裡的話，書裡頭講述了我在二〇〇四年報導印度洋南亞大海嘯時，對高層主管的失望：

當這些死傷數以千計，但我身為一名記者竟然對這則新聞報導，只能被下一個格外諷刺的標題：「四名西班牙人失踪了」。

所以我打給編輯：「那裡有上以千計的死傷，為什麼卻只有寫四名西班牙人失蹤？四名觀光客在這些死傷當中一點都不重要，他們有可能在不遠處的度假村正在喝雞尾酒啊！」

「和那些當地人比起來，外國人比較好辨識，我們要對這場悲劇有人道關懷啊！」

總之，這個對話的意思是，我們西班牙的罹難者更值得人道關懷。

「我很懷念這大混蛋。」「大記者」在訊息裡和摘錄一起寫道。

我回說：「從那角度來看的話，什麼都容易多了。」

「你是指從我的角度來看？」

「不，我的意思是，對於只需擔心自己專題報導的記者而言。」

執掌報社上位這件事，並沒有動搖我們之間的友誼，但我覺得「大記者」總是不能理解管理上的困難，及總編輯必須承受的緊繃壓力。不過，我自己也未積極地讓身邊親近的人理解這些事情就是。我向他們隱瞞了來自「樞機」的壓力、隱瞞了「副座」的背叛、隱瞞了因發行量下滑而召開的緊急會議、隱瞞了預算窘境，這麼做是為了不讓他們感覺到，手上做的企劃面臨威脅。我只告訴他們，一切都會順利進行。這艱困的時期，很快就會被世人遺忘。我們會把《正直報》做起來的，你們等著看。

我主張讓多數主管離職的提議，遭到「二樓」管理高層洩密給「核心團隊」，導致氛圍更加緊張。公司的主管們習慣於提出裁員名單，而不是被列進裁員名單內。他們一個個跑來問我，是不是也把他們算進去。若我有辦法學會一丁點「樞機」的能力，那種肆意操控身邊人們的恐懼和不安的能力，我就會告訴他們，他們全都不在名單上；並要他們在關鍵時刻保證會對我忠誠，然後再適時斬殺掉那些對我無益的人。然而，我對他們說了實情，我說我正在努力減少裁員人數，甚至連要裁誰都還沒想過，除了必在榜上的「副座」是例外，但他什麼都沒問。所有其他人全處於不安的狀態，也沒有任何充分的好理由能讓他們去挺他們的總編輯。

◈

「樞機」下樓來到我的辦公室，說他有一個好主意，能讓大家的情緒冷靜下來：他想集結《世界報》裡最優秀的思想精神領袖們，召開一次重大首腦會議，為報社的未來想出路，以展現我們除了撙節政策之外，還有一個更偉大的計畫。他將他認為應該參與首腦會議的成員名單傳給我，會議地點選在阿蘭胡埃斯（Aranjuez），這個城市在一八〇八年曾發生暴動，以國王卡洛斯四世（Carlos IV）被迫退位給他的兒子費爾南多七世（Fernando VII）告終。「這地點也選得太巧了？」我心想。他將人名一個個唸出來給我聽，有「值得姐」、「大藝術家」、「祕書男」、「小人先生」、「哈維神」、華探可、「矽谷小子」，以及我們的專欄作家艾爾卡迪．

史巴達（Arcadi Espada）……，要將這群自我中心、野心勃勃、吃霸王餐的混蛋們聚在一起，我覺得這場會議，簡直就是一場失和家庭的平安夜晚餐。

我問：「這是要讓『值得姐』和艾爾卡迪．史巴達共處一室嗎？他們可是憎恨著彼此。」

我所剩無幾的盟友們認為，這次會議是個陷阱，我不應該參加，但我說我還是會去，且會把薇希妮亞加進與會者名單中。就這樣，在春天的某個週六，當報社編輯總部處於四面楚歌的困境，高呼要拯救《世界報》的人們前往了阿蘭胡埃斯。我們圍坐在一張巨大的U型會議桌四周，會議室裡頭有一台咖啡機和一塊白板，上頭還放了簡報用的大開張紙和白板筆。

「樞機」先感謝大家的參與，拿起一隻白板筆，接著斷言：革命的時刻到了！（我已開始厭惡這個詞）接著開始敘述他對未來的願景。然而，他非但沒有提到報社的數位化計畫，也沒有提到新的經營方針，或要在任何編輯路線上投入冒險的賭注，反而是口口聲聲向我們保證，解決所有問題的方法就是重建實體報紙，好將讀者重新吸引回書報攤，就像跟在哈梅恩（Hamelín）花衣魔笛手後面的孩子們那樣回流。實體報紙的銷量下滑是全球趨勢，他還想怎麼扭轉？他口中那個，從前都沒有人想到過的「好主意」究竟是什麼？答案揭曉：他想讓新版的報紙刪除各副刊，包括撤掉「專題深度報導」和「名流另類報導」這幾個最受歡迎的副刊，並將報紙內容全整合成一份報紙，僅區分為三大版面：國內新聞版、社論版和其他版；他想用以聰穎學識分析的文章填滿版面，並找有名望的知識分子主筆作背書，而且當然必須盡可能地越保守越好。「樞機」說著他那根本就是抄自一九八六年某媒體董事會內容的「重大計畫」，滔滔不絕卻滿是渾話，我的質疑逐漸轉變為憤怒，直到再也無法忍受。我出聲打斷他的發言：

「你是認真的嗎？完全沒有事先跟總編輯討論過，就在這發表你的計畫？」

我望向「矽谷小子」，等著他說些什麼，因為我們已一起執行了幾個月的數位化轉型工作。然而，他選擇保持沉默。那時我還天真地以為，能對他有點期待，不過畢竟像他這樣一個剛來不久的空降主管，與報社或與總編輯並沒有任何情感上的羈絆，怎可能會為了捍衛信念，冒險讓自己的職位不保？他的懦弱行徑讓他在公司多待了幾年時間，但並不足以保護他免於「樞機」的能耐。兩年後，他還是被一腳踢走了，離開後他馬上就跑去一家保全公司管財務，大概根本感覺不到換公司有什麼差別。無論要他去連鎖超市賣烤麵包機，還是在傳媒公司賣新聞，對他來說都一樣。新聞這東西，在他眼裡也不過就是一種商品，是一種誘餌，用來吸引消費者買下任何他想販賣的東西。「矽谷小子」完全不懂，當你為一家報社工作時要概括承受的是什麼：即使是在私人企業，除了關心財報損益表或管理階層能領到多少獎金之外，還有公共服務的責任要承擔。若連這點都要人解釋給你聽才知道，那你還是去賣海邊渡假小屋用的警報器就好。

◈

「樞機」的計畫，忽視了我們先前推出週日新版實體報紙時所遭遇的挫敗，忽視那件事在我們帳目上造成的財務破洞，罔顧世界各大報為擺脫危機已採行的策略（將賭注投入在數位化模式，提升其品質及創新，並增設付費訂閱方案），更漠視我們將數位化專案重新做起來後開始出現的契機——這是在面臨實體報紙銷量崩潰慘況之際，少數還能讓我們感到欣喜的事。

「樞機」看到大家對自己的提案興趣缺缺，就開始推辭，說他丟出這些想法只是為了引領大家開始討論，接著請其他人繼續發言，提出自己的建議。「小人先生」是首批發言者之一，他激動地大聲讚賞他老闆的提議，說報社已搖搖欲墜，所以當務之急是收復從前的領域。

我提出質疑：「就像你在塞維亞分部時做的那樣嗎？多虧有你管理，我們報紙銷量連一千八百份都賣不到，因為讀者、銷售和收入都太少，所以只好裁員？」

之後，他便沒有再插嘴說話。

艾爾卡迪．史巴達和「值得姐」，正如大家所料地發生了爭執。現在我甚至完全想不起來當下兩人是為了什麼而吵，但他們倆的角力已持續了好幾年，我一直認為，他們如此仇視對方是因為，兩人都懷著有朝一日要掌管報社的野心。艾爾卡迪在幾週前就曾向我提出，派他接替「小人先生」去掌管安達盧西亞自治區版的《世界報》（而我花了一段時間，才意識到他是認真想當主管）。至於「值得姐」，則總是渴望著，有天也能像主宰了《國家報》的索蕾妲．卡耶沃（Soledad Gallego）一樣，當上總編輯。我認為讓他們兩個人當專欄作家比較好，因為這兩位的名氣雖然早已吞噬掉身為記者該有的本質，但他們持反對立場時所寫出的觀點，非常適合不想只被當成是教區宣傳小冊的報社。要是把總編輯室的鑰匙交給他們之中任何一個人，根本就像是讓獅子掌管動物園一般。

「詩人記者」是我們文化版的專欄作家兼記者，他出現在這場合中顯得很格格不入，就彷彿是叫「祕書男」去參加宗教宣教大會；但「詩人記者」仍維持了自身格調，他以莎士比亞式用語發言，談論我們正面臨的危機，接著提出應該要做的事，是讓報紙的資訊性內容更加豐富。「樞機」的「愛將」，是他從《ABC日報》挖角來的記者，大概也是公司裡唯一對「樞機」真誠愛戴的人。會議上她說了些完全沒人聽得懂的事，並且就她表達的方式看來，也根本沒打算讓人理解她剛說了什麼。薇希妮亞則點出了一個無庸置疑的明顯事實：我們必須抉擇要將賭注押在哪，唯一的合理選項就是數位化，而且時間拖得越久，後果對我們越不利。《紙張》特刊的負責人「哈維神」，則是針對報紙的未來發表了一番演說，結果卻被當時的與會者們解讀成是他要出手競爭王位而做的舉動，彷彿我們這場阿蘭胡埃斯騷亂，也會演變成像十九世紀初的阿蘭胡埃斯暴動那樣，以有人失勢、有人繼位告終。在這滿是虛情假意的糟糕氣氛裡，很難找到不為「樞機」抬轎的人；此時，輪到我回答問題了，那是個在某種程度上，會讓我們回歸原點去思考的問題。

「對你來說，《世界報》是什麼？」

我再次長篇大論地描繪我的願景，儘管我所堅持的事已說過上千遍，當下仍再重述一遍；然而那時我也感覺到，或許說這麼多只是浪費時間，不如直接拿這場會議的事當作範例來總結就好。結論就是：我們真正該做的事，正與專程跑來阿蘭胡埃斯搞這齣鬧劇完全相反。

我們回到馬德里後，才剛踏進編輯總部，我便得知首腦會議的與會者，已將會中討論過的一切都洩漏了出去，混雜著誇大、虛構和半真半假資訊的各式消息，全在真理的殿堂中蔓延開來。不過沒關係，因為傳出來的結論還算恰當，也就是：我們根本還沒拯救到《世界報》，人就回來了，勉強只能說，總編輯或許暫時平息了我們的阿蘭胡埃斯騷亂。

當我們離開阿蘭胡埃斯時，「值得姐」對我說：「這場會議是個圈套，但你防禦得很好。」

◆

公司與員工間的談判毫無進展。「工會人」每每走出會議室，總帶著一副懊惱愧疚的神情，接著馬上就會有一群人圍著他，想知道又發生了什麼事。他的聲明稿內容越來越激進，但卻不時夾帶些對「樞機」使眼色的字眼，兩人之間有著一種怪異的共謀關係。公司員工工會曾在其中一份聲明中，要求廢除所有主管的公司用車，但「樞機」除外。我問「工會人」為什麼「樞機」是例外時，這位公司勞資動盪時期的大將軍告訴我，因為他需要公司的車去出席代表公司的活動。

我說：「得了吧。如果要說誰有能力自己買車，那個人就是他。」

我在談判中的角色定位很令人沮喪，因為我不能上談判桌：我既不算「二樓」管理高層的一員，也不是公司員工工會的成員。我只能在談判桌外試著施以影響力，期望勞資雙方的歧見能越來越少，以避免罷工發生。然而，我的用心並沒有起到什麼作用：贊成罷工的人真的太多了。我召集「核心團隊」到我的辦公室開會，討論我們的立場該支持哪一邊。這是唯一一次，薇希妮亞和「副座」，這兩個像白天與黑夜一樣完全意見相反的人，在某件事上有了共識：他們都認為，我們應該聲援罷工者。「李察吉爾」和「大藝術家」也都表示，同意他們的意見。至於社論版主管華探可則是神情沮喪低著頭，眼神空洞地望著辦公室的一角。他是報社裡的知識分子，也是藉由數千篇社論文章，將《世界報》的中心思想以油墨留下印記的記者。面對這情勢，他那時所說的話，表達出的是一種已近乎肉體疼痛的痛苦。

他說：「你是總編輯，如果你要求我來工作，我就會來。但是，若是要我們與編輯總部的大家對立，隔天我馬上提出辭呈。我會沒有辦法再面對我的同事們。」

「明天我們都必須要來，」我回，「但我不會要求你們去接替編輯們該做的工作。有足夠多的員工來上班，我們才能做得出體面像樣的成品，報紙也才會出刊。如果沒人來上班，《世界報》就不出刊。」

這個決定等同是將我自己也加入罷工行列了，因為我有預感沒人會來上班。「祕書男」得知了我們剛才開會的事，很不高興地來找我，要我給出個解釋。我告訴他，總編輯什麼時間想和他的團隊開會，就隨時都可以開，他一見我心情很差，馬上態度軟化地說：「告訴我，你會讓報紙出刊。」

「這件事的決定權不在我手上。」

「上面的人說……」

「我不在乎上面的人說了什麼屁話。叫他們自己下來弄，下來自己打字把文章生出來。你可以直接跟他們說，這些話是我說的！」

罷工當天，罷工示威者守在報社總部的入口。他們搖晃我的車，大喊著：「罷工叛徒滾蛋！」現場下起了番茄雨。編輯總部裡有如荒漠，只剩下關了機的電腦、空蕩蕩的座位，滿布著紙張、筆記本和文件檔案的辦公桌，這場景彷彿是剛才發布了一觸即發的大災難警報，因而在慌亂中被遺棄後的模樣。「核心團隊」成員全都來了，「樞機」最愛的「愛將」頂著「罷工叛徒的助理」稱號，興致勃勃地出現，還有，多年來已完全不在意別人批評的文化版主管也來了。伊蓮娜穿著她五彩繽紛洋裝中的其中一件，帶著我們初入社會時的熱忱到辦公室了。她有種很厲害的直覺本能，能夠找出從別人指縫中溜走的故事，並滿懷著新鮮感將故事寫出來，也有非要把故事拿到手的決心。幾個月前，希臘威脅要關閉銀行讓歐元崩盤，阿勒希齊・普拉斯（Alexis Tsipras）政府決定要與布魯塞爾頒布實施的緊縮計畫作對時，我派了她去雅典，任務是拿到希臘的反叛經濟部長雅尼斯・瓦魯法克斯（Yanis Varufakis）的採訪，當時所有媒體全都在找他。伊蓮娜是唯一一個成功找到他的人，她出現在雅典衛城（La Acrópolis）郊區的部長家門口，並在門下塞了一張紙條，懇求他給她幾分鐘做訪問。瓦魯法克斯在他家的客廳接見了她，他聲稱「他們對希臘做的事，就叫作：恐怖主義」，此話被放上了《世界報》的頭版，從紐約到北京，也接連被多家大型國際媒體採用刊載。

伊蓮娜問：「好了，有什麼該做的嗎？」

我已警告過她，說沒有人會來，要她待在家裡，以免身陷與其他同事作對的麻煩。

「我都命令你別來了。難道我連總編輯的威信都沒有嗎？」

「放你一個人待在這？你別做夢了。」

我們任由時間流逝，想等看看還會不會有人來，但這就是全部的人了。我們可用的兵卒人數，用手指頭就能算出。我跟薇希妮亞和伊蓮娜去朗薇嘉簡餐店吃午餐時，正巧遇上了由「工會人」和「值得姐」帶領的示威者。他們身穿T恤，舉著抗議標語，脖子上掛著哨子。「壞心眼人」跟他們走在一起，要說「貴族們」對報社造成了哪些傷害，或許他就是學得最到位的那個人。沒有哪一天見不到他在公司走廊上大肆抱怨、批評同事的所作所為，或拒絕在工作上繳出夠格的功課；逕自宣稱新聞業已走到末路，但他明明只拿得出乏味的問卷調查及選舉結果新聞交差，遑論要拯救這行。他跟「值得姐」完全一個樣，但並沒有她的人格特質和才華。

「壞心眼人」看到我們便問道：「怎麼樣？報紙明天會出刊嗎？」

我說：「不會，《世界報》明天不出刊。」

一聽到這個消息，「壞心眼人」馬上抓起手機用推特發了貼文，一則多年後根本沒人會記得的第一手新聞消息。

貪腐的總理、財大氣粗的金主老闆、撤廣告抵制和金融危機等等，都沒法撂倒我們，現在竟由我們自己親手促成停刊。二十七年來從不曾間斷每日出刊的報社，第一次無法赴約與讀者見面了。時間漸晚，晚上七點左右，我便請來到公司的人都先回家。沒有任何記者在，無聲的編輯總部裡只剩下我一人，一個什麼都沒有了的總編輯。就這樣，我們經歷了報社歷史上最悲傷的一天——如果扣除掉三名為我們報社工作的記者喪命的那幾天不算的話，的確是。

第十八章　喪禮

我們的專欄作家，洛佩．德拉卡葉（José Luis López de Lacalle）於二〇〇〇年五月七日遭到埃塔恐怖組織謀殺身亡。他在買報回家的路上，頭部和胸部共中四槍，當時他只剩二百五十公尺距離就到家了。隔天報紙封面頭版登了一張他的遺照，照片中遺體被沾滿血蹟的白色床單所覆蓋，旁邊散落著他的傘和報紙。標題大開五個欄位寫著：「埃塔恐怖組織謀殺了捍衛巴斯克自由的專欄作家洛佩．德拉卡葉」。

◈

一年後，剛剛接替我到阿富汗報導美國入侵行動才兩週的胡立歐．芬德斯（Julio Fuentes），在從賈拉拉巴德（Jalalabad）前往喀布爾的公路上，遭遇埋伏攻擊而身亡。消息一出，馬上有人打電話到我家，慰問我的家人，因為他們聽說《世界報》的特派記者身亡，還以為是我。「現場目擊者推斷記者胡立歐．芬德斯已死於阿富汗」是我們頭版上的標題，我們第一次如此盼望有人能打電話來抱怨新聞寫錯了。

◆

死在戰爭中的記者，是因為在錯誤的時間出現在錯誤的地點，而錯誤的地點並不一定是最危險的地點，胡立歐．安奇．帕拉多（Julio Anguita Parrado）的事就證實了這說法。當時他是派駐在紐約的第二順位記者，想證明自己也可以是個很優秀的記者，因此在二〇〇三年，他想盡辦法為自己安排了一個職務，成功「融入」美國海軍陸戰隊並參與了伊拉克戰爭。雖然那是他第一次深入武裝衝突作採訪，但他確實傳回了不少非常傑出的戰事深度報導，而且是我們日報往後很難再超越的絕佳作品。當時美軍正準備在巴格達之後發動最後攻擊，安奇．帕拉多其實已贏得了他當初潛入時所追尋的認可，因此他必須做出選擇，是要繼續留在這個基地，還是加入對首都進發動最後攻擊的先遣隊。最後他決定留下來，然而一顆榴彈砲不偏不倚地砸落在他待的軍營裡。當年報紙頭版標題寫著：「《世界報》記者胡立歐．安奇．帕拉多在巴格達南部被一枚飛彈炸死」。

◆

德拉卡葉、芬德斯和安奇．帕拉多這三位的喪命，在我還是特派記者的那幾年裡留下了深刻的印記，尤其我與芬德斯及安奇．帕拉多都有私交；現在我當了總編輯，那些更成了沉重的回憶。國際新聞版的同事們都覺得奇怪，他們的新任總編輯明明曾是戰地記者，卻比任何人都還反對再派記者上前線。也許正是因為我深知其中的風險。親臨現場報導衝突事件，從未像此時那麼危險過。記者們不再被視為中立的證人，在敘利亞等地，有人被綁架、被斬首、被當成工具，利用他們拍宣傳影片，然後透過網路傳播到外界。我們報裡最優秀的戰地記者，哈維爾・艾斯彼諾薩（Javier Espinosa）也在敘利亞被綁架挾持了長達六個月之久。在那之前，他才剛從一次荷姆斯（Homs）襲擊事件[33]中死裡逃生，而《星期日泰晤士報》（*Sunday Times*）的傳奇記者瑪麗・柯爾文（Marie Colvin）就是在那次襲擊中身亡。

主流媒體不願將自己的記者派往危險地區，這空缺即被合作的自由撰稿人所取代，因為他們看見的，是一個揚名立萬的機會。

著名的獨立記者安東尼奧・班普利嘉（Antonio Pampliega）曾寫信給我，自告奮勇可以去敘利亞為我們工作，我反而試圖勸阻並告訴他，「付很少的錢，讓某人冒著生命危險寫報導給我們，也無法提供他任何安全上的保障」，這會讓我良心不安。後來，班普利嘉找到了一家電視製作公司出他的旅費，便義無反顧地，與記者安赫・塞斯特（Ángel Sastre）以及荷西・曼努・羅培茲（José Manuel López）一起前往戰場。他們曾寫信來我們國際新聞版，表示可以提供一系列的報導，但後來我們就再也沒有收到他們的回音。幾天後，「樞機」接到了國家情報中心（Centro Nacional de Inteligencia，CNI）處長費歷・桑斯・羅丹（Félix Sanz Roldán）將軍的來電，

33 二〇一二年二月二十二日敘利亞軍隊炮擊荷姆斯市。

詢問我們是否有派人在敘利亞為我們工作。「祕書男」驚慌失措地跑來找我：「我們有派人去敘利亞嗎？」

「沒有，但有一群在那裡工作的西班牙人，曾提供他們的報導給我們。怎麼了嗎？」

「他們被綁架了。」

◆

幾週後，將軍邀請我們到國家情報中心餐敘。

桑斯・羅丹如同全國其他有權勢的人一樣，也是「樞機」的朋友。他導覽我們參觀中心裡的設施，直到走進一間作戰指揮室，裡頭掛著已獲釋的西班牙公民照片，包括了哈維爾・艾斯彼諾薩被敘利亞釋放後，他兒子在機場奔跑上前擁抱他的指標性影像。我問他，班普利嘉、塞斯特及羅培茲的情況如何。

他說：「他們尚未陷入最壞的狀況。我覺得會沒事。」

間諜們的頭頭也會要求我們幫忙，就像這次。他得知我們正準備刊登亞雷漢得羅・蘇瓦勒斯（Alejandro Suárez Sánchez-Ocaña）的著作《第五元素》（*El quinto elemento*）摘錄，書裡披露了國家情報中心購入一個電腦程式，用來控制私人電腦，進而用有毒的資訊去汙染電腦。「樞機」要求我撤掉那篇文章，還提醒我，桑斯・羅丹在艾斯彼諾薩的綁架危機中為我們做了多少事。我認為把這兩碼事牽扯在一起很低級，因此拒絕了。文章登出後，「樞機」把處長傳給他的訊息轉發給我：「有這樣的朋友，我根本不需要敵人。」

◈

班普利嘉、塞斯特及羅培茲的綁架事件歷經十個月，以他們終被釋放而落幕。此事更加劇了我心底的自相矛盾，一方面抗拒將記者送上前線，一方面又認為記者應該繼續到戰場上，把正在發生的事告訴世人。自從浩爾・羅素（Howard Russell）在一八五四年，首次為《泰晤士報》前進克里米亞戰爭執行報導任務以來，特派記者們對一些武裝衝突事件其實有不少貢獻。例如一個世紀後發生的越戰，當時若不是記者打開了美國社會的眼界，導致公眾輿論轉向，越戰原本還會打得更久。如果不是新聞界報導了塞拉耶佛市場的大屠殺事件[34]，或拍攝到路人穿越過梅薩・塞利莫維奇大道時被狙擊手射殺的情景[35]，南斯拉夫絕對仍腥風血雨不斷，而且誰都不知道還會再持續多久，歐洲的政治家們也只能繼續在那些毫無用處的高峰會上討論著到底該做些什麼。《世界報》最初就以追尋那樣的新聞自詡，將包括我在內的記者們，派往世界各處需要我們的地方。然而我們也因此付出了昂貴的代價。報社總部入口處有一塊牌匾，是用來紀念

34 波士尼亞戰爭（又稱波赫戰爭）是指從南斯拉夫聯邦獨立的波士尼亞與赫塞哥維納與多方之間的戰爭。一九九五年八月二十八日，塞拉耶佛中央市場被砲擊，造成三十七人死亡。北約組織於此這個事件後展開最大的轟炸活動。

35 梅薩・塞利莫維奇大道（Bulevar Mese Selimovicala）位處塞拉耶佛市區，有狙擊手大道（Sniper Alley）之稱，源自於波士尼亞戰爭時期，此處長期有塞爾維亞狙擊手藏匿於高處，肆意射殺任何欲穿越該大道之民眾。

我們因公殉職的記者們，每年我們都會以他們的榮譽為名頒發新聞獎。

第十四屆新聞獎得獎人包括三位偉大的女記者：琳賽・艾達里歐（Lynsey Addario）、薇妮可・德維格里（Veronique de Viguerie）和莎方・艾瑪德（Safah al-Ahmad），最佳專欄作家獎則是頒給了阿圖洛・貝雷茲・雷維特（Arturo Perez-Reverte），他是少數成功轉換跑道，成為知名小說家的戰地記者。我成為總編輯之前，並不認識貝雷茲・雷維特本人，但他在得知我的新職務任命後，曾發給我一則表示支持的訊息，裡頭並寫了個當時我該多加留意的建議：「你要小心吵鬧的朋友和看不見的敵人。」

頒獎典禮在巴塞隆納的利塞奧大劇院（Gran Teatro del Liceo）舉行，我希望在這場典禮上同時也向費南多・穆希卡（Fernando Múgica）提出致敬，他是我在國際新聞版的第一位上司，也是我們這行近代的楷模之一。二十世紀下半葉發生的重大衝突事件，費南多都曾親赴報導並拍下經典照片，一九七五年西貢淪陷共產黨軍隊手中時，他是最後一批離開那兒的人。但馬德里的長官們卻出了個餿主意，將他禁錮在辦公桌後頭，費南多只能逃避現實似地握著相機，幻想回到了前線，詳實記錄下編輯總部裡的風景。在何達因醜聞而不光彩地離開報社之前，曾有段時間，他也被捲入由何達引起的三一一恐怖攻擊陰謀論報導疑雲之中。做我們這行的，多是沒有記性、又自視甚高的人，而費南多卻總能像個「紳士」般處之泰然，將事情處理得當。我跟他只吵過一次架，當時我從喀布爾打電話向他抱怨，為何沒有刊登我寄回相關阿富汗聖戰者的一篇深度報導。他跟我說，只要我願意，可以馬上搭飛機回來跟他交換編輯總部裡的這位子。

當時正值美國九一一恐攻後，在那些日子裡，每天都得花上一整天的時間才有辦法決定版面該登什麼，除此之外，更還要忍受記者們的自負，因為這些記者們相信自己所寫的一切都該得普立茲獎。

「你來編輯版面，換我上戰場，要嗎？」

你聽得出來他是認真的，因為費南多就是羅伯特．卡帕（Robert Capa）[36]形容的那種戰地記者：會將錯過一次報導武裝入侵事件，視為如同「拒絕掉與拉娜．特納（Lana Turner）[37]約會的機會」。

然而現在，什麼武裝入侵或進攻的場景，他再也無法參與了：因為費南多的生命正在消逝中。近幾個月來，他都在醫院裡度過，一下是大出血，一下又是忍受著化療的痛苦，與從體內慢慢折磨消耗他的癌症搏鬥著。先前我終於找到機會與他說上話時，便告訴他別擔心巴塞隆納的頒獎典禮，等他身體好點了，我們再和還在崗位上的大家一起慶祝就好。

他對我說：「大衛，你做得非常好。」我想是因為他知道，我其實做得很辛苦。「別讓辦公室裡的事擊敗你。我們巴塞隆納見。」

36 匈牙利裔美國籍攝影記者，二十世紀最著名的戰地攝影記者之一，參與並報導過二十世紀的五場主要戰爭，包括：西班牙內戰、中國抗日戰爭、第二次世界大戰歐洲戰場、第一次中東戰爭以及第一次印支戰爭。

37 美國女演員，曾被評為「國際藝術史上最具魅力的女性」。

我早已完全不期待費南多會親自到場領獎，然而當我正在利塞奧大劇院一旁等著上台演講時，看見他和他的女兒一同走了進來，且觀察著他周圍的一切，證明他還沒失去身為記者的敏銳度。

「你覺得，我會允許自己錯過這場聯歡會？」

「你就是頭獅子，你知道嗎？」

「一頭老獅子。」他說。

我們對新聞工作懷有一樣的熱情，而且也都對芬德斯的死，有種無法釋懷的內疚感：我是因為要求找人替代我的位置，導致芬德斯身陷一場本可避免的戰爭，而他則是因為沒有阻止芬德斯去走賈拉拉巴德和喀布爾之間的那條公路，畢竟當時我們已經有阿豐索·羅赫在阿富汗首都駐點。也許就是因為芬德斯的事，造成我抗拒再派記者上戰場。我也料到了，費南多會因為我的這些疑慮而責備我：「我們這種記者，留在編輯總部沒什麼用處。難道你就不會因為在某場婚禮上吃進沙門氏菌而死，或死於下班回家路上碰到的愚蠢車禍嗎？老死真有比較好嗎？」

時至今日，身陷工會爭鬥、罷工、陰謀、糾紛，這些消耗掉我們精力和才能的事之中，現在的我比以前更加能理解，為何當時費南多會向我說出對調職務的話，讓我回去報社編輯總部，而改換他去喀布爾的前線。現在換作是我，也願意與我們駐外記者之中任一人交換，將總編輯室裡該做的事都留給他，換我前往世界上衝突最嚴重的地方採訪——在那些地方，人們幹壞事，為的是比升職要嚴重許多的事，而且你會比較清楚知道子彈是從哪飛來。

《世界報》成功罷工，激怒了我們的義大利大老闆們，因為他們認為談判時的立場會因此轉為弱勢。此時公司的態度開始動搖，願意提供比較好的離職條件給員工。雙方談判有了進展，很可能就以獎勵休假、提前退休和提高賠償金等的方案，達成一致共識。在我看來，公司釋出的姿態足夠，可以說服大家取消下週二的罷工計畫，因為那只會是又一次不必要的傷害。然而，「工會人」卻認為應該要繼續動員。我無法理解他的立場。

在公司走廊遇到他時，我當面對他說：「你很不負責任。你搞的罷工已經達到目的了：我們沒辦法出刊。你還想要什麼？若發生第二次無法出刊，你可意識到那意味著什麼？你讓所有人都身陷危機之中了，包括你聲稱會捍衛的那些工作崗位也不例外。」

「那不是我做的決定，而是所有工會成員的決定。其他兩份報紙都有照常出刊。」（《馬卡運動報》和《拓展日報》出的是限定版。）

「那是他們的事。我們報沒有出刊，而且現在談判有了進展，要是我們再罷工下去，會搞砸一切的。你必須阻止它。」

我從義大利那裡聽到的消息是，若再發生一次無法出刊的狀況，次日勞拉・喬莉便會以退出談判桌，解僱最初提出的九十四名員工，並僅給予法律規定的最低賠償金作為回應。那是個我不能透露出去的消息，看似也沒有必要透露，因為所有與我談過話的同事都同意，一旦展現出我們有能力讓報社癱瘓，編輯總部就算是重新拿回主導權了，仍能利用重啟罷工當作威脅，在談判中取得優勢。

接下來的幾天我花了很多心力，意圖讓反對派在工會開會時打消投票支持再次罷工的念頭。我在咖啡機旁徘徊流連，找尋著抱持懷疑態度的人，告訴他們我之所以反對罷工的理由，想遊說他們轉變立場。我利用了自己的身分優勢，操控人類傾向討好有權勢者的天性；此時的我，比以往任何時候都更能理解，為何政客們會認為在競選活動上與嬰兒合影，及擁抱老太太都是非常必要的事。我得到的反饋十分正面，同事們看似被說服成為盟友，導致我將網球規則都拋諸腦後，忘記了：比賽結束時，要等你隔網和對手握了手之後，才算確定輸贏。

工會開會時的喧囂騷亂，使理性輸給了感性，溫和派紛紛被激進分子嚇倒，吵鬧的一方讓正直的人都閉了嘴。編輯總部同仁的投票結果是，決定再罷工一天，但這次我下定決心要推翻它。這次我絕對要讓報紙出刊，即使只剩我一個人也必須做出來。因為我很確信，再次罷工，會對報社形象造成無法彌補的傷害，而且還會讓許多職位陷於更大風險。我召集了「核心團隊」開會，告訴他們，我需要他們來幫忙：「若再次罷工可以挽救三十個人，那我就會罷工。但事實恰恰相反。這麼做面臨的風險是義大利高層將會選擇離開談判桌，然後在二十天內就執行裁員。此外，更會破壞報社的形象，這是不可逆的。我們的訂閱量，已經因為第一次罷工受影響。我們的網站過了一週才恢復正常瀏覽量。我們不能允許第二次罷工發生。」

我列出了一份約有五十名員工的名單，這些人告訴我，他們會來上班，有了這些人手就足以更新網站新聞，做出一份精簡版的報紙出刊。願意挺身而出的人當中，「古人詩社成員」幾乎全到齊了，還有至少五位主編和一些資深記者，都願意來。「大記者」也向我確認了，他會來工作。但是隨著罷工日越來越接近，他們的意志變得搖搖欲墜，他們一個個低著頭地來找我，說他們改變了主意。

「大記者」走進我辦公室時看起來的樣子，就像剛在賭場輸光了所有家當。

「對不起，真的非常對不起。」他說。

自相識以來，我們之間第一次，陷入如此尷尬的沉默。

「我還以為，你也認同，這次罷工是個錯誤的決定，而且與這次罷工想得到的成效會背道而馳，再罷工下去，可能會讓更多人沒了工作。」

「請理解，我必須和大家站在一起。」

「其他人呢？」

「我覺得沒有人會來上班。」

◈

對於某些人的想法，我確實還能理解，像是：抱著錯誤期待，以為罷工第二次能贏得公司更多讓步的人；多年來對「二樓」的管理高層積怨已久，理所當然想要報復的人；還有專門把事情搞得更糟的編輯總部「鼠輩」們，想確保自己在一切崩壞時能冒出頭，在紛亂之中得到好處。我也可以理解那些真心以為自己這麼做，是在危急時刻挺身而出拯救報社的人。我反而很難接受那些，認為來工作是個正確的決定，卻因為恐懼便決定不來的人。除了恐懼之外，還有別種情緒，更能讓人暴露出真實性格嗎？

罷工日到來前夕，我的名單裡，其他曾答應我會來上班的人一一倒戈。

「我們都希望，你能讓報紙出刊。」多位「古人詩社成員」在罷工前夕向我告別時這麼說著。

那些鼓勵的話，非但安慰到我，反而讓我更難以接受他們的決定。

伊蓮娜跑來見我，說她還是會來工作。

「我把你從駐巴黎特派記者的身分調回來編輯總部，沒讓你受夠委屈嗎？難道你還想被同事討厭？」

此刻一切正搖搖欲墜，我怕她會因為這個根本不屬於她該做的事而被犧牲。

「你是唯一一位我不能要求來上班的人。」

然而，伊蓮娜太忠心了，也太執著於她的原則，根本聽不下我的話。她與薇希妮亞一起出現，兩人都帶著笑容，準備好將自己投身到一個看似不可能的任務上：做出一份沒有記者採訪的報紙。我們的作戰部隊，勉強可以將「核心團隊」算上（最後一刻當了逃兵留在家裡的「副座」除外），還有三名編輯和一名主編也來了。我把大家都找來我的辦公室，宣布我們要更新網站內容，以及出刊一份有四十頁內容的實體報紙。接著我開始分派工作，並且告訴他們別去懷疑我們能否做得出來，只要隔天讀者們在書報攤看得到我們做出的報紙，那便是我們對讀者忠誠、也對那些無法來工作的同事們忠誠的證明。

當上午已過了一大半，「樞機」出現了，我從未見過他這麼煩躁、臉色難看的樣子，還一邊大吼著說：「這是個羞辱！羞辱！他們堵在入口處搖晃我的車。簡直是野蠻人！我剛要下車時……」

我告訴他，我會出刊。他環顧了四周，只見空蕩蕩的辦公桌和關掉的螢幕，他問：「怎麼出？」

「那是我的事。總之，明天《世界報》會出現在書報攤上。」

薇希妮亞與伊蓮娜開始更新網站上的幾則新聞。罷工人士發現網站已更新內容後被激怒了，透過社群網路騷擾我們，稱我們是叛徒，說我們幫公司做事，就是在幫忙公司裁掉同事。然而實際上正好相反，我們做這些事是為了阻止公司裁員。

我讓「核心團隊」成員去做他們平時要求編輯們做的工作。有的人已經好多年沒寫過一篇報導、沒編輯過一篇文章、沒調整過一個標題，我覺得大概是因為我離開記者生涯的時間比較短，所以在所有主管中，我算是最能適應狀況的人。也或許是因為，我從未放棄當一名記者，而占據了總編輯室的人，只是個冒名頂替者：一位由記者冒充的總編輯。這天我毫不費力地，便重回到駐外記者的身分，寫出幾篇有關印度和北韓的深度報導、編輯著文章內容、校對版面，也像當年還是實習生時一樣，自己跑去印表機那把剛印好的文章拿出來。

我們從公司系統裡挑照片來用，並拿出以前登過的版面樣式進行排版。我們寫出了有史以來最糟糕的足球新聞，還將人民黨最近被爆出的貪汙事件編寫成一篇故事，另外也把美國太空總署ＮＡＳＡ發現一千兩百個新行星的事寫成了故事，將社會勞工黨與我們可以黨之間的左派霸權鬥爭做成一篇分析報導。面對緊迫的截稿時間壓力，以及持續包圍在報社總部入口抗議的罷工示威者，我們只能馬不停蹄地一直趕工。夜幕降臨時，我們已筋疲力盡，我答應要做好的四十頁報紙，在大家的努力下終於送進了印刷廠。這是一份不完美、進步空間很大的日報，但值得被尊敬。我們這群「罷工叛徒」能讓報紙順利出刊，其實還多虧一些罷工者的暗中幫助，因為他們在最後一刻感到內疚，留下了文章以示支持。

隔天早上，強硬派人士氣急敗壞，緊咬住一個我們犯的錯，試圖想讓大家群起反抗，卻沒有意識到，其實大多數員工私下都鬆了口氣，甚至是向我們道賀。《世界報》自創刊以來，都會在頭版刊登各大作家、哲學家、政治家或思想家的精選名言語錄。而我們這次緊急版《世界報》在頭版登的名言語錄，看起來好似也經過了精心挑選，寫著：「即使世界[38]毀滅，仍要伸張正義。」

「值得姐」大喊：「他們希望《世界報》毀滅！」完完全全沉浸在她的新聞界聖女貞德角色中。

盛怒的人們反覆說著：「簡直是恥辱！」

「那是個無心的錯誤。」我們試圖解釋。

「大藝術家」隨機選了一個舊的頭版樣式套用，因為當時我們沒有版面美編，內容什麼的全都改了，除了名言語錄之外。「工會人」借題發揮，指責我們非但抵制罷工，竟還敢如此趾高氣揚。我替這份我們前一天趕出的未完成之作，親自做了一份「勘誤表」，並要求在隔天刊出。在這寂靜無聲、空蕩蕩的編輯總部裡，我不禁為這四十頁報紙感到自豪。我比以往任何時候，都更忠於自己就任總編輯職位時的諾言：與讀者及記者站在同一陣線——儘管他們之中仍有許多人無法理解我的做法。

◈

費南多・穆希卡逝世於五月十二日，那天是罷工失敗的兩天後。新聞工作的理想，在某種程度上也隨他一起離去了。他那整潔有型的金黃色蓄鬍、藍色雙眼和沉穩的嗓音，即便出現在好萊塢黃金時代著名影星拉娜・特納的電影裡，一點也不違和。我到殯儀館去送他，但進行宗教儀式時我就離席了，因為那天正好與《世界報》一年一度的最重要商業活動「汽車展」撞期，我們必須在展會上款待汽車廣告商的總裁和董事。經濟部長路易・德京拓會來主持活動，而且按照計畫，我要上台發表演講並頒獎。皇宮飯店（Hotel Palace）的晚宴及費南多的葬禮，都將在兩個小時後開始，此時我猶豫了。那天午後，亞美莉雅守著她的崗位，而她也一直陪在我身

38 「世界」與《世界報》正好同字，皆為「el mundo」。

邊，直到最後一天。

我問她：「是不是很荒謬？去做那個愚蠢的活動，而不是去費南多的葬禮？」

亞美莉雅礙於身分，不能告訴總編輯別去晚宴，但我感覺得到，她已用眼神回應我：「你當然應該去葬禮。」

我怎麼會懷疑自己該不該去？我是怎麼了？莫非總編輯室的氛圍改變我了嗎？我打電話給「樞機」，告訴他不會和他一起去參加晚宴，因為我必須去參加費南多的告別式。

「我可以理解。」他說。

當他前往皇宮飯店發表我的演講時，我則是搭上計程車，前往馬德里的聖斐明拿瓦羅教堂（San Fermínde los Navarros）。那裡當時擠滿了人。我看見早期曾一起工作過，後來卻再也沒有任何消息的人。報社的前輩主管，貝德羅．何達和卡希米洛．賈西亞都在。「值得姐」和幾位「貴族們」也在。「副座」人站在後面，我們一言不發地打了招呼。我也見到了早期的長官和同事們，他們在內部鬥爭下被辭退或被清算趕走，當中有些還是對《世界報》的創建有著極大貢獻的人。在此刻，詭計都暫時停止了，委屈怨氣被擱置一旁，鬥爭也休戰了，全為告別一位我們的自己人。

已退休的編輯總部祕書，瑪莉．卡門那天也在場，二十年來她一直是報社的靈魂人物，會管帳，評估獨立記者的新聞報導，還鼓勵新人去冒險：「大衛，你不該待在編輯總部。快走，越遠越好。」

過去的我們和已放下過去的我們、我們曾做過的事和不再做的事、報社史上的輝煌和苦難，全都在那場葬禮上重現，就像是費南多刻意安排好的——也許就是為了責備我們，沒能維持住從前美好的那些時光。告別式彌撒結束後，我以必須準時參加晚宴為由匆匆告辭，但實際上，我是為了逃離籠罩在環境中那令人難受的懷舊之情，以及無論做什麼都再也回不去了的確信感。

第十九章　背叛

第三次罷工不會發生了。經過數天的艱辛談判，公司與工會即將簽署一份適用於公司十二個分部的減少裁員人數協議。《世界報》的裁員數，將從最初提的九十四人降成五十八人，並且會有自願離職及自願提前退休的優退方案；若真有被迫離職的人，也能拿到以每年資歷補償三十七天來換算的賠償金。人們說戰爭很荒謬，因為每每總是以簽訂和平條款作結，近幾週來我們所經歷的這一切正是如此，罷工、對峙和緊張局勢，其實原本就沒必要發生。要是一開始就把相同的條件擺上檯面，事情根本不會搞成現在這樣。最終戰爭落幕了，編輯總部舔舐著倖存後的創傷，「樞機」則是想盡辦法在危機解除這事上刷存在感，這幾週以來，我總算第一次能好好放鬆喘口氣。

我很想早日重啟因宣布裁員而被擱置的案子，就找了「樞機」、「矽谷小子」和「祕書男」開會，向他們說明我的專案內容。我拿出電腦開始向他們展示，關於新型態多媒體編輯總部的各種圖表：團隊重組圖、工作流程圖、廢除層層主管關卡的簡化指揮系統、新的品質控管會議、負責編輯我們實體報紙的特定團隊組成。說明到一半的時候，「樞機」出聲打斷了我，他向「祕書男」做了個手勢，他這位好副手就從外套口袋裡掏出了一張紙：「大衛，我們並不想惹你不高興，也不是針對你，但是公司認為，這個才是我們現在需要的。」

「祕書男」把提議攤在桌上。還是張用手寫的提議。阿蘭胡埃斯那次會議裡他們提出的東西，不僅沒結束，還背著我，成立了一個平行團隊在運作它。「樞機」號召了一些對改革報社這件事抵制最激烈的記者，以及社內「當權派」裡的特定人士，準備要做一份與世界上其他大報發展方向完全相反的《世界報》。當中包含了：要繼續灑錢在實體報紙上；維持舊有的階級結構；建立一間「工廠」製造出所有非每日所需的新聞內容，而且還要「祕書男」去負責指揮這「工廠」。

「這是什麼爛東西？」我提高聲量。在此之前，我從未對我的任何一位編輯這樣說過話。不過仔細一想，這一年來，我也僅對「副座」和我前面的這三人大吼過。

「我們希望你看看這幾項提議，並把它們納入計畫裡。沒別的意思。」

「阿蘭胡埃斯會議上的提案嗎？你們真是群婊子養的王八蛋！超級大混帳！」

「你別這樣。」「樞機」試圖想安撫我。

「要我別怎樣？這份報紙的總編輯是我，只有我說好的計畫會被執行，其他別的什麼提案都不算數！我已經等了好幾個月，就是為了讓計畫能開始運作。用我的計畫，其餘免談，我跟你們沒什麼好說的了。」

我起身打算離開，但「樞機」請我留步，要我們試著互諒找出共識。早已數不清這是第幾次，我重申捍衛，我的計畫才是能保障報社有長遠未來的唯一計畫。我告訴他們，願意部分接受「新聞內容工廠」的做法，統一編製集團旗下雜誌的某些版面，例如我們的女性雜誌《我是唐娜》可以適用，但是不包含《世界報》的幾個重要副刊。其他的事都沒有商量餘地，包括若又要集體裁員，解僱名單上的所有人員都要由我決定，公司不得干預。不可再重蹈前幾次裁員的覆轍：具有數位能力背景的人，以及有能力產出原創新聞內容的記者，我盡可能都留下來。約有二十位主管會離開公司，大部分的「核心團隊」成員都名列其中，如此一來能讓已準備好的新生代，接手那些必須扛責任的職位。其餘該走的人，走了有助瓦解貴族階層的控制，多年來他們為維護自身特權而阻礙了報社朝現代化發展。「貴族們」中有六人，大多擔任要職且領著主管級的薪水，他們非走不可。

我對「樞機」說：「你不是說要搞一場革命嗎？這麼做就對了！」

我請亞美莉雅找出公司禮堂的空檔時段，以召開編輯總部會議，因為我想在禮堂介紹展示我這項計畫。

我修改好頭版，正準備回家時，「沉默頭子」跑來見我，帶著焦慮不安的神情。

「大衛，我必須告訴你一些事。」他說著。

「好，你說。」

「我希望這件事，只有你我知道就好。我想我可能做了……一件錯事。」

「無論是什麼事，你都可以直接告訴我。」

「他們要求我寫一封信。」

「一封信……？」

「一封支持他（「樞機」）管理方式的信。他們告訴我，需要這封信來減少裁員數，他們會把信帶去義大利，還說若有我們所有人在背後支持，這股力量可以……。我保證沒寫任何你的壞話。一直以來我都很挺你。我怕他們會利用這封信來對付你。」

之後的四十八個小時裡，有十幾個人來告訴我，「祕書男」代表「樞機」要求他們提供相似的信，「樞機」再次遵循了馬薩林樞機的陰謀指南手冊辦事：「只要是能利用下屬去做的，執行你的計畫、代替你去施壓或懲罰人，就都讓他們去做！要保全好自己，做層級更高的事。」

隔天，「樞機」召集全體員工到禮堂，把自己捧成是救回數十個工作崗位的救世主，還以家長式的武斷語氣，預告公司將會有個美好的未來。他講完話後，我看見他在門口與「值得姐」交談，我朝著他們的方向走去，在他們還沒注意到我之前，我聽到了她告訴他，為了寫這封「信」，她可是花了很大的功夫。我經過他們倆，繼續向我的辦公室走去。她也是嗎？我不懂，她怎會也加入了這場陰謀鬥爭。第一次與她會面深談時，就已平撫了她最初對我的懷疑態度，之後無論是在報社內或外，她都是我最強而有力的支持者之一。我們的關係的確比較冷卻下來了，但她仍一有機會就宣示她會無條件支持我。我曾千百次聽到她辱罵「樞機」，以及咒罵媒體高層因著對權力和金錢的野心，恣意毀壞新聞產業。而且就在幾天前，她才打電話來告訴我，她已經把最新的專欄文章傳過來了，那是一篇嚴厲指控公司及管理高層的文章，她指責他們殘害編輯總部，鄙視新聞工作。

她那時還跟我說：「若你不能登這篇文章，我可以理解。」

我回答她：「這篇文章會一個逗號都不改地，如實刊登出去。」

這篇文章的發表，對「二樓」管理高層而言是個決定性警訊，他們認為那是我為編輯總部表態的手段，也使我處境更加堪慮。我沒期望「值得姐」會感謝我登了這篇文章，但我從沒想到的是，她會和「樞機」聯手發動攻勢要擊垮我。她這麼做，拿無知當作藉口已不足以被採信。若要說有誰最清楚那些信函背後的動機是什麼，無非就是身為政治線代表的她。有關權力鬥爭及箇中陰謀內幕的文章，她寫過的數量之多、品質之好，無人能及。她有一種天賦，總能幾乎百發百中地猜出誰將會是輸家。難道她已經得出結論，我將步入輸家之列？所以沒必要把聲譽浪費在一場敗仗上嗎？難道她認為只要有我在，她就不可能站上副總編的位子，不可能將一直躲藏暗處的權力公開正式化？也可能是她對我已改觀，突然意識到報社真正需要的總編輯並不是我。但即便如此，還是比投靠到那位想盡辦法終結報社獨立性的人所屬陣營好吧？或許，「值得姐」就只是在做自己罷了。她可以一下為人民黨政府工作，一下又當回維護我們新聞客觀性的保衛者；上午在報社門口領頭反對「樞機」作為的示威遊行，下午轉而願意寫信支持他；前一天向大家介紹我是新聞界的阿道弗．蘇亞雷斯，隔天就加入反對我的陣容。「別忘了誰才是你的朋友，小心那些馬屁精。」那天在皇宮的活動上，這位陪同夥伴把我介紹給她在「王室」的朋友們時，安娜．羅梅洛就這麼提醒著我。「小心哪天他們群起背叛你。」

◈

「樞機」很有耐心地，將報社改革後會受到重大影響的人集結起來建立了一個聯盟，就為踢掉一位拒絕把報社編輯掌控權交給他的總編輯。忽然之間，所有線索都被完整拼湊出來了。那些考驗我旗下記者們忠誠度的飯局、那些利用瀏覽量操作出來的流言蜚語，故意忽視數位版正成長中的瀏覽量，反倒是將長期持續下滑的實體銷量，誇大地全部歸責於我。啟動誹謗醜聞製造機，向「機密情報員」洩漏謠言，暗地裡陰險中傷，就如：要殺總編輯之前，必須先毀掉記者們的聲譽。他利用集體裁員和大家對裁員的恐懼，意圖削弱我在編輯總部的影響力。他玩弄「副座」的野心，讓他替自己去做骯髒事，一邊養大「副座」對接班的期待感。他極高超地又一次掌控住時代脈絡，騙過了所有人，包括對手和盟友都不放過，將我們所有人困在陰謀迷宮裡迷失方向，就為了幫自己再度找到出口脫身。

「古人詩社成員」拒絕寫他要求的那封信，一些握有充分理由相信我是受了委屈的人，也決定不與他同流合汙。一群同事驚慌地來見我。他們覺得那是陰謀，向我提議著該如何化解，然而我只沉默不語。最後他們得出了結論，說我應該搭上第一班飛往米蘭的班機，帶著編輯總部被施壓的證據，親自到總公司大老闆面前，告訴他們究竟發生了什麼事，並且向他們解釋，想造反的其實是那些所謂的「重要人員」，他們提出的計畫，事實上都只是為了阻止報社貴族們的利益受到威脅。有人建議我，應該給「值得姐」她渴望已久的副總編輯位子，以盡早重新贏回她的支持票。還有一些人希望我能想辦法讓「核心團隊」留下來，如此才有人能繼續跟我站在同一陣線。比較好鬥的一些同事，要我直接去「樞機」辦公室找他，威脅要公開他濫權施壓的醜事。

但那些提議，我都不打算去做。

其中一個非常實際的理由是：在背叛、勾結串通、偽善和玩兩面手法這些能力上，我永遠都贏不了這位終其一生想盡辦法精進此等技倆的對手。假如我贏了這場原本就不大可能得勝的局，那麼我可以領著豐厚高薪，在當紅熱門餐廳裡也總能拿得到位子，享受絕大多數時間都被捧著對待的陶醉感，即便說出口的話毫不重要也是如此；人待在總編輯室就能成為強者，因為在那位子上的人，握有的不僅是一扇享有特權、可觸及有權勢者的窗口，還能與特權造就的典範人物平起平坐。然而贏得這一局的獎賞，在我看來其實根本不算什麼；反倒是輸了，得到的好處才豐厚。倘若這一切結束了，我就能重回記者身分，也能找回我曾一度拋下的人生：我的旅行、我的家庭、我的書，以及屬於我自己的時間。我再也不需要猶豫不決，到底是該參加汽車廣告商晚會，還是朋友的葬禮。我願意用這個我從未嚮往過的職位做為交換，拿回我一直追尋的自由；而且早在二十年前，我就已經為了自由，盡可能地遠離這裡。放棄，不是因為我認命——我願意為我的位置和我所相信的企劃繼續抗爭，但並不是不惜任何代價。

有些事，「樞機」從未能理解：《世界報》對我來說，並不只是一份工作，不是享受職業特權的跳板，更不是與上流社會聯繫的平台。這裡，是讓當年還是新聞系年輕學子的我，第一次參觀帕迪佑街上的舊總部後，感到目眩神迷的地方。在這裡，我感覺自己是專案裡的一分子，而且能更因著它超越自己，並與大家培養出歷久不衰的情誼。在這裡，我獲得了出去認識世界的機會，而且深信自己選了一個可以改變很多事的職業，只要不受意圖令我變節的事所誘惑。倘若現在他們得逞了，把我同化入他們的共謀、背叛，耍骯髒手段、犧牲別人來救自己，還一面為自己辯解，說就只會有這麼一次，一切全是為了報社好……為了拯救報社，如果我真越過了那條線，如果我說服了自己，不管怎樣都能回頭（有可能嗎？），如果我與他們同流合汙了……那麼毫無疑問。

他們贏了。

面對即將到來的結局，過去幾個月以來的緊繃壓力，都開始離我而去。我感到異常平靜，因為現在的我可以清清楚楚地看見前方了。我會繼續捍衛報社直到最後一天，最後一個封面頭版，最後一位編輯。如果我還是輸了，也會抬頭挺胸地離開。

我上樓去見「樞機」，給他最後一次機會，請他照我幾個月前要求他的方式去做事，當面攤牌。我告訴他，我知道他要求其他人寫支持他的信函，而他很生氣地否認了。當我拿出證據與他對質時，他才承認了有收到過一些電子郵件，但全都是寄件人主動發給他的，他並沒有要求他們那麼做。他說，除了感謝他們來信，他還能怎樣？接著就開始和我討論未來，彷彿絲毫不曾懷疑，我是否會參與其中。他說，雖然在專案上與我意見分歧，但他相信我們之間的歧見是能被化解的，我是公司選中的人，也是公司未來的關鍵人物。我的改革國內新聞版並屏除「貴族們」計畫已經走漏風聲，可能受到影響的人知道了才紛紛勾結密謀；這表示，他對我的看法並沒有錯。

「我們終於有一位總編輯，有膽識去做該做的事情。在此之前，從來沒人敢。」

隔天，他便帶著蒐集到的信去了義大利，聲稱總編輯已失去掌管報社編輯總部的能力，也出示了信件做為記者們支持他說法的證據。

並要求砍掉我。

◈

透過「副座」辦公室的玻璃隔間，我看到他正收拾著自己的東西，我走向他，接著他便告訴我，一切都結束了。他要離開報社了。「樞機」一直在玩弄他，利用他的急躁，操縱他的野心，但實際上，從沒打算要讓他當總編輯。「副座」竭盡全力地，試圖把自己營造成是替代備案並爭取支持，卻沒意識到，編輯總部的大多數人都不會跟他去參加 Pop & Roll 酒吧的喝到飽聚會。不像我們的「米蘭大使」，他在耍陰謀詭計上還不夠精明和謹慎，還會被情緒帶著走，以致過早暴露了自己的企圖。因為魯莽，他找到的盟友盡是些容易被嚇倒、投機取巧、不可靠的人。他的盟友們更曾跑來告訴我，他背叛別人的事，對於像他這種性格的人能否登上大位，他們持存疑態度。我覺得，「副座」在這段時間裡，就像一直待在他派我去的印度火車車廂頂上（那時我們仍互相信任著對方）：一上去便找不到任何可以抓住的地方，結果還沒到站就摔了下來。也許這就是，我們倆這陣子遭遇的寫照。

「花如此多心思搞背叛，白費了。」道別時，我心裡這麼想著。

他說：「總有一天，我們會笑著回顧這一切。」

「一定會的。」我說。

◈

編輯總部裡很安靜，比平常更安靜許多。下午工作時段開始了，卻幾乎沒人在工作，大家分散成幾個小團體，議論紛紛地謠傳著我即將被去職，接著會從這裡跳到哪個政壇辦公室、大公司董事會、競爭對手的編輯總部，或國內電視節目。好友們則是直接問我，是不是真的被架空了，他們認真以為問了新聞當事人就能知道真實情況，但諷刺的是，伴侶往往是最後一個發現已被另一半背叛的人。

我去找「祕書男」想確認實情，因為他的隱瞞能力遠不及他上司。他什麼都沒透露，但在對談中他一度鬆口說了，能理解過去幾個月我有多辛苦，而且公司的做法對我並不公平：「或許我們沒有給過你，你真正需要的支持。」

他客套虛偽地向我解釋，最初計畫確實是要提供曾承諾我的時間和資源，但出於情況急迫，只好中斷這一切。

「看看你，經歷了這麼多難題、陰謀詭計、集體裁員、內部爭鬥，這一切你無可避免必須遭遇的難事。現在的你……我想已準備充足能成為一位很棒的總編輯……。」

他欲言又止，未脫口而出的那句話，有如空氣般懸浮在隨之而來的沉默中：「可惜為時已晚。」

我在國際新聞版部門停下腳步，由於過去是駐外記者，國際新聞版一直以來對我來說都是友好地帶。這兒的主管是我任職不久後升上來的，她指著她的電腦螢幕要我看看。公司員工工會發來的一則訊息寫著：「隨後將發布與總編輯相關的重要決策。」

她說：「我不敢相信他們真的要這麼做，別又來了！」

「一切都會好轉的，別擔心。」

我像往常一樣地繼續巡視各個部門，詢問著當天的新聞和可能放上封面的故事為何。回到自己的辦公室時，碰上了「大記者」。

他問：「你看了新聞了嗎？」

「哪條新聞？」

「吉拿棒店關門了。」他說。

我問：「我們的吉拿棒店？十九世紀吉拿棒店？不會吧！那的確是則壞消息。吉拿棒店關了，報社瀕臨垂危，總編輯又一個個被趕走。一切都再也回不去了。」

「我早告訴你了：你太像個記者了，不是一個因為夠心狠手辣才坐上這位子的混蛋。」

「你還是這麼認為嗎？你被我們的好交情蒙蔽了。有些事我們做對了，也做了些不怎麼對的事。但至少不能說我們沒努力過，對吧？」

我們擁抱了彼此。

我請亞美莉雅幫我召集同仁開頭版會議。沒什麼大新聞。政府為抑制腐敗的司法程序所採取的最新手段。「警網雙雄」調查出的一件不怎麼嚴重的弊端。政客們相互控訴對方。以及一個好消息：數百名難民，在試圖抵達義大利海岸的船隻快沉沒時獲救。我選了一張，拍下了輪船沉沒時非洲移民跳海求援瞬間的照片，作為封面。

下午接近傍晚時我拿到了社論稿。做了些修正後，就把稿子送去給社論版。然後我走到「即時快訊」部門，要求他們更改開場語句並調整幾則新聞的標題。截稿桌上已放上第一頁（我任職以來的第三百六十六個首頁），我要求印一份帶回家，並在途中等紅綠燈時一邊檢查它。我也不想要它成為我任內的最後一個封面。它內容沒有錯，但也沒什麼特別值得一提的事。這並不是《正直報》的總編輯會引以為傲的頭版。

第二十章　總編輯

亞美莉雅給了我一個袋子裝我的東西。抽屜裡的東西不多：一堆沒用過的皇家馬德里隊包廂邀請函、很多來訪者的名片，以及一疊我的忠實讀者抱怨信，和被裁碎的大報格式週日版《世界報》頭版封面。我想這位忠實讀者會很高興聽到我被解僱的消息。不久之後，大報格式便被棄置，改回了傳統格式。

而總編輯室裡仍舊沒加上裝飾。

「最後我還是沒聽你的話。」我對著淚眼婆娑的亞美莉雅說道。

「沒有，你沒有，結果你看……。」

「是呀，你都跟我說了好幾千遍。」

編輯們聚集在辦公室門口，而這次是來告別的。我說，我感到無比榮幸能與大家共事，而且我也遵守了當初的承諾：一直以來都與他們站在同一陣線，直到最後。然後，我便帶著和我到職當天一樣輕巧的背包離開。沒欠任何人的人情。也沒有任何人欠我人情。我要求他們，永遠別屈服於那些公司內部或外部想讓《世界報》噤聲的人。也別允許自己最終演變成另一隻訓練有素的野獸。掌聲響起，我一邊往門口走，此時「阿根廷奇女」朝著我走來。她剛從「二樓」過來，為了我被去職的事在那冷嘲熱諷了「矽谷小子」一番。她手裡拿著，我們首次見面開會時我請她籌備的電子報印刷樣稿。

「終於拿到手了，他們剛做好。」她擦乾了眼淚說道。

我們笑了。

我往出口走去，與一年前剛到職那天截然不同，警衛並未試圖阻止我離開。

◈

兩天後，人力資源主管打電話告訴我，「樞機」對這件事的處理方式感到很難過（我是從「機密情報員」那裡得知被解僱的消息：為公司工作了二十年的我，連一通通知電話都沒有接到），並說他想見我。他認為我對報社非常有價值，並提出讓我收取工作合約上應得的全額賠償金，此外還給我機會，可選擇世界上任何我想去的城市當特派記者。

「當然，你之前派駐亞洲時享有的所有好處，都會繼續提供。你只需要選擇地點。」

我們這位傳教士有個與生俱來的才能，就是能解讀每個人的所值價格（那扭曲他的原則需要多少錢呢？），並總能端出給你，一個讓你無法拒絕的開價。至於我，用什麼才能夠收買我呢？這筆錢很好，其實算非常好，但他認為那還不夠，所以他加碼了一個特派記者職位的甜頭給我。有機會回歸記者身分的生活，享受著貴族般的舒適禮遇：待在有如大使館的駐外新聞辦公室裡，忘卻之前擔任總編輯時的苦日子，而且再也不用忍受他的做事方法。我的兩位前輩，何達和卡希米洛都接受了賠償金，也都還待在公司繼續工作了一段時間，之後才創立了他們自己的新聞事業。將那些賠償金送給受害者們，對「樞機」來說，從來都不是問題：錢是公司的，他就拿來彌補過錯，同時維持他的氣度。他辦公室的壁櫥裡，早已塞滿了用高薪來防腐的屍體。把我也處理成其中之一，有何不可？

接下來的幾天裡，我很難找到認同我的人，認為我不該接受他們提出的交易的人寥寥可數。這其中只剩一個問題，那就是：我認為我不能簽字。他們拔掉我的職位，是因為我執行了我份內的工作、捍衛我們報的獨立性、反對大規模裁員，和推動保證能讓報社有未來的改革。他們曾經承諾會給我資源，結果我收到的是一次又一次的撙節；他們曾經承諾會支持我，結果我得到的是陰謀鬥爭；他們曾經承諾給我時間，結果我從「樞機」身邊的人得知，先前在《拓展日報》的週年慶上，我破壞了他與拉荷義政府的和解關係之後，他就開始計畫反制我的行動，而當時我才剛到職不到三個月。如果現在我屈服了，接受了一個在我看來是試圖要讓我閉嘴的提案，那我豈不等於是同意了，他對先前發生種種事件所編的故事版本？打了那麼多場戰，是為了就此放棄嗎？若讓他對其他許許多多人一樣地收買了我，那不就等於是讓他最後大贏特贏？

我約了克露絲．桑契．德拉（Cruz Sánchez De Lara）見面，她是位善戰的律師，曾在其他事件上與公司對薄公堂；三天後，我便提出訴訟，辯護陳述我被解僱是一種報復動作，因為我拒絕讓報社成為專為「樞機」利益提供服務的地方。我不僅控訴該項解職不合法，而且要求判該項解職無效，並要求重回報社擔任負責人。我成了第一位引用《憲法》良心條款的大型報社總編輯——這項條款可保護記者在面臨意圖扭曲其道義原則的作為時不受影響。我蒐集好證據，滔滔不絕地跟克露絲講述了我的故事版本，並決定要坐上法庭的長椅，以證人身分指證那些政治、經濟和媒體圈中的有權勢者，包括：西班牙電信公司的董事長西薩·艾里耶達，這位讓「樞機」在未經我授權下，恣意阻止印刷廠而加以保護的人；以及何希·索利亞部長，他因我們公開他在英屬澤西島從事金融活動的證明文件，而被迫辭職；還有馬皇主席弗洛倫蒂諾·佩雷斯，《馬卡運動報》的前任總編輯奧斯卡·坎比佑，因為他的施壓被而解僱；或是他們如何讓貝德羅·何達和卡希米洛·賈西亞等《世界報》前任總編輯們離開。

「在我們正式開始打官司前之前，你有什麼事要先告訴我嗎？」克露絲問我。

「沒有。」

「跟公司的實習生有什麼曖昧嗎？」

「你說什麼？」

「他們會放大檢視一切，會用盡全力找你麻煩，試圖毀掉你。」

遭解職後不久，我們報上刊登出一份被克露絲視為是大禮的數據資料，而我則認為，那是我前東家行事愚蠢笨拙的又一項鐵證。根據那份資料顯示，《世界報》是「自一月以來」表現最好的報紙，剛好就是我在任的最後半年；並補充說明，在此期間的數位受眾增長了九％，廣告收入也超過了市場平均水平。由於沒有任何數據能證明我被解僱其來有自，也沒有實習生願意作證總編輯曾在茶水間騷擾她，公司便以恐嚇的方式，想避免打官司。我接到了亞德雷斯媒體集團管理高層的電話，因為我仍和他們旗下媒體有合作約。他們說我的官司是個問題，如果不撤訴，我的工作將有危險。「樞機」懸賞了我的腦袋，而「暗黑王子」摩利修・卡薩斯則順勢給了他：所以我也被第三台和零微波廣播電台解僱了。「米蘭大使」開始動員抵制我，不讓我在各大論壇和大學公開露面。他更在報社編輯總部裡找了一些願意擁護他，且願意為破壞我的名譽而做事的人。

因把服侍高層人士當作職志，而被升為社論版主管的「不死拉斯普丁」，主動請命了。我們的關係從我剛上任時就不太好，因為我認為他的頭銜超出他的能力所及，幾天後我就讓貝德羅・華探可取代了他，而華探可在我離開後即被任命為新任總編輯。當時我決定將「不死拉斯普丁」調職，迫使他和某些對他來說有近乎戀物癖吸引力的辦公室拉開了距離。他會趁我的副手們不在時，把自己鎖在他們的辦公室裡（他說需要隱私來與他的消息來源線民講話）；而在我離開之後，眼見華探可並不想進駐這個會讓入主者折損專業職涯預期壽命的地方，他轉而對總編輯室產生了興趣。為全力維護他的新教父，「不死拉斯普丁」寫了一封不贊同我提出訴訟的公開信，並把它掛在報社總部裡最多人進出的廁所旁公告欄上：

《世界報》編輯總部有義務針對前任總編輯所提出之訴訟中，指控公司涉嫌違反良心條款的部分作出回應，因其所聲稱之內容，對我們所從事工作之信譽及尊重已造成極重度傷害。對於編輯們無法預期之責任，在無任何預設立場的情形下，且本社編輯總部也對其並不知情時承擔相關壓力，本就是《世界報》總編輯此職位必不可分之固有責任。此為本報自一九八九年創立以來，一貫秉持大膽且精闢尖銳的風格報導新聞，所衍生之必然結果，然而在大衛・希門內斯任內管理的一年之中，情況急劇劣化。

一切變得反常，因他從到任第一天起，便拋下應該面對並抗衡那些壓力的權利義務，不像之前的總編輯們，總以領導力和決心處理好那些事。希門內斯與我們一同共事的這段期間，編輯總部從未聽聞，他對那方面的事表達過任何抱怨。反之，他做過的事，都是身為《世界報》總編輯絕對不該做的事：譬如幾乎每天親自對他的記者們施壓，要求他們改掉自己的用語和敘述事件的樣貌。抑或是，直接刪除批評有權勢者的某些特定新聞。或是刪掉那些，僅只因某報刊社長或某推特粉絲勇於出面指責他而讓他覺得困擾的新聞。無論發生何種狀況，本社編輯總部皆以應有的專業精神及勇氣做出了回應，而現在所面臨的慘澹，很大程度上，要歸因於報導新聞時的怯懦行徑所致，而此情此景在二〇一五年五月前不曾發生，無以想像。

那封信還附上了一份要求員工們簽名的請願書：而當時離公司宣布最新一批集體裁員名單，只剩幾天時間。那次算是報社史上，最低潮也最崇高的時刻之一，因為若想保障自己可獲救贖，好像就只能把名字寫到那張紙上，壓力極其巨大。後來，編輯總部同仁拒絕了。因為大多數記者都不願意明知文章有假，還在上頭簽名。儘管那封信在公告欄上停留了超過三週，「祕書男」也像在打他最擅長的陰謀戰一樣開始動員，欲使名單變得更長一些，但在將近三百位同仁中，僅十六人簽了名。「值得姐」是最先簽上名字的人，在我看來其實相當合理，她想藉著與「樞機」結盟，來達成她早已開始計畫的事。隨她之後簽名的人，包括了幾位「貴族們」、正為提前優退補償進行談判的「工會人」、幾名版面美編，以及截稿處中一位跟我一直都處得還算不錯的傢伙，他在幾天後還打了電話向我道歉。他說他有房貸跟孩子要養，若公司裁了他，他該怎麼辦？我跟他說別擔心：我看過許許多多基於恐懼而做出的事情，而他所做的事並不算最糟糕的。

「不死拉斯普丁」寫的這篇文稿，成功將他的職業生涯帶往最高峰。幾個月後，他獲得一份如獎勵般的升遷，登上了副總編輯的位子，那是報社有史以來最突發的輝煌高升之一，不過終究不會有人記得。雖然的確有人認為「樞機」做得太過頭了（給他一個中階管理職就已足夠），但無庸置疑地，這位新任「副座」在權力的陰謀鬥爭中，已以優越成績畢了業。

此後，他再也不必去強占任何人的辦公室了。

◈

讓我接連被三家公司解僱，試圖阻撓我參加公開活動，禁止我到其他家媒體工作，以及散布公司那封信意圖令我難堪淪為眾人笑柄（這在在證明，「樞機」並不相信他有辦法在法庭上為他自以為的真相辯駁）；公司以為幹了這些事後，我會清醒過來，會願意與他們談判。之後公司派了一位使者來，想試探重新協商的可能性，同時並提高了出價，只不過也附帶一項保密條款，要求我不得做、不得說，或發表任何會影響公司聲譽的言論。我回說，我們法庭見：「如果說，讓一位記者當上報社總編輯是個錯誤，那麼無緣無故地開除他，就更是錯上加錯。」

我對新聞理想主義僅存的信念，在進入總編輯室這一年裡，遭受了嚴重打擊，但也從中找到力量，讓我有勇氣提出這個我堅信是正義且必要的訴訟。我將司法程序視為一場長程賽跑，謊言在比賽中場暫居上風，但在抵達終點線之前，真理終會一步步贏回比賽。接下來的幾個月裡，對於公司內外質疑我為捍衛自己而訴諸司法的那些爭論，我選擇迴避不加回應，彷彿出於什麼奇怪的理由，我被豁免了這項權利；我就任由其他人，去編造對他們自己有利的故事版本，況且他們多半也都不大著墨於，我帶領報社的這一年裡究竟做了什麼、被阻止做什麼、保住了什麼，跟花費了多少精神去捍衛那些事；我不理會那些警告我，說這麼做將會終結我職業生涯的人，彷彿依他們之見，我的抱負之一是回公司再占據一個位子；對於將我的抉擇歸論為各式各樣動機的外界人士，我也都保持了沉默。

我期待著會有來自同事或新聞協會的支持，但終究是癡心妄想。除了少數幾位友人表示支持，其餘全是批評。《世界報》的同事們，甚至連以往也無法忍受報社受制於「樞機」掌控的同事們，都紛紛要求我撤回訴訟，以免傷害報社。在此之後不久，業界主要的工會組織，西班牙記者協會聯合會（Federacíon de Asociaciones de Periodistas de España，FAPE）在銀行業者的贊助下舉辦了一系列講座，口號還是「回歸新聞面，新聞專業的未來關鍵」。受邀出席分享自身見解的來賓中，有「樞機」和卡門・馬汀妮茲：一位處心積慮不斷限縮自家媒體言論自由的主管，曾任國家傳播政策大臣的她，也很會趕走政論節目中的異己名嘴，和發送煽動性訊息給各家總編輯。馬汀妮茲與會時，表示對我國新聞從業人員遭受恫嚇感到憂心，並說感謝新聞人在最近一次加泰隆尼亞獨立危機事件中的「幫忙」。要找出比這一幕更能影射出新聞圈如何低頭降伏的場景，應該很難。然而政府的勝利，也僅只是曇花一現。

正當我等待著開庭日到來之際，政府體制癱瘓停擺也已持續數個月後，西班牙再次舉行了大選。人民黨又贏了，也成功追回過去流失掉的部分選票，少數派組閣國會就此展開；但後來僅維持了兩年，因為國會在政黨被判定讞涉及貪汙罪後戛然而止。該判決中，針對總理宣稱他對平行黑帳並不知情一事時是否說了真話，提出高度質疑。《世界報》曾刊出的資訊，一一獲得法官認可。儘管對我們當中的某些人來說，真相來得太晚了，但這場勝利仍舊能讓後繼記者們學到寶貴的一課：時間，總會站在新聞真相的這一邊。

◈

貝德羅・華探可接替我繼任為報社總編輯，而他在臨危受命一週後便提出了辭呈，因為他證實了「樞機」也有意代他辦報紙。「米蘭大使」慌了手腳，到最後甚至啜泣懇求華探可，請他重新考慮一下立場，再給一次機會。因為「樞機」擔心，這一次，義大利母集團可能就會發現他們的西班牙領地，實際上是掌控在誰的手裡。華探可人太好太善良了，好到無法拒絕給他二次機會，因此繼續留任；直到幾個月後，一項從我任內就展開的「足球解密」調查被登出，他也被解僱了。弗洛倫蒂諾．佩雷斯曾要求「樞機」，停止報導會對他們的足球明星C羅造成負面影響的新聞。「樞機」也已將此指示轉達給總編輯。但總編輯拒絕那麼做。所有舊事又再度重演了。「恩惠遊戲」還繼續著。要麼，你就加入，不然就把位子讓給下一位。

華探可被解僱後不久，我在阿坎波（Alcampo）連鎖超市與他巧遇。我開玩笑地說，我們彷彿是在比誰在任的時間比較短，而且我很堅持，說我在任的時間比他少了幾天，原本還不肯讓出那個自以為是憑真本事得來的頭銜。他也告訴我，他是如何被「樞機」出賣，導致現在不能再每天去那曾是他近三十年來生活重心的地方工作，對他來說這是多難釋懷的一件事。我聽他說著，只有同為被報社拋棄的人才能理解的事，那時我心想，「機密情報員」大概能從我們這次偶遇中得到點好處，例如他們可能會寫篇文章並下這樣的標題：「《世界報》兩位前總編輯在超市魚舖的高峰會」。公司的最終道德標準防線之一已遭捨棄：這代表著，《世界報》在帕迪佑街舊總部時樹立的精神，也已被破壞殆盡。

「樞機」選擇了「小人先生」，作為四年來的第五位總編輯。身為我們安達盧西亞分部前主管的他，由於不想當面通知他的編輯們要被解僱，而從塞維亞逃走，因此臭名遠播——如此看來，他的確具備了報社新氣象所需的一切特質。與他競爭的「祕書男」則是拿到一份安慰獎，他提出的「新聞內容工廠」，成為一個負責編輯集團所有副刊及雜誌的平行編輯總部。若能繼續坐擁兩位看門人，為何只挑一位？一切就如同幾個月前，「值得姐」到我辦公室要求我自行辭職，以表拒絕接受公司集體裁員提案，而我回應「值得姐」時預言的那樣：「然後讓報社淪落到讓他的狗腿打手來管嗎？」

她說：「別說是編輯總部了，就連我，也永遠都不可能接納他們倆進入管理高層。」

「小人先生」和「祕書男」掌管了「二樓」，報紙因此被形塑成符合「樞機」喜好的樣式，而我們最優秀的記者們，只能在案子每每到最後就會遭逢突襲的處境中奮力維持住尊嚴。高層貴族更加鞏固住各自權力，奴僕們紛紛獲得獎勵：「愛將」得到一個專欄，「金錢大師」得到副理職位，「不死拉斯普丁」有了專屬辦公室；還有「祕書男」，在最後一次集體裁員定案後，他開著一輛全新的捷豹（Jaguar）亮相。裁員讓過去的惡習再次死灰復燃：主管們耍手段以保住自己的手下，敢於越線或推動改革的人反受到懲罰，因為改革代表著會動到某些人築起的莊園和既得利益。每次沉船後，總有一群以能隨波逐流著稱的「軟木塞」存活下來；對報社未來不可或缺的人才，卻一再流失。我們的科學新聞版巨匠巴布羅・豪勒其，在得知我被解僱的消息後，決定轉而接受別家公司的工作邀約。對我提出的標題字數平衡要求總感到惱火的編輯卡門・席娜，在「貴族們」的要求下也被列進斬首名單——她是少數勇於站出來反抗他們的人之一。被解僱的人當中還有薇希妮亞，她在我擔任總編輯的一年裡，讓報社在西班牙數位媒體成長率排名上取得最佳成績，而且在所有數據上表現都是往年最好。伊蓮娜決定接受被集體裁員，以外聘方式與報社保持合作。清除異己的範圍，擴大到具數位背景以及有創新作為的人都遭受波及。我是裁員名單上的第一位，檔案記載著是為了節省了人力成本，因為如此便可免於砍掉數名記者。誰知道呢！也許他們之中的某一位，會是在未來能讓報社重現往日輝煌的總編輯。

◈

幾個月過去了，我的官司進度在嗜睡的官僚主義中緩慢推進。經過八個月的等待，開庭日終於快到了，我的律師克露絲卻給打電話告訴我她要退出，無法為我辯護。她起初不願意告訴我原因為何，我一度擔心是她認為我的案子輸定了，儘管我從一開始就堅信不會如此。幾天後，我才得知她其實和《世界報》的創辦人貝德羅．何達有一段情史，而他也正是我們傳喚的證人之一，必須出席作證。我的前律師信誓旦旦地說，她受理我的案子時，他們的關係還沒有開始，儘管她這種說法，只能說服得了相信一見鍾情的人，或相信青少年戀情已夠成熟之人，但我沒時間去查證了。我迫切急需一位律師。我的兒時好友彌格爾（Miguel）在一家國際律師事務所工作，他對我拒絕與前公司妥協的事感到很不踏實，便推薦了伊格納．西曼內茲．坡亞托（Ignacio Jiménez-Poyato）給我；伊格納是一個效率高、速度快、經驗豐富的專業勞工律師，他馬上以極快的速度了解了我的案子狀況。他們兩位都告訴我，到法庭上全面宣戰之前，還有一件事需要試著去做：和「樞機」共處一室開會。

自從被解僱之後，我就沒有再見過他，也不確定自己是否願意見他。雖說隨著時間流逝，我的怒氣已經漸漸消退，也感覺自己與報社的關係已越來越疏遠，但對他，我仍懷恨在心。這怨恨感，並非源自於他把我從紐約騙回來，或是他一次次的背叛，或是他在我提出訴訟後所搞的骯髒事，或是讓我信服已錯過了做《正直報》的最佳機會。我無法原諒他的事，而且讓我對這一切完全無法釋懷的事，是他傷害了多年來我堅守著的理想主義信念：二十年前我滿懷這份信念，第一次踏進了帕迪佑街上的報社舊編輯總部；當駐外記者的那些年裡，更是執意保護著這份信念不受犬儒主義的惡魔所影響；後來即使身陷總編輯室的孤寂中，我仍一直捍衛到最後。

在這場漫長的司法戰役中，我曾經以為，只要一直堅持下去，儘管我要的真相到終點線前才贏得回來，我都能回得去，再次變回第一天上任總編輯就被阻擋進入公司的記者狀態。然而現實是，「樞機」讓我無法對這份工作重拾信念，亦或更該說恰恰相反：唯有與他和他所代表的一切徹底決裂，我才有辦法找回信念。我的官司，請求的是我已不再想要的東西：以總編輯的身分回歸，去做一個曾由我依理想規劃但已不復存在的計畫。被解職後的挫敗感，隨著時間推移，已經轉化為勝利。我一直堅守到最後一天，把持住我們報社的獨立性和編輯掌控權。無論是總編輯的位子，還是它所配備的特權都未曾改變過我。我從來不曾為了保住我那微小又無意義的權力，而去背叛任何人。我沒有讓自己變成他們的一分子。《世界報》給了我二十年迷人且充滿冒險的人生，讓我做了我想做的新聞工作，並為此付慷慨地支付我豐厚的薪水。是時候了，該放手了。

我告訴了彌格爾和我的新律師，願意去見「樞機」。

會議時間被安排在週五，也是開庭前的最後一個工作日。我們約在當天開會地點旁的暫停酒吧（La Pausa）碰面。伊格納一看到我，馬上從公事包裡拿出一張紙說：「我們拿到手了！」

我問：「拿到什麼？」

「我們一直在等的證據。」

那份文件證明了：「二樓」曾下令停止印刷刊有西薩・艾里耶達事件那篇文章的報紙，我們所聲明的遭受施壓一事因此獲得證實。

酒吧的電視上播著澳大利亞網球公開賽，是納達爾與迪米特洛夫（Grigor Dimitrov）正在對打。

「時間到了。」我的律師說。

「等一下，他們正在搶七（tie break）。」

「你已等了好幾個月，就為解決這件事，你的未來岌岌可危，到這時候了你還想留下來看比賽？」

「這麼多個月我都等了，再多等幾分鐘無妨。」

納達爾贏了比賽。後來我們上樓到了辦公區，被引導進一個房間裡，公司的律師、人力資源部主管和「樞機」都在裡頭等著。當天晚上我太太卡門問我，見到他是什麼感覺。

「沒感覺。」我回。

沒有一絲怨恨、憤怒或想算舊帳的感覺。那些感覺全消失了。我朝他走近，眼中看見的只是一位老態橫生又顯疲憊的人。我開玩笑地說：「你的總編輯們，讓你日子很難過吧。」

我親切的語氣讓他放鬆了下來。他坦承日子的確過得辛苦，因為我的官司，他的名聲已受影響。我對他有些同情，就像以前他會來辦公室找我，感嘆被「機密情報員」批評時那樣。他說，為了說服義大利新老闆支付我的賠償金，已盡相當大的努力，然而最終金額仍略低於先前談好的數目，對此表示抱歉。

「如有必要，我願意自掏腰包補上差額。」

我說：「你的錢你留著。我並不是為了錢上法庭。但為了捍衛我的言論自由，我已經準備好要堅持到底，也已準備好要星期一到法庭上再見。」

「這樣對誰都沒好處。」

「這樣對報社不好，但我完全沒有任何要傷害它的意思。」

前一天晚上，律師們試圖擬出一份能讓我願意簽字的協議。他們提出的內容中，包括了一條公司堅持得列上、但我認為無法接受的保密條款，因此我依舊拒絕了。我完全同意遵守，為避免讓競爭對手有機可趁而須保密的商業機密；但我無法接受這份文件被起草的唯一目的，是為了將我此生最重要的階段之一掩埋入土，不偏不倚地剝奪掉我的言論自由——而我正是因為捍衛自己的言論自由而被解僱。若我接受了，等於是交出自己給他們，捨棄我的記者身分。

我的律師提出一個解決方案，我認為尚可接受。在保密協議中多加入一句話，以保障我「憲法認可的言論自由」，擺脫掉他們想強加在我身上的封口令。「樞機」看了看他的律師們，點頭接受了這句新增內容。

其餘細節皆在當場現擬出。公司承認不當解僱我（不具客觀理由，因為我確實已履行職責），並同意支付我在報社工作二十年後應得的約定賠償金。我們握了手，我從椅子上站起來時，「樞機」鬆了口氣似地走過來問我，這幾天能不能請我出去吃個飯，如此我們便能把過去的事拋諸腦後。而我剛剛已經這麼做了。

「這不是個好主意。也許以後吧。」我說。

離開時我心想，再也不可能會遇得到這麼一位，能如此優雅地無情背叛他人，如此禮貌地消滅對手，或是如此擔心別人看清他真實面目之人。他的恐懼、壞心眼、陰謀、偽善……，隱藏在偽裝的外表之下，成了他的第二層皮。而他永遠都不會摘下他的面具。他也做不到——因為面具後並沒有人在。

預計開庭的那天，我們在法院進行了調解。我最後再檢查了一遍協議的內容，讀到「憲法認可的言論自由」時停了下來，一字一字地細細回味著，我們真的做到了——某種形式上來說，這算是我以總編輯身分所下令發布的最後幾個字。我也想不出，能有其他比這更好的其他方式，來向我的這份報紙告別了。

國家圖書館出版品預行編目

後來，我告了報社老闆：一本直擊新聞製造內幕的前總編輯回憶錄 / 大衛・希門內斯 (David Jimenez) 著；馬巧音譯. -- 初版. -- 新北市：木馬文化事業股份有限公司出版：遠足文化事業股份有限公司發行, 2021.12
332 面；14.8x21 公分
譯自：El director : secretos e intrigas de la prensa narrados por el exdirector de El Mundo.
ISBN 978-626-314-060-8（平裝）

1. 希門內斯 (Jimenez, David)　2. 新聞業　3. 回憶錄　4. 西班牙

784.618　110016611

後來，我告了報社老闆：
一本直擊新聞製造內幕的前總編輯回憶錄
El Director

作者　大衛・希門內斯 David Jiménez
譯者　馬巧音
社長　陳蕙慧
副總編輯　戴偉傑
主編　李佩璇
行銷企劃　陳雅雯、尹子麟、余一霞
封面設計　萬亞雰
排版　宸遠彩藝

讀書共和國集團社長　郭重興
發行人兼出版總監　曾大福
出版　木馬文化事業股份有限公司
發行　遠足文化事業股份有限公司
地址　231 新北市新店區民權路 108-2 號 9 樓
電話　(02) 2218-1417
傳真　(02) 2218-0727
信箱　service@bookrep.com.tw
郵撥帳號　19588272 木馬文化事業股份有限公司
客服專線　0800-221-029
法律顧問　華洋國際專利商標事務所　蘇文生律師
印刷　中原造像股份有限公司

初版一刷　2021 年 12 月
定價　新台幣 420 元

ISBN　9786263140608（紙本）
9786263140868（EPUB）
9786263140882（PDF）